［低門檻］

連股市小白都懂的股票投資

選對股穩穩賺，實證有效、
多空都獲利的實戰策略與心法

STOCK INVESTING
FOR DUMMIES

6th
Edition

PAUL MLADJENOVIC

認證財務規劃師（CFP）

保羅‧姆拉傑諾維奇————著

陳正芬————譯

總目錄 Contents at a Glance

目錄

前言 Introduction

很高興你買了《連股市小白都懂的股票投資》。本書第一版在 2002 年 3 月我兒亞當出生的前一晚完成，而這本第六版則適逢股市遇上經濟政治的驚濤駭浪（2020 是總統大選年）。

2019 年底，道瓊工業平均指數（Dow Jones Industrial Average）、標普 500 指數（S&P 500）、那斯達克指數（Nasdaq）等紛紛創新高，卻沒有人敢斷言 2020 ～ 2021 年的股市將續強還是崩盤，或者將進入熊市。但是，只要選對股還是會賺錢，而且賺更多，關鍵在「選對股」，也是這一版的重點。投資過程中，股市拉回、崩跌、修正在所難免，有時漲聲不斷，有時跌跌不休，也更加顯示選對股票和指數股票型基金（exchange-traded funds, ETF）的重要。如果在 2008 年崩盤前夕買進好股票，今天將坐擁豐厚的資本利得和股利，哪怕經歷過不堪回首的災難性空頭事件。打起精神，用審慎的長期投資取代殺進殺出、投機甚至瞎猜，你就能一馬當先，勝過沒有讀過本書的投資人！

任何事若想成功，需要勤做功課、吸收知識，股市投資也不例外。本書使你避免犯下大家會犯的錯，指引正確方向，預告未來的趨勢和狀況，這是其他股市投資指南極少會提到的。你可以翻閱最感興趣的主題，我敢自信地說，本書濃縮我二十五年以上的經驗、教育和專業知識，我歷來的紀錄，比許多自吹自擂的專家有過之而無不及；更重要的是我分享資訊，避免大家犯下通病，其中有些是我自己犯過的。了解不該做什麼，與懂得該做什麼一樣重要。

這些年來，我輔導與教育投資人，而成功與失敗、獲利和虧損的唯一差別在「學以致用」；請把本書當作終身學習歷程的第一步。

關於本書

　　一百多年來，股市一直是投資人被動的財富累積計畫的基礎，未來仍將如此。對投資人來說，這幾年的股市宛如坐雲霄飛車，儘管股市深受媒體關注，名嘴在廣播和電視上大談股市解盤，但投資大眾在過去的股災當中，仍難逃損失數兆美元的命運。令人扼腕的是，連了解股市的所謂專家們，都沒看到經濟與地緣政治的勢力宛如海嘯般，在市場掀起巨浪；本來只要多一點知識，多懂得幾個保本技巧，就會有更多投資人守住股市辛苦賺來的錢。但也請不要懷憂喪志，本書會在巨變與影響持股的事件發生前，及早發出警告；其它書談股票，本書告訴你企業的績效和財務狀況，及其對股價的影響。

　　本書的目的，是提供在股市賺錢的務實做法，書中的股市投資策略和密技，都通過市場測試和一百多年的考驗。我不期待各位從頭至尾讀完，但若你逐字閱讀，會令我感到欣慰！不過，本書是參考用的工具書，可以隨意選擇篇章閱讀，直接跳到有興趣的章節，或是想多了解的主題。

　　本書的補充說明是對某個主題更深入的探討，但是對理解本書其他內容來說並非絕對必要，閱讀或略過皆可。

　　「技術性內容」的內文（請參見「本書的圖示」）也可以略過，這是股票投資的一些技術性細節，當然兼具趣味和豐富訊息，不過仍然可以不閱讀此內文而足夠讀者所需。

　　《連股市小白都懂的股票投資》，和近年充斥書市的「買股致富」書有相當大的差異；本書對這個主題不採取標準做法，不認為買股票是最重要的事且必定能累積財富，相反地，有時我會叫大家別投資股票（甚至放空！）

　　本書讓讀者在股市漲跌時都能成功，多頭空頭來來去去，身經百戰的投資人依然賺得到錢。為了提供讀者多一點競爭優勢，本書也探討股票投資環境，無論是政治局勢還是颱風，你需要了

解大環境對股票投資決策的影響。

最後附帶一句：或許你會在書中看到有些網址的長度跨越兩行，如果閱讀紙本書的讀者想上這些網頁，只要正確輸入書中網址，不要管跳行的連接符號。閱讀電子書的讀者就簡單了，只要點擊網址即可。

作者的假設

依我看，閱讀本書的目的如下：

> ➤ 你是股市新手，希望透過一本簡單易懂的書，上一門股市投資的速成課。
> ➤ 你已經在投資股票，希望有一本書，讓你只閱讀股票投資中，某個感興趣的主題。
> ➤ 你需要本書的資訊，來檢討自己的狀況，看看當你投資某人推薦的熱門股時，是否遺漏了重要的事。
> ➤ 你想找一份很棒的禮物！當隔壁老王為了選錯股而哀聲歎氣時，你可以用這本書重振他的信心，請務必也送一本給老王的股票營業員（搞不好那些股票是營業員挑的）。

本書的圖示

書頁邊緣所出現的有用圖示，其代表的意義如下：

請記住

是提醒讀者，無論是投資新手還是老鳥，有些資訊應該牢牢記住。

技術性內容

對投資的成功或許並非絕對必要，但能讓你和投資大師侃侃而談，並且更了解商業期刊或財經網站的內容。

小提示

代表這個建議將使你比其他投資人多一點優勢。

警告

特別注意這個圖示，因為其中的建議或許能替你省去頭痛、心痛，以及荷包受傷的痛。

本書之外

本書除了紙本或電子書以外，還附隨其他精采的網站內容，若想取得小抄（Cheat Sheet），只要上 www.dummies.com，在「搜尋」中尋找「傻瓜的股票投資術小抄」（Stock Investing For Dummies Cheat Sheet）即可。

小叮嚀

即使不是每個章節都讀過，依舊可以信心滿滿的投資股票，請根據個人需求自由選讀。由於每章內容各自獨立，不妨挑選想讀的內容，或像我一樣讀完整本書，說不定會意外發現以前不知道的小技巧或資訊，為投資帶來獲利。祝大家投資成功，這樣我就能在下一版提出來吹噓一番！

1

股票投資的本質

在本部中……

了解你把第一塊錢投入股市前,應該知道的事。評估目前的財務目標和狀況。

了解各種投資股票的方法,以及哪一種方法適合你。

搞清楚股票投資的風險,找到規避風險的最好方式。了解波動性的概念。

買一筆指數型股票基金(ETF),等於投資好幾支優質股。

Chapter 1

概述股票投資世界

　　撰寫本文之際，美國股市逼近史上最高點（約 29,000 點），就業數據反映的經濟狀況，來到本世代的最佳狀態，再現暌違數十年的商業榮景，代表不久的未來股市一片大好。我認為，股市投資的時機無所不在，即使是對新手。有些好股票無論股市漲跌都能累積財富（也就是發放股利），其實熊市（股市下跌）也是進場買股的絕佳時機，因為股價比較便宜（大家都在賣股），關鍵在知道該怎麼做（甚至是為什麼這麼做），也是本書的主旨！

　　今日的股市讓人霧裡看花，但還是賺得到錢，只要認真閱讀，投資績效一定遠好過一般投資大眾；但要記住，耐心和紀律，在此刻比其他時間更加重要。

　　本書不僅要告訴你股市投資的基本原則，也提供從股市獲利的可靠策略。在你投資前，要先了解投資股票的基本法則，也是本章的內容。接著，會概述如何把錢放在獲利最佳的地方。

了解基本原則

股票投資的基本原則，基本到很少人會注意。當你偏離基本原則，也就偏離了投資的初心。本書第一部幫各位了解這些基本原則。

» **了解相關的風險和波動**：最基礎（也是最重要）的觀念，是每當你把辛苦掙來的錢投入股票這類投資標的時，要明白自己的風險。與風險相關的概念是波動性，也是股票（或其他證券）價格快速變動的情形，尤其是相對短期內的股價暴跌，第四章詳細介紹風險和波動。

» **評估自身的財務狀況**：你要清楚知道自己的起始點，以及希望的走向。第二章說明如何清點你的財務現況以及目標。

» **了解投資方法**：採取最適合自己的投資方法。第三章解釋常見的投資方法。

» **明白指數股票型基金（ETF）的優點**：ETF就像共同基金，但可以像股票一樣買賣。我認為每位股票投資人應該考慮把ETF視為投資組合策略的一項加分工具。詳見第五章有關ETF的真相。

請記住

股票投資最重要的是，不可以倉卒把錢存入證券經紀帳戶，然後上網點選「買入股票」。首先，應該盡可能了解股票是什麼，以及如何運用股票來達成累積財富的目標。

繼續讀下去之前，我想澄清股票到底是什麼。股票是一種證券，代表對一家公司的所有權，也代表對該公司未來成就的明確持份（用股數計算）。股票主要分為普通股和特別股。

» **普通股**：本書探討的股票都是普通股，普通股的股東，有權在股東大會上投票，並收取公司發放的所有股息。

» **特別股**：通常不具投票權，但賦予股東某些超越普通股的權利。例如特別股的股東在公司清算或破產等情況下，比普通股的股東優先獲得股息等較為優惠的待遇。此外，對尋求穩定收入的投資人來說，特別股的操作方式類似債券（本書內容以普通股為主）。

除了普通股，這一版也涵蓋指數股票型基金（ETF），它會是投資組合中，很有價值的一部分。

準備進場買股票

股票投資首重蒐集資訊。你在投資前和投資後，都應該蒐集你選的股票的資訊。在你最初買入某支股票前，顯然已經接收了一些資訊，但也應該繼續掌握這家公司及其行業乃至整體經濟狀況的訊息。第六章將探討最佳的資訊來源。

當你準備好投入股市，需要開設股票交易帳戶。如何決定經紀商？第七章提供一些選擇經紀商的解答和參考資源。開設股票交易帳戶後，要知道可以利用這個帳戶做哪幾類委託，請詳見第十七章。

如何挑選有勝算的股票

有了基本觀念接著來到選股，選對股票並無祕訣，但確實需要些時間、努力和分析，而努力是值得的，因為在多數投資人的投資組合中，股票是方便投資且重要的一部分，閱讀接下來的內容，請跳到相關的幾章，取得熱門股票的獨家內幕。

認識股票的價值

假設你在雜貨店買雞蛋，在此例子中，雞蛋好比公司，價格代表你願意出多少錢買這家公司的股票，雜貨店是股市。如果兩個品牌的雞蛋差不多，但是其中一種每盒要價 2.99 美元，另一種 3.99 美元，你該選哪一種？你可能會看看兩個品牌，判斷雞蛋的品質，如果還是差不多，就選比較便宜的，換言之，一盒 3.99 美元的雞蛋賣太貴了。股票也是，如果多方比較兩家類似但股價不同的公司，在所有條件相等的情況下，股價較便宜的那家公司，會是比較划算的投資。

不過，以上例子還有一種可能，如果兩個牌子的雞蛋價格相同，但品質差很大，其中一個品牌的雞蛋不新鮮、品質不良，定價 2.99 美元，另一個品牌的雞蛋新鮮、品質優，價格也是 2.99 美元，你會買哪一個？我會買好牌子的雞蛋，因為品質比較好。如果品質較差的雞蛋賣 1.99 美元，或許還說得過去，不過訂價 2.99 美元則是高估了。股票也是如此，如果可以用相同或划算的股價，買到較好公司的股票，那麼經營不善的公司就不是好選擇。

請記住

比較雞蛋的價值似乎過度簡化，但切中股票投資的核心。雞蛋和蛋價就像公司及其股價般呈現多樣性，投資人應該把每一分錢投資在最有價值的地方。

了解市值對股票價值的影響

判斷公司價值（也就是股票的價值）的方法有許多種，最基本是看這家公司的市場價值，也就是市值。市值是把流通在外的股數乘以每股股價，如果一家公司流通在外的股數為 100 萬股，每股股價為 10 美元，市值就是 1,000 萬元。

資本額的高低不代表公司好壞，而是指公司用市場價值衡量

的規模，以下是五種根據市值所做的股票基本分類。

» **微型市值股**（Micro cap，**低於 3 億美元**）：是市場上最小、風險也最高的股票（甚至有一種微型市值的次分類稱為奈米市值（nano cap），是指市值低於 5,000 萬美元，但本書並未採用）。

» **小型市值股**（Small cap，**3 億至 20 億美元**）：優於微型市值股票，且仍有許多成長潛力。此處的關鍵字是「潛力」，第十四章將探討小型與微型股。

» **中型市值股**（Mid cap，**20 億至 100 億美元**）：對許多投資人來說，這類股票兼具小型和大型市值的優點，某種程度上既有大型股票的安全性，同時保有小型股票的成長潛力。

» **大型市值股**（Large cap，**100 億至 2,000 億美元**）：最適合希望股票穩定增值又有保障的保守型股票投資者；這類股票經常被稱為藍籌股（blue chips）。

» **巨型市值股**（ultra cap **或** mega cap，**超過 2,000 億美元**）：是股票中的大哥大；谷歌（Google）和蘋果（Apple）的股票均屬之。

請記住

從安全性的角度，公司的規模和市值確實重要；所有條件相等的情況下，市值大的股票被認為比市值小的安全，但是小型股較有成長潛力，好比樹木，是加州巨型紅杉比較堅固，還是只有一歲的小橡樹？紅杉挺得過暴風雨侵襲，小樹可就辛苦了。不過，你也要問自己，哪一棵樹比較有成長的可能，紅杉的成長有限，而小橡樹還有很大的成長空間可期。

對新手投資人來說，用樹比喻市值還算貼切；你會希望錢開枝散葉，而不是文風不動。

請記住

雖然市值是重要的考慮因素，但不能單純根據市值來投資（或不投資）；市值只是衡量價值的一種方式，還有許多因素可供判斷某支股票是不是好的投資標的。繼續讀，本書有豐富的資訊可供你做決策。

磨練投資技能

分析一家公司可以更精準判斷股票價值，從買賣股票中獲利，「知識」（以及一點點常識）是股票投資最重要的資產。成功的股票投資，要記住以下幾個關鍵因素：

» **清楚自己為何投資股票**：是追求增值（資本增益）還是收入（股息）？請參見第八和第九章。
» **買賣時機確實有差**：當你決定買賣股票時，諸如超買或超賣的專門術語能提供你一些優勢。技術分析是透過市場活動（過去的價格和交易量）來分析證券，並從中找出模式，來推測這些投資標的的短期走向。請參見第十章。
» **做點功課**：了解你考慮的標的，看公司的業務是否賺錢，值得你投入金錢。第十一和十二章幫助你仔細查看一家公司，如果你正考慮投資小型股，務必閱讀第十四章。
» **了解整體局勢，清楚知悉動向**：這是個小世界，你應該覺察到世界局勢對你所持股票的影響。從歐洲的官僚乃至美國的政治人物，每個人都可能像火柴引燃稻草般影響某支股票甚至是行業。第十三章和第十五章針對產業商機、大趨勢以及整體局勢（經濟和政治局勢），提供許多指引。主題式投資是絕佳的股票投資方法，請參見第十四章。
» **像專業投資人般運用投資策略**：第十六章提供許多專業投資人使用的選股密技，快速找到好股票。我很喜歡追蹤停損

（trailing stop）和限價單（limit order）的策略，現在的技術又提供更多投資成長或保本的工具，第十七章深度分析幾種股票交易的方式。

» **尋找美國股市以外的機會**：從世界各地的股票賺錢，比以前更容易了！了解如何透過美國存託憑證（ADR）和全球指數股票型基金來投資國際股市，詳見第十八章。

» **少量買進**：買股票不一定要透過經紀商，也不是非買 100 股不可。利用股息再投資計畫（dividend reinvestment plan），區區 25 美元也能買股票。詳見第十九章。

» **聽其言不如觀其行**：有時別人告訴你怎麼做，還不如真實的行為更具啓發性，所以我在買賣股票前會看看公司的內部人甚至國會的內部人交易。第二十章探討內部人的股票買賣。

» **把賺來的錢多留點在身邊**：當你選對股票，賺大錢後，要知道如何把投資的成果多留點在身邊。第二十一章探討租稅。

本書每一章提供的寶貴指引，帶大家了解奇妙的股票世界中一些重要的基本觀念。你從書中獲得並且應用的知識，已經經過近百年選股的測試；書中有關好的、壞的和一些醜陋的投資經驗，供大家從中獲益，請利用這些資訊賺大錢（也讓我感到驕傲！）。別忘了翻到附錄，上面有各種投資的參考資源和財務比率。

Chapter **2**

清點財務現況和理財目標

你想賺大錢，或者只是想把 2008 ～ 09 年，全球金融危機熊市（長時間的股價下跌）期間的巨額虧損賺回來（照著本書前幾版做的投資人，成績優於大家！）。無論哪種情形，你都希望自己的錢變更多，過更好的生活。但是，在你預約夢寐以求的加勒比海郵輪之旅前，得先訂定計畫。股票在多數理財計畫中，占有相當大的分量，但你必須先做一個你很熟悉的功課，那就是你自己。沒錯，了解你目前的財務狀況，清楚定義你的理財目標，是投資成功的首要之務。

舉例來說，我在我主持的某次研討會中，遇到一位投資人，他持有價值 100 萬美元的寶鹼（Procter & Gamble, PG）股票，而他即將退休，他問我該不該賣掉股票，把一部分的錢投資在小型股（公司的股票市值在 2.5 億至 10 億美元之間，請參見第一章），以追求更大成長。由於他當時已經擁有退休所需的資產，因此我的回答是，他沒有必要變得更積極。我告訴他，他把太多錢投入一支股票，即使寶鹼是穩健的大公司，但是萬一出問題，他的資產就會受影響。

降低持股，把錢放在別的地方，例如償還負債或買入投資級債券來分散風險，顯然會是較好的做法。

本章無疑是書中最重要的章節之一。一開始，你可能以為這一章比較像是一般個人理財書的內容，那你就錯了。失敗的投資者最大的弱點，是不了解自己的財務狀況，以及股票在理財中的角色。我經常建議前來諮詢的人，如果無法善盡投資股票應盡的責任，像是定期檢視投資標的的財務報表和公司進展，就不要投入股市。

請記住

股票投資要做到平衡。投資人有時會把太多錢綁在股票上，萬一股市崩跌，就有損失大筆財富的風險。有些投資人則是把太少錢擺在股票上，或者根本不投資，錯失財富成長的大好機會。投資人應該使股票成為投資組合的一部分，關鍵是「一部分」；你只能讓股票占財產的一部分，有紀律的投資人也會把錢存在銀行、買進投資級債券、貴金屬等提供成長或收入機會的資產。分散投資是使風險極小化的關鍵（有關風險詳見第四章，我甚至談到波動性）。

第一步是編製資產負債表

無論是已經持股，還是打算投入股市，都要知道自己有多少錢可投資。無論投資股票的目標是什麼，第一步是清楚你有多少錢、欠了多少錢，做法是編製個人的資產負債表，然後仔細檢視。資產負債表列出你的資產、負債，以及每個項目的現在價值，從而算出淨值。淨值是總資產減去總負債。（我知道聽起來像會計術語，但是了解自己的淨值，對成功理財來說非常重要，請照我說的做。）

組合資產負債表並不困難，可以利用 Excel 之類試算表的程式，也可以用紙筆計算。收集所有的財務文件，包括銀行存款和

委託交易對帳單等，你需要這些資料的數據，然後按照接下來概述的步驟，每年至少更新一次資產負債表，監控財務狀況（即淨值的變化）。

註：個人的資產負債表，跟大型企業編製的資產負債表，其實根本沒有兩樣。（主要差異只是幾個零，但你可以運用本書的建議來改變。）你從自己的資產負債表中了解愈多事，也愈容易了解你想投資的公司的資產負債表。有關檢視企業資產負債表，詳見第十一章。

第一步：確保你有急用基金

資產負債表的第一個項目是現金；你的目標是預先保留至少可供三個月至半年生活費的現金和約當現金。現金很重要，提供你緩衝，三至六個月通常夠你度過幾種最常見的財務中斷，例如失業。

請記住

舉例來說，如果每個月的開銷是 2,000 美元，你至少應該把 6,000 美元甚至接近 12,000 美元存在有聯邦存保公司保證，安全且能孳息的帳戶（或是另一個相對安全、有孳息的投資工具，例如貨幣市場基金）。把這個帳戶視為急用基金而不是投資，別用這筆錢來買股票。

太多美國人沒有急用基金，等於是讓自己置身在風險中，最好的比喻是矇著眼過馬路，也是近年來投資人對金錢的態度。投資人債臺高築，把太多錢投資在自己不懂的標的（例如股票），幾乎或完全不存錢。過去十年來的一大問題在於儲蓄額創新低，同時負債水準創新高，於是大家會為了支付帳單和償還負債而大舉賣股票。

請不要把股票投資，想成是一個每年報酬超過 20% 的儲蓄帳戶。這種想法很危險！一旦你投資失利或者失業，就會發生財務困難，因而影響你的投資組合，因為你可能為了支付帳單而不得不出脫帳戶中的某些股票。急用基金幫助你度過暫時性的現金短缺。

第二步：根據流動性從高至低，列出你的資產

流動資產既不是指啤酒也不是可樂（除非你是生產啤酒的百威英博公司（Anheuser-Busch InBev）。流動性指的是你要花多久時間，把某個（你擁有具備價值的）資產轉換成現金。如果你知道包括投資在內的資產流動性，當你需要現金來買股票（或支付帳款）時，就有一些選擇。人多半是缺現金，同時把太多財富綁在不動產之類的非流動投資上。非流動的意思，是你的手頭沒有現金來應付迫切需要。檢視你的資產並採取一些做法，確保在非流動性資產以外，有夠多的流動性資產。

按照流動性由高至低列出資產負債表上的資產，以便知道哪些資產能快速變現、哪些不能。如果現在馬上需要現金，可以動用庫存現金、支票存款和儲蓄存款帳戶裡的錢。至於不動產和其他資產等列在後面的項目，屬於要花長時間變現的資產。

即使是賣方市場，出售不動產都要花上好幾個月。流動資產不足的投資人，可能會為了籌措現金來履行短期的金錢義務，而被迫在短時間內賠售資產。對股票投資人來說，賠售可能包括提前出售原本打算長期投資的股票。

表 2-1 按照流動性高低列出常見的資產。請參考這個表格，來編製自己的資產清單。

以下說明如何細分表 2-1 的資訊：

» **第一欄**是資產，流動資產較具流動性，可以快速轉變成現金。長期資產具有價值，但未必能快速變現，這類資產不太具流動性。

註：我把股票列在短期項下，因為這份資產負債表的目的，是根據流動性的高低列出各個項目，也就是：「我要花多久時間，把這個資產變成現金？」由於股票可以快速出售變現，因此算是標準的流動性資產（不過，快速變現並不是買股票的主要目的）。

» **第二欄**顯示每個項目目前的市場價值。請注意這個價值不是買進價格或原始價值，而是目前在市場上出售資產時，實際能獲取的金錢。

表 2-1　依據流動性的高低，列出個人資產

資產項目	市場價值	年成長率 %
流動資產		
庫存現金和支票存款	$150	
銀行儲蓄存款和定存	$5,000	1%
股票	$2,000	11%
共同基金	$2,400	9%
其他資產（收藏品等）	$240	
流動資產合計	**$9,790**	
長期資產		
汽車	$1,800	-10%
住宅	$150,000	5%
不動產投資	$125,000	6%
個人物品（如珠寶）	$4,000	

長期資產合計	$280,800	
資產合計	$290,590	

» **第三欄**顯示該項投資相較前一年的表現。如果百分比 5% 表示資產在今日的價值，比前一年多 5%。你需要知道每一項資產的增值情形，以便調整資產配置來獲取最大成長，或是處分虧損的資產。保留表現良好的資產（並且考慮增加持有這些資產），同時檢討貶值的資產，看是否要處分掉，把獲得的款項投資在其他項目上。此外，已實現虧損可以獲得租稅減免（詳見第二十一章）。

小提示

第三欄的成長百分比並不難懂，假設你買進 100 股 G 公司的股票，這支股票在 2019 年 12 月 31 日的市場價值是每股 50 美元，因此總市場價值 5,000 美元（100 股 ×50 美元）。當你在 2020 年 12 月 31 日查看這支股票的市值，發現股價來到每股 60 美元，總市場價值為 6,000 美元（100 股 ×60 美元）。因此年成長率為 20%，計算方法是把總獲利 1,000 美元（即每股 60 美元減去 50 美元，得到每股獲利 10 美元，再乘以持有的股數 100 股後，即為 1,000 美元），除以期初的價值（5,000 美元），就得出 20%（1,000 美元 ÷5,000 美元）。

小提示

假設 G 公司在那段期間也發放每股 2 美元的股利，這時總報酬就成為 24%，計算方法是把增值（每股 10 美元 ×100 股＝ 1,000 美元）加上股息收入（每股 2 美元 ×100 股＝ 200 美元），將總和（1,000 ＋ 200 ＝ 1,200）除以期初的價值（每股 50 美元 ×100 股＝ 5,000 美元）。市場價值 5,000 美元的總報酬為 1,200 美元，也就是 24%。

» **最後一行**列出資產總合和目前的市場價值。

第三步：列出負債

負債是你有支付義務的帳款，也就是債務；無論是信用卡帳單還是抵押貸款的還款，負債是你終究必須償還的一筆錢（通常附帶著利息）。如果沒有記錄負債，可能會高估自己擁有的錢。

表 2-2 列出一些常見的負債，參考這些項目，列出你的負債，按照還款需求的快慢列出負債。信用卡帳單多半屬短期債務，抵押貸款則是長期。

表 2-2　列出個人負債

負債	金額	還款率
信用卡	$4,000	18%
個人借款	$13,000	10%
抵押貸款	$100,000	4%
負債總額	$117,000	

以下摘述表 2-2 的資訊：

請記住

» **第一欄**是負債類型。別忘了把學生貸款和汽車貸款加進去，如果有的話。

　　不要因爲羞於知道自己眞正欠了多少錢，而不敢把負債列出來。請誠實面對自己，有助改善財務體質。

» **第二欄**顯示負債的現值（或目前的餘額）。列出最新餘額，了解你還欠債權人多少錢。

　　第三欄反映你爲債務付出多少利息。這個資訊很重要，提醒你負債可能吃掉財富，信用卡債的利率甚至可能高於 18%，更糟的是不能用來抵減租稅，如果不能清償每個月的帳單，

即使是小額刷卡都會所費不貲。卡債年息 18% 的情況下，刷卡買一件 50 美元的毛衣，短短一年內連本帶息要花掉 59 美元。

小提示

當你比較表 2-2 的負債和表 2-1 的個人資產，可能會找到減少利息負擔的機會。例如你有信用卡債 4,000 美元，要支付 18% 的利息，同時你有銀行儲蓄存款 5,000 美元，賺取利息 2%，這時你可以考慮從儲蓄存款中提取 4,000 美元來償還信用卡債，如此就省下 640 美元，因為 4,000 美元的存款只賺取 80 美元的利息收入（4,000 美元的 2%），而信用卡債卻要支付 720 美元的利息（4,000 美元乘以 18%）。盡快清償負債，永遠會是你的首要考量。

如果無法清償高利息的負債，至少要設法使債務成本降到最低。最常見的做法如下：

» **改使用利息較低的信用卡**：許多公司提供顧客誘因，包括申辦利率較優惠的卡片（目前是低於 10%），用來清償高利息的卡債（通常為 12% 至 18%，甚至更高）。

» **用擔保借款取代信用借款**：信用卡和個人借款屬於無擔保（不需要任何擔保品或資產就借得到錢），因此利率較高，因為債權人認為這類借款的風險較高。擔保借款（例如將房屋抵押取得借款額度的帳戶以及交易委託帳戶（brokerage account），可供你用利息較低的負債來取代高利息負債。有擔保的負債利息費用較低，因為這類負債有抵押品（屋子或股票）做靠山，債權人的風險較低。

» **用固定利率負債取代變動利率負債**：回想 2005 ～ 2008 年間，繼不動產泡沫崩盤後，房屋持有者每個月必須支付的變動利率房貸利息突然大幅上升時的措手不及。如果無法減少負債，至少要使利息是固定可預測的。

我借了又借，所以要去工作

掌握負債對個人財務狀況來說是重要的，但債務可能間接影響你和你的財務健全度。如果服務的公司一直在虧錢導致債台高築，可能會影響到你的工作，還可能影響你的投資，從而不利你的長期財富累積計畫。

過度負債是 2008 ～ 2009 年股市大崩盤的一大原因；2020 年乃至往後，整體的經濟和金融市場仍舊禁不起與債務相關的危險。如果個人和企業對自己的債務更負責，整體經濟環境會好很多。

根據彭博網站（Bloomberg.com），2019 年初全世界的負債高達 244 兆美元，同一時間全世界的 GDP（根據世界銀行網站 WorldBank.org）大約為 850 兆美元（加減 10 億美元）；其中公部門的債務占最大宗。美國的聯邦、州和市政府債務水準頻創新高，每個人均責無旁貸。因為政治人物和政府官僚的舉債，必須由人民來解決，用更高的所得稅、不動產稅等租稅來減輕政府壓力。沒錯，股市（以及你的投資持股）會受到影響！www.usdebtclock.org 可以得知最新的美國負債狀況。

警告

2019 年，許多類負債創新高。個人、企業以及特別是政府的債務多到爆，同時利率降到歷史低點。我猜那些借了一屁股債的人，應該會為（暫時的）低利率感到慶幸，但如果情況改變的話呢？萬一沒有能力繼續背負債務，該怎麼辦？我相信，負債金額的龐大與負債的普遍，勢必威脅經濟體和股市；每個人都要窮盡其力來減輕自己的債務負擔，才能強化財務體質。第二十五章針對股票投資人受到的負債挑戰，提出解決之道。

窮盡其力來控制並降低債務，否則負債會成為難以承受之重擔。如果不控制債務，可能會被迫賣股變現。莫菲定律說，你會在最糟的時機賣掉股票，不要落得如此下場。

第四步：計算你的淨值

淨值是總財富的指標，將總資產（表 2-1）減去總負債（表 2-2），就等於淨值（淨資產或淨權益）。

表 2-3 顯示淨值 173,590 美元，是個相當不錯的數字，對許多投資人來說，光是資產大於負債（也就是淨值為正數）就可喜可賀。用表 2-3 為範本，來分析自己的財務狀況，你的使命是在追求財務目標的過程中，確保淨值逐年遞增（本章稍後會探討財務目標）。

表 2-3　　計算個人淨值

合計	金額	年增減率
總資產（表 2-1）	$290,590	+5%
總負債（表 2-2）	($117,000)	-2%
淨值（總資產減總負債）	$173,590	+3%

第五步：分析你的資產負債表

根據前幾段的步驟編製資產負債表，來解釋你目前的財務狀況；接著仔細閱讀，試著指出任何可能做的改變，來提高財富。有時光是重新聚焦資產負債表上的項目（以表 2-3 為指引），就足以達成財務目標。以下幾項供你思考：

» **你是否把急用基金存在一個超級安全，且利息最優惠的帳戶**？我推薦銀行的貨幣市場帳戶或貨幣市場基金。美國國庫貨幣市場基金（U.S. Treasury money market fund）是最安全的帳戶，銀行有聯邦存款保險公司（FDIC）做靠山，同時美國的國庫券有聯邦政府的充分尊重和信任（full faith and credit）為擔保。可以上 www.bankrate.com、www.lendingtree.com，以及 www.lowermybills.com 等網站，尋找最優惠的利率。

» **你是否能用會增值的資產，來取代貶值的資產**？假設你有兩套音響，何不賣掉一套，把錢用來投資？或許你會說：「兩年前我花了 500 美元買的那組音響，現在只能賣 300 美元。」那是你的選擇。你需要決定該怎麼做對財務狀況比較有幫助，是一組花 500 美元買來，不斷貶值的音響，還是把出售音響的 300 美元拿去投資，而可能增值？

» **你是否能用高收益投資取代低收益投資**？假設你有 5,000 美元銀行定存，利率 3%。當然，你可以打聽利率較優惠的銀行，也可以尋找收益更高的替代方案，例如美國儲蓄債券或短期債券型基金。記住，定存提前解約要面臨罰金（例如損失利息）。

» **你是否能用低利息收入的資產來償還高利息支出的債務**：假設如果你有 5,000 美元銀行存款，賺取 2% 的利息（而且要課稅），同時有 2,500 美元信用卡債，利率 18%（而且利息支出無法扣抵租稅），你最好清償信用卡債以節省利息支出。

» **如果你正背負債務，你是否把那筆錢投資在獲利高於利息支出的標的上**：如果借來的錢，能在別處產生超過 8% 的收益，那麼背負一筆利息 8% 的債務是可以接受的。假設你的證券經紀帳戶裡有現金存款 6,000 美元，只要符合資格，就可以利用保證金（基本上就是從經紀商取得融資），買進 6,000 美元以上的股票，你可以用 6,000 美元買進 12,000 美元的股票，

不夠的錢由經紀商提供融資。當然，融資買股要負擔利息，但是如果利率6%，而你打算買進的股票，能帶來9%的股息，這時股息收入能幫你償還保證金借款，還有錢剩下（關於保證金買股，請詳見第十七章）。

» **你是否能出售任何個人的物品變現？**你可以透過清倉甩賣和拍賣網站，將不具生產力的資產變現。

» **你是否利用房產來償還消費性貸款？**房屋貸款的利率較為優惠，而且利息可以扣除租稅。

警告

利用房貸來清償消費性貸款，是消除不良記錄的絕佳方法。擺脫信用卡債是何其大的解脫！只是你可別走回頭路，又去借消費性貸款，如此一來可能會被債務壓垮而變得身無分文（甚至無家可歸），這可不是鬧著玩的。

重點是記住，紀律（和書中的建議）能使你掌控好自己的財務狀況。

爲股票投資計畫挹注資金

打算把錢投入股市，首先需要「錢」。錢從何處來？假如你在等著繼承遺產，考慮到近來的醫療進步，你可能得等很久；然而所有的挑戰，終究是如何替股票投資計畫挹注資金。

許多投資人可能對投資和資產進行重新分配。重分配就是出售某些投資或資產，把錢投資在其他標的上（如股票），而最終是決定你可以出售或變現哪些投資或資產。通常，可以考慮那些低報酬（或零報酬）的投資和資產。如果你的投資和資產項目包羅萬象，最好是跟財務規畫師一起檢視。重分配只解決部分問題，另一部分是現金流量。

你是否曾經納悶，為何月底老是透支？想一想你的現金流。你的現金流是指進來的錢（收入）和花出去的錢（支出），相減

之下就成為正或負的現金流，看你的現金管理技巧而定。維持正的現金流（進來的錢比出去的多）有助增加淨值，負的現金流終究會削減財富，如果不立刻修正，會把淨值全部抹消。

以下說明如何計算和分析現金流。第一步是編製現金流量表。問自己三個問題：

> **哪些錢流進來？**把所有收入來源記在現金流量表中，計算每月收入，然後是每年。把薪水、工資、利息、股息等都納入，全部加總就得出總所得。

> **哪些錢流出去？**寫下所有花錢的項目。列出所有費用。盡可能分成必要和非必要兩類，就能大致了解哪些費用可以降低而不影響生活水準；但在此之前，盡可能完整列出支出的項目。

剩下什麼？如果收入大於支出，你就有錢可以投資股票。無論看似多麼少，但絕對有幫助。我曾經看過人們每星期或每個月固定投資區區 25 美元至 50 美元而致富。如果支出大於收入，最好拿起筆來，刪減非必要的花費，同時／或增加收入。如果你的預算有一點緊，先擱置股票投資，直到現金流改善為止。

網路過客

假設你打算出版一本有關負現金流的書，你可以去任何一家百大網路公司隨便找一位員工。他們的資歷之一，是替一家在 1999 年不可一世，到 2000～2001 年跌落谷底的公司工作。諸如 eToys.com、Pets.com、DrKoop.com 等公司曾經意氣風發，但卻未能轉虧為盈，終究以歇業收場；你也可以把這些公司稱為網路過客，從它們的錯誤中學習（其實，他們當

初應該向你學習）。獲利是企業最不可或缺的一個元素，正現金流對整體財務狀況也很重要，特別是為股票投資計畫挹注資金。

請記住

不要混淆現金流量表和損益表。現金流量表的計算很簡單，因為你可以輕易追蹤哪些錢進來、哪些出去。損益表就有一點困難（特別是企業），因為要把一些技術上非屬現金流的項目納入（例如折舊或攤提）。關於損益表詳見第十一章。

小提示

你可以考慮把定期的小額股票投資視為預算中的支出。許多投資人每個月固定把 25 美元、50 美元或更多的錢，投入股息再投資計畫中，用相對小錢輕鬆建立股票的投資組合，而且是很有紀律地這麼做。有關股息的再投資計畫，請詳見第十九章。

第一步：清點你的收入

把表 2-4 作為試算表，列出並計算所有收入。第一欄是金錢的來源，第二欄是每個月從每個來源的金額，最後一欄是全年的預計金額；把所有收入納入，包括工資、工作所得、股息、利息收入等。然後，預計每個項目的全年金額（乘以 12），把數字填入第三欄。

表 2-4　列出你的收入

項目	每月金額	每月金額
薪水和工資		
利息收入和股息		

業務淨（稅後）所得		
其他收入		
總收入		

請記住

總收入是你必須管理的金額。為了確保財務健全，花費不要超過這個金額。隨時留意並且謹慎管理你的收入。

第二步：把支出相加

　　利用表 2-5 作為試算表，列出並計算所有支出。你花多少錢，花在哪裡？第一欄說明花費的去處，第二欄指出每個月的金額，第三欄顯示全年的預計。把所有花費納入，例如信用卡等債務的支付、食物、水電費和醫藥費等家用；以及非必要性支出，如電玩和可有可無的家中擺飾。

小提示

薪資稅是政府對薪水課徵的所有租稅的統稱。你也可以把每一種稅分別條列，重點是製作一個對你有用的完整清單。

請記住

你可能會注意到，支出不包括支付 401（k）計畫和其他儲蓄工具，這些項目確實影響現金流，但不是費用；你投資（或是雇主替你投資）的金額，在本質上是有益於財務狀況的資產，而不是對累積財富沒有幫助的費用。401（k）的計算方式很簡單，只要在計算前面的試算表之前，從支付總額減去（表 2-5）；例如支付總額為 2,000 美元，401（k）的提撥金額為 300 美元，就以 1,700 美元作為支出的數字。

表 2-5　列出你的費用（支出）

項目	每月金額	每年金額
薪資稅		
租金或抵押貸款		
水電費		
食物		
衣服		
保險（醫療、汽車、房屋等）		
電話／網路費用		
不動產稅		
汽車費用		
捐款		
娛樂費用		
信用卡帳單		
貸款還款		
其它費用		
總支出		

第三步：編製現金流量表

　　好了，你快完成了。下一步是編製現金流量表，知道你的錢怎麼移動（全在一張表格裡），有多少錢進來，多少錢出去，去了哪裡。

　　把總收入（表 2-4）和總費用（表 2-5）填入表 2-6，看看你的現金流。你有正的現金流（進來的比出去的多），可以開始投資股票（或其他投資標的），還是費用大過收入？編製現金流量

表不光是從財務狀況中找到股票投資計畫的資金，最重要是了解財務狀況。你有沒有把財務管理好？

表 2-6　看看你的現金流量

項目	每月金額	每年金額
總收入（從表 2-4）		
總支出（從表 2-5）		
淨流入／淨流出		

請記住

撰寫本文的此時，2019 年的個人、政府和企業負債再創新高；個人的負債和費用遠超過個人總所得，提醒我們要注意現金流，保持收入成長，同時盡可能壓低費用和負債。

第四步：分析現金流

運用表 2-6 的現金流量表，找出投資計畫的資金來源。所得增到愈高、支出減到愈少就愈好；仔細檢視資料，哪裡還可以更好？問自己以下幾個問題。

» 如何提高所得？你是否有可以用來賺取外快的嗜好、興趣或技能？
» 你是否能利用加班多賺點錢？升遷或職務調動呢？
» 哪些費用可以刪減？
» 你是否已經把費用分成「必要」和「非必要」兩類？
» 你是否能藉由再融資（refinancing）或整合債務和信用卡帳款，來減少債務？
» 你是否到處打聽過較低的保險或電話費率？

> **»** 你是否分析過薪資中的租稅扣繳，確保沒有支付過多稅款（下一年才把多付的稅款退回來）。

另一個選項：省下稅金來投資

根據租稅基金會（Tax Foundation），網址：www.taxfoundation.org，美國公民的支付的稅金，多於花在食物、衣服和住所的金額總合。和你的租稅顧問一起設法減輕租稅，例如在家工作是開關財源並增加租稅扣除額的好辦法，從而降低租稅負擔。稅務顧問會做出符合你需求的建議。

小提示

可以考慮的租稅策略，是在有租稅庇護（tax-sheltered）的帳戶從事股票投資，例如傳統的個人退休帳戶（Individual Retirement Account, IRA）或羅斯個人退休帳戶（Roth Individual Retirement Account, Roth IRA）。洽詢稅務顧問，詢問可以利用的租稅扣除和策略。關於股票投資涉及的租稅問題，請詳見第二十一章。

放眼理財目標

把股票視為生活的工具，股票就像其他每一種投資標的，可以用來達成目標。如果你正在閱讀本書，你的目標應該會是成功的股票投資，但是你必須完成以下句子：「我希望股票投資計畫成功，好讓我完成＿＿＿＿＿＿。」你必須把股票投資視為達到目的的手段，買電腦的目的不會（或者不應該）是為了擁有電腦，而是為了達到某個結果，例如提升工作效率、玩遊戲，或者作為一個漂亮的紙鎮。

請記住

了解長、中、短期目標的差異，分別設定目標（詳見第三章）：

- » **長期目標**：是至少需要五年資金挹注的專案計畫或財務目標。
- » **中期目標**：需要兩年至五年資金挹注的財務目標。
- » **短期目標**：需要不到兩年的資金挹注。

請記住

股票通常最適合用來達成長期目標，例如：

- » 達到財務獨立（養老基金）
- » 支付未來的大學費用
- » 支付長期支出或計畫

　　有幾類股票（如保守型或大型股）適合達成中期的財務目標。例如，如果四年後將退休，保守型股票會適合你。如果你對股市抱持樂觀（或者看多），堅信股價將會上漲，那麼你就去投資。但如果你對市場抱持負面看法（看空或相信股價將下跌），可以等到經濟情況較明朗的時候再說。

警告

股票通常不適合用來達成短期投資目標，因為股價在短期內可能有非理性表現。股價每天都會波動，無法得知股票在短期未來的價值，結果錢反而出乎意料地愈來愈少。若是希望能確定孳生一筆錢來滿足短期需求，短期定存或貨幣市場基金會比較妥當。

請記住

近年來，投資人透過股票的短線操作和投機，追求快速、短期的獲利。2009 ～ 2019 年間股市的豐厚獲利，誘使投資人把股票視為短期致富的工具。請務必了解投資、儲蓄和投機三者的差異，這對你的目標和渴望有絕對的重要性。不明白三者差異的投資人往往傷得很重，以下為投資、儲蓄、投機的差異：

- » **投資是把目前的資金投入證券或有形資產，以獲取未來增值、收入，或兩者兼得**。投資需要時間、知識和紀律，投資的價格可能會變動，但你的著眼點在長期潛力。

以上明顯不同的概念經常被混淆,甚至連所謂理財專家都不例外。我知道有一位理財顧問,竟然把孩子的大學基金投入網路股基金,不到十個月損失超過 17,000 美元。有關風險詳見第四章。

本章教你

» 將股票投資策略與投資目
  標做配搭
» 決定你的投資策略屬於短
  期、中期還是長期
» 檢視你的投資目的：成長
  還是收入
» 決定你的投資風格：保守
  還是積極

Chapter **3**

常見的
股票投資法

　　「長期投資」不只是舊時代某個隨口說說的投資口號；它經過了數十年的股市經驗驗證，至今依舊適用。可惜近年來投資人耐不住性子，買賣股票的習慣愈來愈差。現在的投資人認為短期是以「天」為單位，中期是「週」，長期是「月」，難怪一堆人抱怨投資報酬很爛。投資人失去了耐性帶來的好處！

　　你該怎麼做？答案是成為一個投資期間大於一年的投資人（重點是「大於」）。給投資標的成長的時間。每個人都夢想像巴菲特一樣成功，卻很少人效法他的耐性（也是他投資成功的一大原因）。

　　股票是你可以用來累積財富的工具。只要運用得當，用在對的目的和對的環境中，股票會為你帶來財富，但運用不當可能導致災難。本章將說明根據短、中、長期的財務目標，來選擇對的投資類型，告訴你如何決定投資目的（成長型還是收入型），以及你屬於哪一類投資人（保守型或積極型）。

選擇與目標相符的股票和策略

市面上的股票何其多，投資方法也是；而股票投資的成功關鍵，是對的股票配上對的投資狀況，選擇符合目標的股票和投資方法（第二章詳細解釋財務目標）。

請記住

投資股票前，問你自己：「我希望什麼時候達到財務目標？」股票是達到目的的手段，你的責任是弄清楚目的是什麼，或者更重要的，什麼時候達到目的。你希望十年內退休，還是明年？你現在就必須負擔孩子大學教育的費用，還是十八年後？你有多少時間從股票投資賺到你需要的錢，決定了你該買哪些股票。表 3-1 說明如何根據自己的投資屬性和投資目標，來選擇最適合的股票。

表 3-1　投資者的類型、財務目標和股票類型

投資者的類型	達成財務目標的時間	最適合的股票類型
保守型（擔心風險）	長期（多於五年）	大型與中型市值股票
積極型（容忍高風險）	長期（多於五年）	小型與中型市值股票
保守型（擔心風險）	中期（二至五年）	大型股票，最好是發放股息
積極型（容忍高風險）	中期（二至五年）	小型和中型市值股票
短期	一至二年	股票不適合短期。尋找儲蓄存款和貨幣市場基金。
極短期	不到一年	股票？想都別想！你可以持有投資不滿一年，那你就是在短線操作或投機。你應該利用儲蓄存款和貨幣市場基金。

股息是付給股東的錢（不同於利息是付給債權人）。股息是很好的收入來源，發股息的公司，股價也往往較穩定。有關配息股，詳見稍後的「穩穩地賺：收入型投資」以及第九章。

表 3-1 提供一般性指引，但不是每個人都適合某個投資組合。投資人的個別狀況、目標和風險耐受度各不相同。所謂大型市值、中型市值、小型市值，是指公司的規模，在所有因素相等的情況下，大公司比小公司有保障（風險較低）。關於市值，詳見稍後「根據個人風格投資」以及第一章。

爲未來投資

你的目標是長期還是短期？每一支股票都可能同時是好股或爛股，端視你希望鎖定的期間長短。你計畫投資股票的期間通常分為短期、中期和長期；以下概述分別適合三種期間的股票類型。

期間愈長，投資績優股的風險也比較小。股價通常會每日波動，但在一段期間內，會呈現股價向上或向下的趨勢。即使你投資一檔短期下跌的股票，只要耐著性子等待就可能看到股價回升，說不定還超過當初投資的金額。

鎖定短期

短期通常不超過一年，有些人認為是不超過兩年。短期投資所指的，不是從你挑選的股票上快速賺錢，而是你何時可能需要用錢。

每個人都有短期目標。有些人的目標比較實際，例如存一筆錢供下個月度假或者支付醫療費用；有些短期目標比較有雄心，例如在半年內籌到新屋的頭期款。無論是開銷還是購買，都是需要趕快

累積一筆預計的款項，如果這是你的處境，請遠離股票市場！

短期投資＝投機

我的客戶檔案中，不乏一堆股票長期投資者演變成短期投機者的例子。有人有 80,000 美元，打算在一年內結婚，為自己和新婚妻子付房屋頭期款；他想快速累積財富，給妻子驚喜，這樣他們就可以舉行一場風光的婚禮，也可以多付一點頭期款。結果因為選的股票大幅跌價，那筆錢縮水成 11,000 美元。喔！怎麼又是這種事呢？無論結果好壞……呃……是富裕還是貧窮，這下子他們肯定需要調整計畫了。我還記得他選的某幾支股票，幾年過去，如今這些股票的股價回升，創下新高。

重點是，短期投資股票無異於投機，唯一可能的策略只有碰運氣。

警告

由於股票在短期可能難以預測，因此不宜作為短期投資標的。電視上的市場分析師說得好：「以每股 25 美元來說，XYZ 的股票是個穩當的投資，我們認為半年到九個月內，股價會碰到 40 美元的目標價。」心急的投資人聽到會說：「哇！如果這支股票能漲超過 50％，又何必把錢存在銀行賺 1％利息？我最好來打給我的營業員。」這支股票可能達到（甚至超越）目標價，也可能達不到，多半是達不到而讓投資人失望，股價甚至可能下跌！

目標價經常達不到，因為要弄清楚數百萬投資人在短期內會怎麼做，是件困難的事。短期可能是非理性的，因為為數眾多的投資人，各有不同的買賣理由，分析起來很困難。如果是基於一個短期的重要需求而投資，你可能比你以為的更快損失那筆重要的錢。

技術性內容

2002 ～ 2007 年狂飆的牛市期間，投資人目睹一些熱門股在短短幾個月間飆漲 20% ～ 50%。股價漲成那樣，誰又需要賺取微薄的利息錢呢？ 2008 ～ 2009 年的熊市來臨，同樣的股票下跌 50% ～ 85%，這時利息微薄的儲蓄存款突然又好像沒那麼差。2020 年 1 月，道瓊工業平均指數來到 29,000 點，但這一章的論點依舊有效。

請記住

短期的股票投資非常難以預測，即使是最優質的股票，短期內還是會波動。大環境不好的時候，可能會劇烈變動，沒有人能正確預測股價的動向（除非有內線消息），因此股票非常不適合用來達成任何需要在一年內達成的財務目標，反而是銀行定存單之類穩定且付息的投資工具，比較有助於達成短期目標。有關短期策略的建議，請參考表 3-1。

思考中期目標

中期目標是指計畫在二至五年內達成的財務目標，例如你想在四年內存夠錢來投資不動產，或許適合成長導向的投資標的（本章稍後將更詳細探討成長型投資）。

雖然有些股票可能適合持有二至三年，但不是所有股票都適合中期投資。有些股票相當穩定且保值，例如大型股或是信譽良好的配息股；有些股票的價格忽高忽低，例如一些剛上市不久的公司，在市場上的時間還不夠建立起一致性紀錄。

小提示

如果你計畫透過投資股票達成中期目標，可以考慮生產生活必需品的大型股或配息股（例如食品飲料或電力）。在今日的經濟環境，我強烈認為，以滿足人類基本需求為業的公司股票，應該在大部分的投資組合中占有主要地位。這類股票尤其適合用來達成中期目標。

光是因為某一支股票被歸類為適合中期投資，不表示五年一到就該出脫；如果這家公司表現良好且未來仍將看好，你可以無限期持有它。你給一家情勢看好的賺錢企業愈多時間讓它的股價上漲，你的投資績效也就愈好。

為長期準備

股票投資最適合做為長期賺錢的工具。當你以五至（最好是）十年為期，把股票跟其他投資標的比較時，股票會勝出。即使是在大蕭條的水深火熱中買進股票的投資人，經過十年也都看到持股有獲利成長。實際上，過去五十年當中，如果檢視任何一個十年期，會發現股票的總報酬（包含再投資，以及資本利得和股息的複利）幾乎都勝過其他財務投資工具（如債券或銀行投資）。

當然，不是決定好長期投資就沒事；你還得做功課，明智選股，因為即使在股市看好的時期，如果投資的公司歇業，你還是會虧錢。本書第三部說明如何評估特定公司和行業，並提醒你注意整體經濟環境中影響股票行為的因素。附錄 A 提供許多可以參考的資源。

由於市面上的股票類型五花八門，凡是放眼長期的投資人，都應該把股票加入投資組合中。無論是希望替小孩存大學學費還是未來退休養老，謹慎挑選的股票證實是優秀的長期投資標的。

為某個目的而投資

有人問一位女士，為什麼要從橫跨萬丈深淵的橋上彈跳，她答道：「因為好玩啊！」有人問男子，為什麼要潛入一個滿是鱷魚和蛇的水池，他答道：「我是被推下去的。」除非你清楚自己

的目的，例如為成長或收入而投資，否則就不該投資股票。記住股票只是達到目的的手段，要清楚你想達到的目的，然後採取相應的手段。以下章節對你有幫助。

即使是理財顧問推著你去投資，務必請那位顧問解釋他選擇的每一支股票為何符合你的目的。我認識一位人很好的年長女士，她的投資組合盡是一些積極成長股，因為她有一位專橫的股票經紀人。她的目的原本應該是保守的，應該選擇保本而非成長的投資標的；而股票經紀人的盤算顯然使她無法如願（有關與股票經紀商打交道，詳見第七章）。

快速賺大錢：成長型投資

當投資人希望賺錢（相對於保本），會尋找能增值的投資標的，增值是成長的另一種說法；如果你買進每股 8 美元的股票，現在每股值 30 美元，等於是每股成長 22 美元，那就是增值。

增值又稱為資本利得（capital gain，最常用在租稅上的稱呼），也是大家投資股票的最大理由。很少投資標的會像股票這樣不費力氣地增長財富，如果你希望股市替你賺大錢（而且你可以承擔某些風險），請跳到第八章，深度探討成長型投資。

投資股票是增長財富的絕佳方式，但非唯一方式。很多投資人尋求其他賺錢方法，但這些方法多半比股票積極，附帶較大的風險。或許你聽過有人在大宗商品（如小麥、豬肉或貴金屬）、選擇權等複雜的投資工具上短期致富；請記住，你應該把這些風險較高的投資標的，限縮在投資組合的一小部分，例如占可投資金額的 5% 或 10%，經驗豐富的投資人，比例可以高一點。

穩穩地賺：收入型投資

不是每一位投資人都願意承擔暴利的風險（嘿！不入虎穴，焉得虎子！）。有些人投資股市，只是想要有一筆穩定的收入，他們要的不是股價衝上天，而是表現穩健的股票。

如果投資股票的目的是創造收入，你需要選擇配息的股票。股息通常是每季付給特定日期之前在股東名簿上的股東。你如何得知你獲得的股息高於或低於其他投資工具（如債券）？請繼續看下去。

區分股息和利息

不要把股息和利息混淆。大部分的人熟悉利息，因為這些年來你存在銀行的錢就是用這方式成長，重要的差異在於利息是付給債權人；而股息是付給業主（也就是股東。擁有股票就是股東，因為股數代表公開上市公司的所有權）。

請記住

當你買股票時，也買進那家公司的一小部分。當你把錢放在銀行（或是買進債券），基本上是把錢借出去，你成為債權人，而銀行或債券發行者是債務人，終究要連本帶利還錢給你。

認識定存概念股的收益率的重要性

當你為獲取收入而投資，必須考慮投資標的的收益率，並且跟其他替代方案比較。收益率是投資標的給付金，用投資金額的百分比表示。你可以檢視收益率，把你期待從一項投資標的獲得的收入，跟其他投資標的的期待所得加以比較。表 3-2 列出幾個收益率供做比較。

表 3-2 　比較各種投資標的的收益率

投資標的	型態	金額	支付型態	給付金額	收益率
史密斯公司	股票	$50 ／股	股息	$2.5	5.0%
瓊斯公司	股票	$100 ／股	股息	$4.0	4.0%
頂點銀行	銀行定存	$500	利息	$5.0	1.0%
頂點銀行	銀行定存	$2,500	利息	$31.25	1.25%
頂點銀行	銀行定存	$5,000	利息	$75.0	1.50%
布朗公司	債券	$5,000	利息	$300.0	6.0%

請記住

收益率的計算公式如下：

收益率＝給付金額÷投資金額

　　為了簡化起見，以下練習係以年收益率為基礎（複利會提高收益率）。

　　瓊斯公司與史密斯公司是典型的配息股。請見表 3-2，假設兩家公司在許多方面相似，唯獨股息金額不同，你如何知道每股股價 50 美元，每年股息 2.5 美元的股票，相較每股股價 100 美元，每年股息 4.0 美元的股票何者較優？答案在收益率。即使瓊斯公司的股息較高（4.00 美元），但史密斯公司的收益率較高（5%）；如果你必須在這兩支股票間選擇，作為收入型投資人，你應該選擇史密斯公司。如果你想使收入極大化，但不需要投資標的的大幅增值，你應該選擇布朗公司的債券，因為它提供 6% 的收益率。

請記住

　　定存概念股確實有增值的能力，成長潛力或許不如成長股，但至少好過銀行定存或債券。第九章將探討定存概念股。

根據個人風格投資

投資風格不是牛仔褲對上三件式西裝的爭辯，而是股票投資的作風。你想做個保守型還是積極型的投資人？你想當烏龜還是兔子？你的投資性格與投資目的以及投資期間的長短（詳見前兩個部分）大有關係，以下概述兩種最常見的投資風格。

保守型投資

保守型投資的意思是，你把錢投入某個經得起考驗的標的，你把錢投資在安全有保障的地方，例如銀行和政府擔保的證券。那麼，保守型的股票是什麼呢？（表 3-1 提供建議）

小提示

如果你是保守型的股票投資人，最好是投資具備以下特質的公司：

» **績效經過考驗**：最好是營業額和獲利逐年成長的公司，不求傑出，只要績效表現堅實穩固就好。
» **市場規模龐大**：最好投資市值超過 50 ～ 250 億美元的大型公司。保守型投資人認為，愈大等於愈安全。
» **經過考驗的市場領導地位**：尋找業界的領導者。
» **地位被認為屹立不搖**：有財力和市場地位，能克服不確定的市場和經濟狀況，不受當前經濟情勢或是執政者影響。

請記住

身為保守型的投資人，你樂見公司股價上漲（誰不會呢？），但更關心的是長期的穩定成長。

積極型投資

積極型投資人能長期規畫或只看中期，但無論如何，他們終究是希望股票像大野兔般，有三級跳的潛力。

小提示

如果你是積極型投資人，最好投資具以下幾種特質的公司：

» **深具潛力**：選擇具有優越商品、服務、創意，或者營業方式優於競爭者的公司。

» **資本利得的可能性**：完全不考慮股息，你說不定還不喜歡股息呢。你認為與其發放股息，還不如把錢再投入公司，說不定能刺激更大的成長。

» **創新**：尋找在技術、創意或方法上具創新性或破壞性，使它們有別於同業的公司。

請記住

積極型的投資人通常會尋找市值小的股票，因為這類股票可能有相當大的成長潛力。就拿樹來做例了，參天的紅杉或許雄壯威武，但成長的空間有限，而年幼的小樹苗則有許多成長空間可期。當你能夠投資規模較小但明日可能成為領導者的公司時，為何要投資笨重的大型公司？積極型投資人願意購買事業前景不明的股票，因為他們希望這類公司會成為另一家蘋果或麥當勞。關於成長型投資，詳見第八章，有關小型股票，詳見第十四章。

Chapter 4

認識風險與波動性

　　投資人要面對許多風險，本章將探討其中大多數的風險。對投資人來說，風險最簡單的定義是「損失部分（或全部）投資價值的可能性」。但只要了解風險並且做好規畫，就不必懼怕它。你必須了解投資界中最古老的等式──風險相對於獲利，這個等式是這麼說的。

如果你希望你的錢帶來更大報酬，就要承受更大風險；
如果不想承受更大風險，就必須忍受較少的報酬。

　　我的某次投資研討會上，充分說明以上有關風險的論點。一位參加者告訴我，他把錢存在銀行，但是對報酬不滿意。他嘆道：「我的錢擺在銀行，收益少得可憐！我想把錢擺在會成長的地方。」我問他：「投資普通股如何？要不就是成長型基金？這些都有堅實的長期成長紀錄。」他回答道：「股票？我不想把錢放在那裡。風險太高了！」好吧。如果你不想承受較大風險，就不要抱怨錢賺得少。風險（所有形式）跟你對金錢的顧慮和目標都有關聯。這就是為什麼投資前務必了解風險的重要。

這位先生以及我們每個人都要記住，風險不是萬惡不赦。無論你怎麼處理你的錢都有風險，把錢壓在枕頭底下還是有風險，而且有好幾種風險。首先是火災的風險，萬一房子燒毀呢？再來是竊盜的風險。萬一小偷找到你的鈔票堆呢？你還有親戚的風險（換言之，萬一親戚發現你的錢呢？）。

請留意我在本章說明的各種風險，就能輕鬆做好規避風險的計畫，使你的錢成長。此外，也別忘記風險的好兄弟「波動性」！波動性是指短期間買賣（例如一個交易日）的快速變動，進而造成股價快速漲跌。技術上波動性無所謂好壞，但通常跟股票的快速下跌聯繫在一起，因為那表示投資人會突然損失金錢，而感到焦慮。

探索不同種類的風險

想一想投資損失金錢的所有方式。你可以列出所有可能性，多到你可能會想：「哇靠！那我幹嘛投資？」

別被風險嚇到。生活本身就有風險，但你要確保了解接下來的各種風險後才開始投資。留心風險，明白風險對投資和個人財務目標的影響。

財務風險

股票投資的財務風險，是萬一發行股票的公司虧損或破產倒閉，你的錢可能有去無回。這類風險最明顯，因為公司真的會破產。

請記住

只要做足研究，慎選股票（詳見本書第三部分），就能大幅提高財務風險帶來報酬的可能性。即使經濟景氣良好，依然要認真看待財務風險，勤做功課，做點規畫並具備該有的常識，有助降低財務風險。

1990 年代的股票投資狂熱中，數百萬投資人（包括許多知名

的投資大師），忽視當時許多熱門股明顯的財務風險，盲目投入不對的股票。例如 1999 年投資醫療資訊網站 DrKoop.com，這家公司當時沒有獲利且負債過多，到了 2000 年中，Dr.Koop.com 心臟停止，每股股價從 45 美元跌到 2 美元；當這支股票到院前死亡（DOA）時，投資人損失數百萬美元。願死者安息！（一齣風險投資的大戲！）

2000～2001 年的股災期間，網路和科技股屍橫遍野，因為投資人沒能洞悉（還是不想洞悉）沒有扎實（獲利、營業額等）績效紀錄的公司所涉及的風險。當你投資一家沒有公認成績紀錄的公司，你不是在投資，而是投機。

時間快轉到 2008 年。華爾街信用危機以及房屋泡沫化後的次貸災難占據報紙頭版，新的風險大量湧現。想想當市場強烈震盪之際，危機對投資人帶來的影響。有個你一定不想參與的災難事件是貝爾斯登（Bear Stearns,BSC），這家公司捲入次貸風暴的核心。2007 年初，貝爾斯登的每股股價來到 170 美元的天價，2008 年 3 月卻跌到 2 美元！唉呀！它的問題來自大量壞帳，而投資人原本可以做點調查（有公開資料可查！），完全避開這支股票。

對網路股（例如貝爾斯登等）的財務狀況做了功課的投資人，會發現這些公司具備財務風險的特徵，包括高負債、低（或零）獲利，以及眾多競爭對手，因而避開鉅額的財務損失；不做功課的投資人則是惑於這些公司的地位，最後輸得一文不明。

當然，投資這些紅極一時的高姿態公司而損失金錢的個人投資者，不應該承擔鉅額財務損失的責任，有些高姿態的分析師和媒體，也應該更了解情況才對。總有一天，1990 年代末會成為過度樂觀和集體心態（而不是老實做研究和常識）如何（暫時）統領天下的個案討論題材。有時人會因為可能賺大錢而興奮到忘記該小心謹慎；歷史學家回顧這些日子時，或許會說：「他們腦袋到底在想什麼啊？」獲得真正的財富，需要勤做功課和小心分析。

請記住

損益是財務風險最重要的指標。獲利良好，代表公司在賺錢，投資它的股票就可以賺錢；反之，如果公司沒有賺錢，投資它就不會賺錢。獲利是每一家公司的命脈；關於判斷公司損益是否健全的密技，詳見第十一章。

利率風險

　　你可能只是因為利率變動，而在一筆有勝算的投資上虧錢；利率風險聽起來像是奇特的風險，其實是投資人共同的考量。利率變動時，許多因素也跟著變動，銀行訂定利率，而負責密切監控的主要機構為聯邦準備理事會，簡稱聯準會（the Fed），也是美國的中央銀行。隨著聯準會提升或調降利率，銀行也因此升息或調降利率。利率變動影響消費者、企業、當然也包括投資人。

　　以下概述利率波動風險對投資大眾的風險。假設你買進優質的長期公司債，殖利率為 6%，你的錢是安全的，獲利固定在 6%，哇！有 6%，還不差吧？但是，如果投資後利率提高到 8% 會發生什麼事？這時就損失多賺 2% 利息的機會。而擺脫 6% 債券的唯一方式是用市價賣出，把那筆錢重新投資在利率較高的標的。

　　在這個情況下，唯一的問題是，6% 的債券可能會因為利率上升而貶值。為什麼？假設投資人名叫鮑伯，殖利率 6% 的債券由 Lucin-Muny（LM）發行。合約規定在債券存續期間，LM 公司必須支付 6%（稱為面額利率或名目利率），債券到期時償還本金。如果鮑伯在債券發行日買進 10,000 美元的 LM，只要繼續持有，每年就獲得利息 600 美元，如果持有至到期日，就可以拿回本金 10,000 美元，但問題來了。

　　假設他決定在到期日前賣掉債券，而在出售日的市場利率上升到 8%。現在該怎麼辦？現實是，如果市場以 8% 的利率發行債券，沒有人會想買他的 6% 債券。鮑伯該怎麼辦？鮑伯不能改變 6%

的名目利率，也不能改變債券存續期間每年只發放 600 美元的事實；那麼該改變什麼，讓目前的投資人獲取相當於 8% 的收益呢？如果你說：「債券價值必須下降。」那你就答對啦！在這個例子中，債券的市場價值必須降到 7,500 美元，購買這支債券的投資人才能獲取相當於 8% 的收益（簡化起見，我省略距離債券到期日的時間），以下說明計算方式。

新的投資人每年還是獲得 600 美元，但是 600 美元相當於 7,500 美元的 8%，因此即使面額利率為 6%，投資人還是取得 8% 的殖利率，因為真正的投資金額為 7,500 美元。這個例子的財務風險趨近於零，但是讓你明白什麼是利率風險。鮑伯發現當利率改變，就算是投資一家好公司的好債券，依舊會損失 2,500 美元。當然如果鮑伯沒有賣掉債券，他就沒有實現那筆損失。

請記住

歷史上，利率上升不利股價。接下來，將簡單陳述幾個理由。由於美國的債務負擔沉重，升息顯然是個同時威脅股票和固定收入證券（例如債券）的風險。

傷害公司的財務狀況

升息對債務沉重或需要再度舉債的公司有負面影響，因為當利率上升，借款成本增加，導致公司的獲利能力和成長能力下降。當公司的獲利下降，投資人對其股票失去興趣，於是股價下跌。

影響公司的顧客

公司的成功來自銷售產品或服務，但升息對於向這家公司買東西的企業有何影響？顧客的財務健全，直接影響公司的業績和獲利的成長。

有個很好的例子，就是 2005 ～ 2008 年的家得寶（Home

Depot,HD）；2005 年～ 2006 年初，房市景氣創新高（業績、新屋建設等創紀錄），公司的業績和獲利也跟著大增，而當房市泡沫化，住宅和營建業陷入令人不安的衰退，連帶影響家得寶的命運，因為公司的成敗與住宅營建、修繕和改造直接相關。2006 年末，隨著房屋產業進一步進入蕭條，家得寶的營業額和獲利紛紛往下掉，每股股價也從 2005 年破 44 美元，到 2008 年 10 月的 21 美元（下跌約 52%）。

由於家得寶的命運與住宅業息息相關，而這個行業間接但明顯對升息相當敏感且難以承受，家得寶也禁不起利率上升。2015 年，家得寶是幾家零售業股中，因為不動產市場反彈而上漲的股票。

進入 2020 年的那幾年，利率下跌。撰寫本文之際（英文版寫於 2019 年），負利率的傳言甚囂塵上，這真是個危險的概念。不管怎麼說，降息是股票和不動產的一大利多（換言之，較低的利率，對家得寶這類公司來說是件好事）。

影響投資人的決策考量

當利率上升，投資人開始重新思考投資策略，導致以下兩種結果：

» 投資人可能出售對利率敏感的股票。利率敏感行業包括電力、不動產和金融業。雖然利率上升可能傷害這些產業，但利率下降對這些產業有利。請不要忘記，某些行業受到利率變動的影響幅度較大。
» 比較希望增加目前收入（而不是等著投資標的增值再出售獲利）的投資人，勢必會對收益率較高的投資工具感興趣。升息可能使投資人從股票轉向債券或銀行定存。

間接傷害股價

高利率或升息，可能對每位投資人的財務狀況帶來負面影響。當投資人為沉重的債務所苦，例如次順位抵押貸款、信用卡債或保證金負債（融資買股），可能會賣掉一些股票來償還部分高利息債務。賣股還債是常見的做法，當大家都這麼做，可能影響股價。

2019 年，我撰寫本書的此時，美國的經濟看似穩健，市場指數（例如道瓊工業平均指數）來到歷史高點，利率創新低，然而卻是山雨欲來風滿樓。從國內生產毛額（GDP）來說，經濟體的規模約為 20 兆美元（加減 1,000 億美元），負債水準卻超過 80 兆美元（包含個人、公司、抵押、大學和政府債務）；這筆龐大的金額還不包括超過 120 兆美元的社會保險與醫療保險（Medicare）之類的債務。此外，一些美國的金融機構持有超過 1,100 萬億美元的衍生性商品；這些是極其複雜、高風險且容易擦槍走火的投資工具。衍生性金融商品曾經毀掉幾家大型企業，例如 2001 年的恩隆（Enron）、2008 年的貝爾斯登以及 2015 年的商品交易商嘉能可（Glencore），投資人不可不慎。總之，就是要研讀公司的財務報告（詳見第十二章）。

請記住

由於利率直接與間接影響持股，成功的投資人要定時監控經濟體的利率和個人負擔的利率。雖然股票證實是絕佳的長期投資標的（投資期間愈長愈好），但每位投資人應該維持平衡的投資組合，將其他投資工具納入。風險分散的投資人會持有一些利率上升時表現良好的投資工具，像是貨幣市場基金、美國儲蓄債券（系列 I）等浮動利率的投資標的，會隨市場升息而提升利率，為股票投資組合的利率風險添加一層保障（本章稍後將更詳細探討分散投資）。

市場風險

許多人談論市場以及如何看漲看跌，聽起來市場像是一個巨大個體，殊不知其實市場是由數百萬人組成的團體，每天決定究竟買還是賣股票；無論我們的社會和經濟制度多麼現代，卻都逃不過供需定律。當一大群人想買進某一支股票時，這支股票會變得炙手可熱而導致股價上揚，由於股票的供給有限，因此股價會進一步上漲；相反地，如果沒有人對某一支股票感興趣（加上有人在賣這支股票），這支股票的價格就會下跌。供需是市場風險的本質，因為市場需求的無常，會使持有的股票價格上升或下降。

每個交易日的每一分鐘，會有數百萬投資人買賣股票，而影響你的股票價格，因此不可能判斷你的股票明天或下星期的走向；由於股票具備這種不可預測性和看似不理性，因此不適合用來短期增長財富。

股市的本質是變化萬端、有上有下，而投資標的的成長需要時間。市場的波動性逐漸成為常態，你我都得適應（詳見「波動性的內幕」）。投資人應該體認到整體來說，股票不適合用來達成短期（一年或不滿一年）的目標（詳見第二、三章有關短期目標），特別是在今日的股市。儘管投資的公司基礎穩固，但每一支股票都受制於市場的起伏，趨漲是需要時間的。

投資是先勤做功課和研究，再把錢投入有前景的優質標的；投機是企圖透過監控特定標的的短期價格走向，在相對短的期間獲利。投資人追求的是風險降到最低，而投機者不在意風險，因為風險也能放大獲利。投機和投資彼此涇渭分明，但投資人經常成了投機者，將自己和錢財暴露在風險中。不要到那個地步！

假設有一對即將退休的夫妻，為了過無憂無慮的退休生活而決定理財；他們把房產抵押借到不少錢（他們之前已經清償房貸，

有足夠的淨值取得這筆貸款）。他們怎麼運用這筆錢？你猜對了，他們把錢投資在當時最熱門的高科技股和網路股。不到八個月，幾乎虧光所有的錢。

警告

如果想把全部的儲蓄或急用金投入成長型股票等波動較大的投資標的（或者投資成長型股票或類似積極型投資工具的共同基金），務必了解市場風險。記住，你可能損失到一毛不剩。

通膨風險

通貨膨脹是人為擴張貨幣數量，以致要用過多金錢來換取商品和服務。從消費的角度，通貨膨脹是商品和服務的價錢變高，通貨膨脹風險也稱為購買力風險（purchasing power risk），金錢無法像過去一樣買到同樣多的東西。例如，1980 年花 1 美元買三明治，幾年後只買得到一根棒棒糖。從投資者的角度，通膨風險意謂投資價值（例如不太增值的股票）可能跟不上通貨膨脹。

假設你的銀行存款目前賺取 4%（2019 年，銀行利率遠低於此），這是個浮動利率的帳戶，如果市場利率上升，存款利率也跟著上升，不受財務風險與利率風險的影響；但是，當通貨膨脹率為 5%，你將損失金錢。第十五章將探討通貨膨脹。

租稅風險

租稅（如所得稅或資本利得稅）不直接影響股票投資，但顯然影響你能保有多少稅後所得（多少百分比的利得）。股票投資的目的不外是累積財富，因此你需要了解租稅會拿走一部分的辛苦錢。租稅可能是種風險，因為如果股票操作不當（例如在不適當的時機賣股票），可能落得支付過多稅款。由於租稅法經常改變，租稅風險就成為影響獲利的因素之一。

投資前請先了解租稅對財富累積計畫的影響,第二十一章更
詳細探討租稅的影響,以及可能影響你的最新稅法改動。

政治與政府風險

如果企業是魚,政治和政府政策(如租稅、法律和規定)就
是池子。魚在有毒或受汙染的池子裡會死,政治和政府政策也會
殺死企業。如果你持有的股票暴露在政治和政府風險中,你當然
需要了解這些風險;一條新的規定或法律就足以讓企業倒閉,而
一條新法律也可能幫助企業的業績和獲利增長。

如果投資的企業或行業成了政治標的,可以考慮賣掉股票
(之後隨時可以買回來),或是對這些股票採取停損委託(詳見
第十七章)。例如菸草公司是政治風暴的標的,因而股價遭到打
壓。重點不在於你是否同意今日的政治陰謀,身為投資人,你必
須問自己:「政治如何影響市場價值和投資標的目前與未來的前
景?」第十五章深入探討政治對股市的影響。

政治風險不光指美國,還包括地緣政治的風險在內。許多
企業的營運橫跨多國,地緣政治事件可能對暴露在政府風險(如
2019 年的委內瑞拉)乃至戰爭動亂(如中東)、友善國家的經濟
蕭條或衰退(如西歐)的企業,帶來重大衝擊。附錄 A 的資料對
投資海外有幫助。

如果你對投資海外感興趣,且將之視為(美國股市以外)分散投
資的好方法,可以考慮指數股票型基金(ETF)這種便利的投資。
關於海外 ETF 參見第五章。

個人風險

股票投資涉及的風險，往往不直接與投資標的有關，而是跟投資人本身的狀況有關聯。

假設投資人羅夫將 15,000 美元投入幾檔普通股，如果股市在那一週下跌，羅夫的股票市值跌到 14,000 美元。由於股票適合用來長期投資，這種情況通常無須過度緊張，下跌可能是只是一時，特別是如果羅夫謹慎選擇了優質股。萬一優質股的股價暫時下跌，就可以趁機用便宜的價錢買進更多股（第十七章探討幾類交易委託）。

長期下來，羅夫應該會看到投資標的的價值顯著成長；但是萬一羅夫發生財務困難而立即需要現金，而他的股票卻正在下跌，該怎麼辦？這時可能就得出售股票變現。

當投資人沒有急用金來應付大筆的緊急支出，經常會遇到以上問題。你永遠不知道何時會遭到裁員，或是你家地下室淹水害你花大筆錢修繕。車禍、緊急就醫等無法預知的事都是人生無常的一部分，無人例外。

請記住

股票投資損失可以扣抵租稅，這點應該無法給你太大的安慰，畢竟損失就是損失（關於租稅請詳見第二十一章）。但是，只要你保存一筆急用金，就能避免被迫提前賣股變現而產生虧損。急用金最好是存在銀行的儲蓄帳戶或是貨幣市場基金，這樣就不必被迫提前將股票變現，來支付緊急的開支（第二章提供變現資產來應急的更多指導）。

情緒風險

情緒風險和股票有什麼關係？情緒是重要的風險因子，因為投資人是「人」，邏輯和紀律是投資成功的要件，但即使是一流

的投資人，都可能讓情緒掌控金錢管理而導致損失。股票投資經常會被三大情緒帶上歧途，也就是貪婪、恐懼和愛。了解自己的情緒，以及這些情緒可能使你暴露在什麼風險中。如果你太執著於某一檔正在直線下跌的股票，就不需要讀股票投資的書，而是心理治療師！

為貪婪付出代價

1998 ～ 2000 年，數百萬投資人卸下心防，紛紛搶進高風險的網路股。當他們看到華爾街上有人買了網路股，在極短時間內翻了兩倍甚至三倍，於是眼中冒出錢的符號（就像吃角子老虎），當你隨便買就可以隨便賺，誰還在乎本益比（當然，你在乎買股票賺錢，因此你可以翻到第十一章和附錄 B，了解本益比）。

警告

不幸的是，想不勞而獲可能把正確的投資心態變成不正的貪婪，使投資人盲目而捨棄常識；不要為了短期獲利而投資不可靠的熱門股，你應該做足功課，買進體質良好的優質企業股票，放眼長期，第三部將解釋。

認識恐懼扮演的角色

貪婪是問題，恐懼是另一個極端。恐懼損失的人經常會錯過適合的投資標的，到頭來只好安於低報酬率；如果你必須受一種情緒宰制，至少恐懼使你蒙受較少的損失。

此外，請記住恐懼經常是不了解現況的表徵。如果你看見你的股票不明原因的下跌，你會被恐懼掌控而做出不理性的事；當股票投資人受恐懼影響，往往會賣掉股票，尋找出口和救生艇。當投資人眼見股票下跌 20%，他的腦袋會想到什麼？有經驗、知識豐富的投資人都知道，多頭市場不可能一飛衝天，即使是最強的多頭氣勢，也是以漲多跌少的方式向上攀升；相反地即使空頭市場也不會自由落體下墜，而是跌多漲少向下走。經驗不足的投

資人看見好股票暫時下跌（修正）感到恐懼而出脫持股，有經驗的投資人則是把暫時下跌視為好的買點，趁機增加持股部位。

在錯誤的地方尋找愛

　　股票是無生命且客觀公正的工具，但人有時會在最奇怪的地方找愛。當投資人愛上某一支股票而拒絕出脫，即使股價直直落，且所有跡象顯示情況將進一步惡化，這時就發生情緒風險。情緒風險的另一種情況，是當投資人被驅使而做了不好的投資選擇，只因為這些標的聽起來很棒，很熱門，或者是受到家人朋友的懇惠。愛與牽絆對人際關係來說是美好的，但用在投資上可能會很糟。為了克服這種情緒，投資人必須採取一些技術，把情緒拿掉。例如你可以利用經紀下單（例如追蹤停損和限價單，請詳見第十七章），自動啟動買賣交易，消除部分焦慮。有紀律的投資或許將成為你的熱愛！

九一一事件上的一堂投資課

2001 年 9 月 11 日是個恐怖的日子，烙印在我們的心中，一輩子永不忘記。那一天，恐怖主義的行動奪走三千多條人命，造成無以言表的悲痛，而重要性遠不及於此的副作用，是投資人在那一天學到的刻骨銘心教訓。恐怖主義提醒我們風險是如此真實存在，我們永遠都不能大意，投資人從美國土地上最嚴重的恐怖行動學到的教訓如下。

- **分散投資組合**：當然，九一一事件超乎正常與預期，但是在事件發生前，投資人應該養成習慣評估自己的狀況，了解是否有任何地方禁不起打擊。把錢全部砸在股市的投資人永遠是風險較高的一群。分散投資是屢試不爽的策略，而且比過去更加重要（本章稍後將探討分散投資）。

- **檢討與重分配**：九一一事件引起市場的全面性下跌，其中尤以航空和旅館等行業的受創更深，國防和食品業的股價則上揚。監控你的投資組合，問自己是否過度依賴或暴露在特定產業的事件，如果是，重新分配投資標的以降低曝險。
- **查看問題的徵象**：當你的股票因為無法預期的事件而暴跌，追蹤停損（第十七章解釋）之類的技術就變得很好用；即使不使用這些技術，還是可以定期檢視持股是否有問題的徵象，例如負債或本益比過高，如果你看到問題的徵象，就考慮出脫。

波動性的內幕

你會經常聽到電視上某位財經專家說：「看來今天是個波動較大的日子，股市大跌七百點……」拜託……給我制酸劑！波動性惡名昭彰，因為胃不好的人不能坐雲霄飛車，特別當你的財務前景就像在龍捲風中飄搖的風箏。

一般人或許會把波動性想成是「吃了大力丸的風險」，但你必須了解波動性的真相。技術上，波動性並無好壞（雖然通常跟股市的負面走向有關），波動性是由於某項資產在極短時間內大量賣出（或買入）而導致價格（或整個市場）快速下跌（或上漲）。

為何波動性愈來愈大？

人總是會被股市偶爾的暴漲暴跌嚇到，但波動性在今日比一、二十年前更常見，原因如下：
- 首先，今天的投資人享有較低廉的手續費和更快速的技術。多年前如果投資人想賣股票，得打電話給經紀商，而且通

常是在上班時間；不僅如此，佣金通常是 30 美元或更高，
也使許多人打消殺進殺出的念頭。如今，交易不僅更便宜
（有了以網路為主的低價經紀商），每個人任何時間只要
在網站上點幾下滑鼠，就可以在家下單。

- 此外，從金融機構乃至政府贊助的單位如主權財富基金，
能在彈指間在國內或全球進行大筆交易或賺取龐大獲利。
大筆金錢快速進出某支股票或整個市場，表示波動性高且
未來可能仍將與我們同在。

- 最後，現在的世界更趨向全球市場，我們的市場對國際事
件的反應比以前更大。有了新技術和網路，消息傳播的也
比過去更遠、更快。

　　基於群眾心理，波動性往往和負面的事有更大關聯性。人在
恐懼的時候，比其他動因（如貪婪，請詳見前面的「情緒風險」）
更可能快速反應（賣出！）。換言之，急著找出口的人，會多於
跑向入口的人。

　　每一支股票的波動性都不同。有些股票非常容易波動，有些
則相當穩定。判斷股票的波動性，最好是看 β 值；這個統計數據
提供投資人某支股票波動性的線索，是比較特定股票的潛在波動
相對市場全體後得出。市場（例如由標準普爾 500 所代表）的 β
值為 1，凡是 β 大於 1 的股票，就被認為比整體股市的波動性更大，
反之 β 值小於 1 則認為波動性較小。例如 β 值為 1.5 的股票，代表
波動性比整體市場高 50%。而 β 值為 0.85 則被認為波動性比整體
市場低 15%，換言之如果市場下跌 10%，這支股票將只下跌 8.5%。

小提示

因此，如果你不希望經常鬧胃痛，就考慮 β 值小於 1 的股票。
你可以在各大理財網如雅虎理財（finance.yahoo.com）和市場觀察
（MarketWatch，www.marketwatch.com）的股票報表頁面找到 β 值
（關於更多理財網站，請詳見附錄 A）。

將風險降到最低

在你開始瘋狂想著股票投資風險之高，或許躲在被窩裡比較好以前，請先深呼吸。將股票投資的風險降到最低，比你想得更容易。雖然透過股市累積財富一定會有些許風險，但只要實行以下訣竅，就能使獲利最大，同時保障財產的安全。

吸收知識

請記住

有些人為了選擇 20 美元的前菜，而花很多時間分析餐館菜單，卻不仔細思考要把接下來的 5,000 美元擺在哪裡。缺乏知識是新手投資人最大的風險，而消除風險首先是吸收知識。你愈熟悉股票市場，包括如何運作、影響股票價值的因素等，就愈容易迴避它的陷阱，賺取最大獲利。使財富成長的知識，同樣能使風險降到最低，在你把錢擺在任何地方之前，要盡可能攝取知識。本書就是很好的起點，買股之前請先翻到第六章，對於該知道哪些資訊有點基本概念，以及哪些資源能提供所需資訊，使你投資成功。

先小試身手再投入股市

不懂股票就別投資！我知道這本書是關於股票投資，我也認為一些股票投資的方法對多數人是有用的；但不表示你要把所有時間、所有金錢投入股市。如果你不了解某一支股票（或者不了解股票），請觀望到你了解為止。想像你有一筆錢，例如 100,000 美元，給自己幾個投資的理由，然後假裝投資（這種做法稱為模擬股票投資）。挑幾支你認為會增值的股票，追蹤一陣子，看這些股票的表現如何。開始了解股價漲跌的模式，觀察當各種事件發生時，你挑選的股票會有什麼反應。當你更了解股票投資，就

愈會挑選個股，學習期間又不會損失金錢，或讓錢暴露在風險中。

小提示

How the Market Works（www.howthemarketworks.com）等網站，是做模擬投資的好地方。你可以設計股票的投資組合，跟上千名投資者一起追蹤它的績效，看自己的成績如何。

把金錢管理就緒

關於投資前該做的事，本身就可以寫成一本書；重點是要確定你在投入股票市場前，首先也是最重要的是你的財務安全有保障。如果你不確定自己是否有財務保障，請和財務規畫師一起檢視你的狀況（關於財務規畫師，請詳見附錄 A）。

請記住

在你買第一張股票前，可以做以下幾件事，讓你的財務就定位：

» **準備一筆錢做為緩衝**：預留三至六個月的總生活費，到一個安全的地方，例如銀行帳戶或國庫貨幣市場基金，以防緊急事件突然需要用錢（詳見第二章）。

» **降低負債**：對 1990 年代末的多數美國人來說，債台高築是最嚴重的個人經濟問題，且持續到近年。截至 2019 年，整體負債已經攀升到有史以來最高。理想的情況是，你應該努力消除信用卡債；信用卡的利率非常高，盡快清償信用卡債絕對是累積財富的策略。

» **確定有最大的工作保障**：你的技術是否與時俱進？服務的公司是否健全且成長？你工作的行業是否健全且成長？

» **確定你有足夠的保險**：你需要足夠的保險，在生病、死亡、失能時，滿足你和家人的需求。

分散投資

分散投資是降低風險的策略，方法是把錢分散在不同的投資標的上。說白了就是「不要把雞蛋放在一個籃子裡」。但是，你該如何把錢分配到各個不同的投資標的？

警告

了解正確分散投資的最簡單方法，就是看看你不該做什麼：

» **別把所有的錢砸在同一支股票上**：當然，如果你明智挑選了一支熱門股，或許可以賺大錢，但虧錢的可能性遠大許多。除非你對公司瞭若指掌，否則最好是不同的股票各投資一小部分的錢。通則是，綁在單一股票上的錢一定要是閒錢。

» **別把所有的錢投入一個行業**：有人持有好幾支股票，但這些股票全都是同一個行業。再說一次，如果你對特定行業瞭若指掌，這麼做可能行得通，但是你並沒有適當分散風險，如果整個行業出了問題，你可能會受傷。

» **別把所有的錢擺在一種投資標的上**：股票或許是很理想的投資標的，但還是要把一些錢放在別處。債券、銀行帳戶、國庫券、不動產和貴金屬，永遠都可以用來充實投資組合；共同基金或指數股票型基金也是不錯的選擇，這類基金有固定的股票或其他證券的投資組合，追蹤特定指數但能像股票一樣買賣。順帶一提，我很喜歡指數股票型基金（ETF），我認為每一位認真的投資人應該考慮這種標的。詳見第五章。

請記住

知道了不該做什麼，那你應該做什麼呢？請遵守以下建議，直到你具備更多股票投資的知識：

» **只把 5% 至 10%（或更少）的投資資金放在一支股票上**：要充分分散投資，不要過度曝險在單一股票上。積極的投資人

當然可以朝著 10% 或更高的比率邁進，但保守型投資人最好不要超過 5%。

» **投資在四、五支（不超過十支）不同的股票，而且這些股票分屬不同行業**：哪些行業呢？選擇那些產品服務的需求量成長強勁的行業。根據你的常識決定（所謂常識並不像以前那麼平常）。想一想有哪些行業，無論經濟環境如何人們都需要的，例如食品、能源等消費必需品。關於分析產業和行業，詳見第十三章。

下次的運氣會更好！

一知半解很危險。想一想 1987 年那位買加州樂透的「幸運」兒；他發現彩券中了頭獎 412,000 美元，立刻去訂購一輛保時捷，為家人預約了夏威夷的奢華旅遊，還請妻子和朋友去好萊塢的上流餐廳享用香檳晚餐。到了領獎當天才發現，他必須跟九千多名頭彩得主分享頭獎的獎金，而他所分到的獎金竟然只有 45 美元！希望他會根據自己對風險的更多了解，投資這筆大錢（這個故事每次都讓我笑翻）。

權衡風險與報酬

你適合多大的風險，你如何應付風險？請先分析你自己，再設法了解你的投資選擇伴隨什麼風險。當你根據自己的處境權衡風險與報酬時，請記住以下幾點：

» **你的財務目標**：只要花不到五分鐘，用金融計算機就可以輕易算出財務獨立需要多少錢（假設財務獨立是你的目標）。假設你需要在十年內存 500,000 美元，才能過無憂無慮的退休生活，而你的金融資產（股票、債券等）目前值 400,000 美元；在這情況下，你的資產只需要成長 2.25%，就能達到目標。安全成長 2.25% 的投資標的並不難取得，因為這是相對低的報酬率。

請記住

重點是，你不必為了使錢加倍，而被高風險、高波動的投資標的累得半死，有些一般的銀行投資，照樣能有不錯的績效。投資人往往承受超過必要的風險，了解你的財務目標，才知道你需要什麼樣的報酬。關於決定財務目標，請詳見第二和第三章。

» **你的投資側寫**：你即將退休，還是大學剛畢業？在評估風險相對報酬時，要考慮你處在什麼人生階段。

  ● 如果你是社會新鮮人，能承受的風險當然會大於即將退休的人，即使損失大筆金錢，還是有很長的時間把錢賺回來，回到正軌。

  ● 但是，如果你在五年內退休，冒險或積極的投資就弊多於利了。萬一虧錢，你沒有很多時間東山再起，而且可能需要那筆投資的錢（以及靠它賺取的所得），在你不工作後支應生活費。

» **資產配置**：我從不會叫退休的人把一大部分退休金投資高科技股或波動性大的投資標的；但如果他們還是想賭一賭，只要把金額限縮在總資產的 5%，我不認為會有問題。只要絕大多數的金錢是放在安全有保障的標的（例如美國國庫券），我就能睡得安穩（因為我知道他們能睡得安穩！）。

請記住

資產配置要回到分散投資，本章稍早曾經討論過。對於二十幾、三十幾歲的人來說，把 75% 的錢分散投資在幾種成長股（如中型市值和小型股，詳見第一章）是可接受的；但是六、七十歲的人就不能這麼做，他們可以考慮把最多 20% 的錢投入股市（最好是中、大型股）。請洽詢你的理財顧問，了解適合你的正確投資配置。

Chapter 5

透過 ETF 來投資股票

　　股票投資的方法有好幾種。直接買股是個好方法；有時候間接買股也一樣好（甚至更好），特別是如果你屬於風險規避型。買到好股票是每位股票投資人夢寐以求的事，但有時投資環境會使你難以做到。2020 ～ 2021 年，審慎的股票投資人絕對應該考慮把指數股票型基金放進財富累積的陣容中。

　　指數股票型基金（ETF）基本上是一種共同基金，投資一籃子固定的證券，但有幾個特點。本章告訴你 ETF 與共同基金的相似處（和相異處），提供挑選 ETF 的幾點注意事項，並且說明股票指數的基本概念（與 ETF 有關）。

股票指數型基金與共同基金的比較

　　多年來，對多數人來說，直接買股以外的唯一選擇，是透過共同基金（MF）間接投資股票。同樣是花幾千美元，為什麼要買一支股票，而不是買一檔共同基金，還能享受專業管理跟分散風險的好處？

　　對小額投資人來說，投資共同基金是個不壞的選擇。投資人

把錢聚集起來，才請得起專業的人來管理；不過共同基金也有缺點。共同基金的管理費和承購手續費（即額外負擔）會侵蝕獲利，而投資人在買入共同基金後，對投資標的無權置喙。無論基金經理人買、賣、繼續持有什麼股票，基金投資人都得承受，只能選擇繼續持有或者賣掉。

現在有了指數股票型基金，投資人的選擇比過去更多，於是大家不免把共同基金和指數股票型基金拿來比較。以下將探討兩者的異同。

差異

簡單來說，共同基金投資的股票、債券等證券，永遠是買入、賣出和繼續持有（換言之，基金受到主動式管理）。ETF 持有類似的證券，但投資組合通常不是受到主動式管理，而是持有一籃子固定的證券，這些證券反映某個指數或特定行業或產業（詳見第十三章）。指數被用來衡量股市某個區塊的價值，也是貨幣管理人和投資者，用來比較特定股票相對全體公認標準的績效，詳見「留意指數」。

舉例來說，反映 S&P500 的 ETF，會盡可能持有忠實反映該指數的證券組合。另一個例子，水資源的 ETF 可能持有前三十五到四十家公開上市的水公司（你明白了吧！）。

請記住

ETF 和共同基金的明顯差異（我認為也是 ETF 的真正優勢），是可以像股票一樣買賣。此外，你可以對股票做的事，通常也可以對 ETF 做（但是共同基金通常不行）：你可以買零股，例如 1 股、50 股、100 股或更多；而共同基金通常是以金額為單位購買，如1,000 美元或 5,000 美元價值的基金。一開始的最低承購金額，則是由各基金經理人訂定。

還有以下優點：你可以對 ETF 做出不同的交易委託（詳

見第十七章），許多 ETF 都有選擇權（也就是可以買／賣 ETF 的買權和賣權，第二十三章與二十四章將探討幾個選擇權的策略）；共同基金通常沒有選擇權，我在《給傻瓜讀的高階投資術》（*High-Level Investing for Dummies*）中，針對買權和賣權做廣泛探討。

警告

請不要忘記，買權和賣權通常極具投機性，請保守以對，當你決定採用前，盡可能了解它們的優缺點。請記住，大部分的選擇權策略，通常不被允許用在退休帳戶的股票／ETF 投資組合中。

此外，許多 ETF 可以採取保證金交易（意思是可以在證券經紀帳戶的某些限制下，用它們來融資）。直接購買的共同基金通常不能採用保證金交易（但如果在證券經紀帳戶的限制內，是可能的）。關於保證金交易，詳見第十七章。

請記住

有時，投資人看準某個行業或產業的龐大潛力，但缺乏財力投資好股票，而無法搭上獲利的順風車。ETF 最棒的在於可以輕鬆做投資，如果你沒有把握，可以採取一些策略，在下跌的時候獲得保障（例如追蹤停損和限價單），就可以睡得安穩些！

相似點

即使 ETF 和共同基金有某些重大差異，但也具備幾個相似點：

» 首先，ETF 和共同基金都不是直接投資，而是投資的「管道」，扮演投資人和投資標的之間的橋梁。
» 基本上，兩者都是把投資大眾的錢聚集起來，而這筆集資成為「基金」，投資在各個不同的標的上。
» 兩者都具備分散投資的好處（儘管是用不同的方式達到）。
» 投資人無法選擇兩者的投資組合內容；ETF 有固定的一籃子

證券（負責監管投資組合的基金經理人選擇投資哪些股票），
當然投資人也無法控制共同基金所做的選擇。

小提示

希望在做選擇和經營投資組合上獲得更多主動協助的投資人，一
定要投資共同基金。在選擇特定指數或想要投資的行業／產業方
面較有把握的投資人，ETF或許會比較好。

選擇一檔指數股票型基金（ETF）

買股票是投資特定公司，但ETF是提供投資一組股票的機會。
當你點幾下滑鼠買股票時，同樣點幾下滑鼠，就讓你買到幾乎整
個行業或產業（至少是一流的股票）。

對習慣自己做選擇且善盡調查職責的投資人，飆股會是比較
好的選擇（儘管比較積極）；想要自己做選擇，但是對於選股不
太有把握的投資人，ETF絕對比較好。

你必須清楚，選擇ETF不等於擲銅板，需要考量一些事，其
中一些比較攸關你個人的未來和偏好，勝過ETF的基本持股內容。
接下來，我將提供有關做多或做空的ETF所需的資訊。

小提示

挑選一個前景看好的產業或行業，比發掘一家好公司來投資更容
易；因此ETF投資與第十三章提供的指引密切相關。

做多的 ETF

你可能某一天醒來，說：「我覺得股市從今天起會漲個不
停！」如果你這麼認為，那我也沒意見。或許你對整體經濟情況、
財金前景和政治局勢的研究，讓你比一個在郵輪上飢腸轆轆的人
更開心，但你無法確知（或者懶得研究）哪些股票會是未來市場

動向的最大受益者。沒問題！

接下來，我將探討 ETF 的融資策略，至於 ETF 的融券策略，將在本章中稍後探討。

主要市場指數的 ETF

為何不投資反映標準普爾 500 等主要股市指數的 ETF？諸如 SPY 等的 ETF 在建構投資組合時，盡可能密切追蹤標準普爾 500 的成分。俗話說，既然能和市場共舞，何必擊敗市場；當股市漲聲不斷，這是好的做法（詳見後面「留意指數」有關指數的基本知識）。

2008 年末和 2009 年初，標準普爾 500 指數跌得一蹋糊塗，也反映在標準普爾 500 的 ETF 上，並在 2009 年 3 月觸底。但是從那一刻直到進入 2015 年，標準普爾 500（以及追蹤標準普爾 500 的 ETF）的績效亮眼；心驚膽跳、咬牙撐過 2009 年初的空頭市場總算值回票價。這麼做當然需要一點反骨的勇氣，但至少你擁有整個標準普爾 500 股票組合的好處，比單獨一支股票或單一的市場次部門更分散。隨著標準普爾 500 在 2009～2015 年進入多頭市場，看多標準普爾 500 的 ETF 當然也有很好的績效，而與標準普爾 500 對作的 ETF（賭市場看空），則在同一期間下跌。

與人類需求有關的 ETF

有些 ETF 涵蓋如食品飲料業、自來水、能源等，無論景氣好壞都有需求的行業。股票投資人不需要水晶球，也不需要鋼鐵般的反骨意志，只要把錢投入與人類需求相關的股票——在此是 ETF，這類 ETF 可能甚至比那些與主要市場指數連動的 ETF 表現更好（詳見前一段）。

舉例來說：2007 年末（距 2008～09 年的市場崩盤前只有幾個月），如果你把一半的資金，投資在代表標準普爾 500 的 ETF，把另一半資金投資在消費品（如食品飲料股）的 ETF；到了

2015 年末，消費品的 ETF（證券代號 PBJ）竟然擊敗標準普爾 500 的 ETF 達 45% 以上（還不包括股息）。非常有意思！

包含定存概念股在內的 ETF

ETF 不見得要跟特定行業或產業連動，也可以跟某個次類股連動。在所有條件相等的情況下，你認為不配息的股票抗跌，還是配息的股票？（我猜這個問題不用問也知道，很像是問：「是蘋果派好吃，還是瓶子好吃？」）雖然有些產業被公認配息很大方，例如公用事業（有些不錯的 ETF 涵蓋這個行業），有些 ETF 的持股符合特定標準。

你可以找到有投資高配息（通常配息率不低於 3.5%）定存概念股的 ETF，也找得到配息不多，但過去以來，股息增加的幅度與通膨率同步甚至更高的公司股票。

小提示

基於這幾類定存概念的 ETF，哪一種 ETF 適合哪一型的股票投資人，情況就很明顯：

» 如果我是已經退休的股票投資人，會選擇高配息股的 ETF。定存概念股的 ETF 通常比不配息股的 ETF 穩定，而且股息是重要的退休收入。
» 如果我還有幾年才退休（但我正在計畫退休後的事），我會選擇包含了過去股息成長的股票組成的 ETF；這些定存概念股會在短期內成長，在我退休後提供較好的收入。

關於股息投資策略（與其他收入），請翻到第九章。

請記住

請記住定存概念股通常屬民生必需品，因為這些公司往往規模大且穩定，有健全的現金流，給予它們寬裕的現金來配發優渥的股息。

想了解 ETF 的基本概念以及進一步了解本章提到的 ETF（SPY、PBJ、SH），請上網站 www.etfdb.com 和 www.etfguide.com。附錄 A 也有許多 ETF 相關的參考資源。

做空的 ETF

許多 ETF 屬做多性質，因為這些 ETF 投資的證券組合，期待會在適當時機上漲；但是有些 ETF 以看空為主，空頭 ETF（又稱為做空的 ETF）持有的證券組合和策略，是為了跟基本持股或目標持股對做。換言之，這類型的 ETF 採用的證券像是賣權（put option）及類似的衍生性商品，以及／或採取類似「放空」（go short）的策略（詳見第十七章）。

舉例來說，如果你看多標準普爾 500 指數，最好選擇像 SPY 這樣的 ETF；但如果看空，想藉由賭它下跌來賺錢，可以選擇 SH 之類的 ETF。

對於做空的 ETF 可以採取兩種做法：

» **期待下跌**：如果你推斷股市即將崩跌，可以考慮做空的 ETF，預期成真就能賺一票。2008 年初至年中，一群積極投入做空 ETF 的人，在 2008 年末至 2009 年初的大崩跌時賺得巨額獲利。

» **採取下跌避險**：比較保守的做法，是適度利用做空的 ETF 來避險，在市場大幅拉回或崩跌等不利事件時，做空的 ETF 形同保險。我說「不利」是因為你並不希望股市崩跌，只是想藉由適度的分散投資來保護自己。在這情況，分散投資意謂同時擁有看多部位以及較少的看空部位。

留意指數

對股票投資人來說，看多或看空的 ETF 最終跟主要市場指數連動。你應該快速看一下指數以增進理解（以及和這些指數連動的 ETF）。

每當你聽到媒體評論或是街談巷議關於「市場的表現」，通常指的是代表股市表現的指數。他們會提到道瓊或標準普爾 500，當然還有其他主要的市場指數，以及像是道瓊運輸平均（Dow Jones Transportation Average）等非主流但常用的指數。指數和平均往往被交互使用，卻是截然不同的衡量單位。

大部分的人使用這些指數，基本上作為市場表現的標準，看自己的績效表現優於或劣於用來比較的衡量標準；大家想隨時知道自己的股票、ETF、共同基金或整體投資組合是否表現良好。

小提示　附錄 A 提供一些資源，幫助你對指數有較完整的了解。此外 www.dowjones.com、www.spindices.com 以及 www.investopedia.com 等網站，提供指數的歷史和成分。請關注以下與你較為相關的幾大指數：

» **道瓊工業平均指數**（Dow Jones Industrial Average, DJIA）：這是最多人關注的指數（技術上這不是指數，而是被當作指數來利用），追蹤三十檔被廣大投資人擁有的大型股票，偶爾會刪除（並取代）落後股來調整成分。

» **那斯達克綜合指數**（Nasdaq Composite）：涵蓋那斯達克中，跨產業的股票。通常被認為是囊括高成長（風險較高）的公司股票，以科技股占絕大多數。

» **標準普爾 500**（S&P 500 Index）：該指數追蹤五百家被廣大投資人擁有的一流上市公司，出版公司標準普爾創造該指數。

» **威爾夏 5000 指數**（Wilshire 5000）：這個指數被認為在各股市中採樣最廣的股票，更精準衡量股票市場的動向。

小提示

如果你不希望自己瘋狂想「打敗市場」，考慮購入與前述指數密切連動的 ETF，有時候加入比擊敗更好。附錄 A 的資源有助找到你認為適合的指數。你可以在 www.etfdb.com 之類的網站，找到追蹤或反映前述指數的 ETF。

把海外投資變得容易

你是否有興趣投資海外市場的股票？你是否對歐洲、中國、印度感興趣？或許新加坡或澳洲很吸引你，但是找到一支好股票似乎有點讓人氣餒。你何不採取比較安全的做法，透過 ETF 來達到這點（海外投資請詳見第十八章）？許多 ETF 投資某一國股市中跨產業的重要股票，既然可以投資那個國家股市的四、五十支股票，又何必買個股呢？

本章中，你發現了 ETF 的優點，因此現在比過去更容易把一組海外的股票納入投資組合中。想了解海外的主要 ETF，請上 www.etfdb.com，在關鍵字搜尋輸入國家名，也別忘了借助《美國中情局世界概況之書》（*CIA World Fact Book*, www.ciaworldfactbook.us）以及《金融時報》（*Financial Times*, www.ft.com）做好關於那個國家的功課（地緣政治風險等），你可以在附錄 A 找到其他資源。當然如果你不敢持有這類 ETF，可以利用停損單的技術，使風險降到最低。第十七章將有探討。

2

開始買股之前

在本部中……

了解找到好股票的最佳資訊來源

如何找到並選擇好的股票經紀公司

探究高成長好股票的關鍵元素

明白如何透過選擇可靠的定存概念股來獲得現金流量，並了解如何賣出掩護性買權（covered call）

熟悉短期股票動向的基本技術性指標

本章教你：

» 利用股票交易取得投資資訊
» 把會計和經濟的知識，應用到投資
» 跟上財經新聞
» 破解股票圖表
» 了解股息的日期
» 認識好與不好的投資建議

Chapter 6

蒐集資訊

　　知識與資訊是成功投資股票的兩大關鍵（人生幾乎所有的事情不都是這樣？）。對股市缺乏充分了解特別是最新資訊，就一頭栽進股票買賣，很快就會學到欲速則不達的教訓。投資人在急著怕錯過所謂黃金投資良機的時候，經常會以虧錢收場。

請記住

股市永遠有賺錢的機會，無論經濟或股市的整體表現多好或多糟；沒有所謂某個（而且稍縱即逝）神奇的時刻，不要以為如果錯失某個機會就會後悔一輩子。

　　股票投資的最佳做法，是首先建立起知識並找到可靠的資訊，使你更穩健地賺錢。買股前，要了解你投資的公司是：

» 財務健全且正在成長
» 提供消費者需要的產品和服務。
» 處在強勁且成長的行業（以及整體經濟環境）

　　你從何起步，你想取得哪些資訊？請讀下去。

從證券交易所尋找答案

投資股票前，要完全熟稔股票投資的基本概念。最基本的是，股票投資是用你的錢買進某家公司的一小部分，透過增值或收入（或兩者皆有）為你帶來價值。許多資源可以幫你了解股票投資，其中我偏好的幾個地方，是證券交易所。

證券交易所是為股票（和其他證券）買賣而組成的集合市場。紐約證券交易所（New York Stock Exchange，簡稱 NYSE，又暱稱為大看板〔Big Board〕）是最早的股票交易所，為股票買家和賣家提供交易的架構。NYSE 的收入來源不光是每一筆股票交易，也向企業與經紀商等交易所的會員收取費用（例如掛牌上市費）。2007 年，NYSE 與歐洲主要的證券交易所泛歐交易所（Euronext）合併，但是對股票投資人來說並沒有重大差異。2008 年，美國股票交易所（American Stock Exchange，簡稱 Amex）被 NYSE 收購（並且被完全併入），新的名字叫做 NYSE American。

NYSE 和那斯達克，是大部分股票投資人的主要交易所。技術上，那斯達克不是交易所，而是一個正式的市場，實質上發揮交易所的功能。紐約證交所和那斯達克受惠於股票投資者的人數增長與股票的需求不墜，於是提供豐富的免費（或低價）資源和資訊給股票投資人。請上它們的網站，尋找有用的資源，如：

» 股票投資、常用的投資策略等教學
» 專門用語和免費資訊，幫助了解股票投資的術語、實務與目的。
» 大量有關公開上市或公開交易公司的新聞、新聞稿、金融資料等資訊，通常透過網站搜尋引擎取得。
» 行業分析和新聞
» 股票報價和股票每日市場動向的市場資訊，包括成交量、新高點、新低點等。

> » 免費追蹤選股的績效（你可以輸入一份樣本的投資組合，或是正在追蹤的股票，看看績效如何）。

小提示

證券交易所／市場會不斷改變且經常更新資訊，請定時上網站查詢：

> » 紐約證券交易所：www.nyse.com
> » 那斯達克：www.nasdaq.com

了解會計和經濟學的基本概念

　　股票代表公司的所有權。買進個股前要了解這家公司，弄清楚它的經營狀況，或許聽起來是大工程，但是當你領悟到企業的運作方式與人類相似，就會比較容易進入狀況。公司每天要做決策，你也是。

　　想一想你這個人或者你們一家人成長茁壯的歷程，就明白企業成長茁壯的過程。人類和企業都會受到低獲利和高負債等財務困難影響，花點時間蒐集會計學和經濟學這兩門基本學科的資訊，就會更了解公司的財務狀況。接下來，將探討這兩個學科，在理解公司股票的績效扮演重要的角色。

淺嚐會計以及更多內容

請記住

會計是商業語言，其實你早就熟悉最重要的會計概念！請看以下三大原理：

> » **資產減負債等於淨值**：換言之，把你擁有的（即資產）減去你欠的（負債），剩下就是你的（淨值）！個人財務的運作原

理，跟微軟是一樣的（只是你的少幾個零）。詳見第二章了解如何計算自己的淨值。

資產負債表告訴你，這家公司在某特定時間點的淨值（例如 12 月 31 日）。公司的淨值是資產和負債狀況的概要，代表它的償債能力（有能力償還負債而不會倒閉），成功企業的淨值會隨時間成長，只要將公司的淨值和前一年度比較，就知道你投資的公司是否成功。2018 年 12 月 31 日淨值 400 萬美元，到了 2019 年 12 月 31 日的淨值為 500 萬美元，代表這家公司的表現良好，因為它的淨值在一年內增加了 25%。

» **收入減費用等於淨所得**。換言之，把你賺的（收入）減去你花掉的（你的費用），剩下就是你的淨所得（或淨利或淨收益，也就是利得）。

企業的獲利能力是投資股票的最主要原因；因為獲利，事業變得更有價值，股票也更有價值。只要看一家公司的損益表，就知道它的淨所得，試著判斷這家公司是否明智地使用獲利，可能是將獲利再投資以追求持續成長，或是用來償還負債。

» **做比較性的財務分析**：聽起來很拗口，其實是公司目前表現相較其他（例如前一期或同業）。

如果你正在關注的公司，當年的淨所得為 50,000 美元，你可以問：「那是好還是不好？」有淨利顯然是好事，但你也要知道相較其他是好還是不好。如果這家公司前一年的淨收入為 40,000 美元，你就知道這家公司的獲利能力有進步，但如果前一年的淨利為 100,000 美元，而目前賺 50,000 美元，你最好避開這家獲利變少的公司，或者了解其原因。

會計可以是這麼簡單。如果你了解以上三個基本概念，你就是走在前端（包括股票投資和個人理財）。關於如何運用公司的財務報表來挑選好股票，請詳見第十一章與第十二章。

了解經濟學對股票的影響

　　你不需要了解「總需求缺乏彈性」或「邊際效益」，但是基本經濟學的實用知識，對你做為一個成功的股票投資人以及股票投資的能力來說具決定性。股市和經濟是一體兩面，其中一個發生了好事（或壞事），對另一個有直接影響。以下提供你真相內幕。

掌握基本概念

請記住

　　真可惜，許多投資人（以及一些電視上所謂的專家們）迷失在經濟學的基本概念。我將我個人投資的成果歸功於學習經濟學，了解基本經濟學幫助我（也會幫助你）篩選財經新聞，區分相關與不相關的資訊，做出更好的投資決策。請留意以下重要的經濟概念。

> » **供給與需求**：想到經濟學，怎麼能不想到歷久不衰的供需概念？簡單來說，供給與需求是現有的（供給）和人們想要且願意花錢購買的（需求）之間的關係。供需等式是經濟活動的最大動力，對股票投資分析和決策過程極為重要；當你得知有一家製造大象腿雨傘架的公司供給過剩而沒有人想買時，你還會想買這家公司的股票嗎？
>
> » **因和果**：如果你讀到新聞報導寫著：「桌子產業的公司，預期營業額將一落千丈。」你會急著去投資販賣椅子或製造桌布的公司嗎？把因果想成是邏輯思維的練習，相信我，邏輯是構成正確經濟觀念的主要成分。
>
> 讀財經新聞時，在心裡想一遍。在某個已知事件或狀況中，哪些好事（或壞事）在邏輯上可以被預期？如果你在尋找一個果（我想要不斷上漲的股票），你也要了解因。以下是幾個

造成股價上漲的典型事件：

- **公司的正向新聞報導**：新聞報導這家公司正享受著業績上升或新產品的果實。
- **公司所屬行業的正向新聞報導**：媒體特別提到該行業的前景看好。
- **公司顧客的正向新聞報導**：你的公司在 A 行業，顧客在 B 行業，如果 B 行業有好消息，對你的持股或許也是好消息。
- **公司競爭對手的負面新聞報導**：如果競爭對手出問題，他們的顧客會轉向其他業者，包括你的公司在內。

» **政府行動的經濟效應**：政治和政府的行動會影響經濟。對投資和經濟最具影響力的莫過於政府，政府最常見的行動包括租稅、法律或規定，也可能是較具威脅性的戰爭或戰爭威脅等。政府可能刻意（或意外）使一家公司破產，擾亂整個行業，甚至造成經濟蕭條。有關政治效應，請詳見第十五章。

以史為戒

1990 年代末，大部分的投資人忽視一些經濟的基本觀察，在 2000 ～ 2002 年間造成數兆美元的投資損失。2000 ～ 2008 年間，美國經歷史上最大的債務擴充與貨幣供給擴張，兩者皆由美國的中央銀行聯邦準備（或聯準會）控制，債務和貨幣供給的成長，導致更多消費者（和企業）借錢、花錢，以及投資。1990 年代末，債務和支出強力刺激股市（那段期間，股市連續五年每年上漲 25%），之後是反撲。

2000 ～ 2002 年間股市泡沫破滅，之後立刻被 2005 ～ 06 年間的不動產泡沫取代。在本書撰寫期間，由於擔心起源於中國，隨後造成全球恐慌的冠狀病毒，股市在 2020 年 2 月經歷重大修正（道瓊工業指數，在 2 月 28 日為止的五個交易日下跌超過 11 個百分點）。

當然，你一定會很開心自己的投資每年獲利 25%，但這樣的報酬不可能持續，而且會鼓勵投機。聯邦準備銀行的人為刺激，導致以下結果：

» 存錢的人愈來愈少。既然可以在股市賺更多，何必把錢擺在銀行，賺取不到 1% 的利息？

» 愈來愈多人借錢來消費（例如車貸、經紀保證金貸款等）。如果經濟一片大好，何不先買下，以後再付款？消費信用創下新高記錄。

» 愈來愈多人抵押房屋來借款。何不現在就把錢借來，當個有錢人？「以後再還錢就好了」是當前這群人的心態寫照。

» 當消費者愈來愈常度假，購買 SUV、電器等產品，於是企業紛紛銷售更多商品；這些企業再貸款來擴張財務，開更多店鋪等。

» 愈來愈多公司將股票上市，利用從銀行等金融機構流入股市的寬鬆銀根。

　　最後，支出開始放緩，因為消費者和企業已經深陷負債，遲緩造成商品和服務的銷售逐漸減少乃至停止，結果企業因為太急於擴張，導致營業費用過高、產能過剩且債務負擔沉重，而限於財務困境之中。在放緩的經濟中，過多的債務與費用使獲利縮水或消失。為了求生存，公司必須削減費用。而公司最大的費用通常是什麼呢？人事費用！許多公司開始資遣員工，於是消費支出進一步下滑，因為愈來愈多人被資遣，要不就是對工作保障產生疑慮。

　　當大家的存款太少、負債太多，不得不賣股票來支付。這個趨勢也是股票在 2000 年開始下跌的主要原因。由於經濟不景氣導致銷售萎縮，獲利開始下跌，隨著營業收入縮水、獲利下降，股價也跟著下跌。

儘管股市跌跌撞撞，經歷了一些波折，從 2000 年代初開始股市一路曲折上漲，2020 年初道瓊衝破 29,000 大關，然而投資人對於股市大漲，要與對空頭市場相同的小心，因為跟隨市場高點而來的，往往會是下一個空頭市場或跌勢。2020 年 2 月的股市經歷痛苦的修正（修正是下跌至少 10%，空頭市場是下跌至少 20%），也為價值取向的投資人提供進場機會。

先了解自己，再投入股市

　　如果你正在閱讀本書，你應該是想成為成功的投資者。成功的投資者必須挑選好股票，但是了解自己真實的財務狀況和目標也很重要。我還記得有位投資人，在某支投機股上虧了 10,000 美元，但虧損的情況並不算太糟，因為他把大部分的錢擺在其他安全的地方。他也明白自己整體的財務狀況安全無虞，他損失的是筆閒錢，換言之，虧損對生活不會造成嚴重影響。但是許多投資人往往虧更多，而且這筆錢對他們的生活造成重大的負面影響。或許你不像那位投資人可以承受 10,000 美元的損失；花點時間了解自己、你的財務狀況，以及個人的投資目標，之後再決定買股票。詳見第二章的指引。

請記住

1990 年代和 2000 ～ 2020 年間的教訓，對今日的投資人來說相當重要：

> » 股票不是儲蓄存款的替代品。絕對要把一些錢擺在銀行。
> » 股票永遠不該占投資資金的百分之百。
> » 當有人（包括專家）告訴你經濟會永遠成長下去，要抱持懷疑，並且閱讀各方資訊。
> » 如果投資的股票表現良好，考慮用停損單來保護你的持股（包

括原始投資和所有利得）。關於這些策略，請詳見第十七章。

» 將負債和費用保持在最低。

» 如果經濟欣欣向榮，衰退勢必隨著經濟循環的起落而到來。

即時追蹤財經新聞

閱讀財經新聞幫助你決定什麼該投資、什麼不該投資。許多報紙、雜誌和網站，提供財經界一流的報導內容。資訊愈充足，顯然愈有利，但也不需要什麼都讀。近年來，資訊爆炸愈演愈烈，一不小心就會花太多時間閱讀，而幾乎沒有時間做投資。接下來的段落，我會說明你需要從財經新聞獲得哪幾類資訊。

小提示

本書的附錄 A 提供以下資源更多資訊，以及對你有幫助的一流刊物、資源和網站：

» 股票投資人最感興趣的刊物，要屬《華爾街日報》（*The Wall Street Journal*, www.wsj.com），以及《投資者商業日報》（*Investor's Business Daily*, www.investors.com），這些一流刊物報導截至前一個交易日的新聞和股票資料。

» 幾個比較常用的網站，如市場觀察（MarketWatch, www.marketwatch.com）、雅虎理財（Yahoo！Finance, http：//finance.yahoo.com）、彭博（Bloomberg, www.bloomberg.com），以及投資網（Investing.com, www.investing.com）。這些網站能夠在事件發生幾分鐘內就發布新聞和股票資料。

» 別忘了前面「從證券交易所尋找答案」列出的交易網站。

了解公司的現況

投資前，要了解這家公司的現況。當你讀到這家公司的資料時，可能是來自公司的文件（例如年報）或媒體資訊，務必回答以下幾個重要問題。

» **這家公司的淨利是否比前一年高**？最好是投資一家正在成長的公司。
» **這家公司的營業收入是否比前一年高**？如果公司不賺錢，你也賺不到錢。
» **公司是否因為新產品、服務、發明或做成生意而發布新聞稿**？表示公司充滿生命力。

無論整體經濟好壞，都必須了解公司現況。詳見第十一章與第十二章，增進對公司現況的了解。

發現產業有什麼新鮮事

當你考慮投資某支股票，請留意這家公司的行業現況。如果行業的表現良好，你的股票可能也會表現良好。反之亦然。

我曾經見過投資人在一個正在衰退的行業中選到好股票，但都是可遇不可求。當整個行業表現良好，買的股票通常也比較容易賺錢。閱讀財經版或瀏覽財經網站，看看行業的情況，確定強壯有活力。關於分析產業和大趨勢，詳見第十三章。

了解經濟現況

無論整體經濟的表現多好或多糟，要能掌握整體進展。當經濟穩定或成長時，股票價值也較容易同步向上；反之，如果經濟

正在收縮或衰退，股票價值也較難以保持。以下是要監控的幾個基本項目：

» **國內生產毛額（GDP）**：GDP 約等於一個國家的產出總值，以商品和服務的金額衡量。每季會公布一次 GDP，上升對股票是件好事，當 GDP 的年增率為 3% 或更高，就代表穩健成長，如果上升但低於 3%，一般被認為成長較不顯著（或是中等），負成長代表經濟衰退（即將進入不景氣）。

» **領先經濟指標（leading economic indicators, LEI）**：LEI 是得知一組經濟統計數據，涵蓋經濟現況前的活動。每個統計數據幫助你了解經濟，就像溫度計（和窗戶！）幫你了解天氣的變化。經濟學家不光是看個別統計數據，也要看一整組統計數據，才能得知經濟現況的全貌。

第十五章更深入探討經濟學以及對股價的影響。

了解政治人物和政府官僚在做什麼

掌握政府公職人員在做什麼，對股票投資的成功極為重要。由於聯邦、州和地方政府每年會通過上千法律、條例和規定，監控政治局勢是你成功的關鍵。當新聞媒體報導總統和國會的消息時，一定要問自己：「新的法律或規定，對我的股票投資有什麼影響？」

小提示

可以透過國會的搜尋網頁（www.congress.gov），找到聯邦政府的法律提案或施行的法律，諸如國家納稅人聯盟（National Taxpayers Union, www.ntu.org）以及租稅基金會（www.taxfoundation.org）等組織，會公布稅法及其影響。第十五章更深入介紹政治及其對股市的影響。

了解社會、文化和娛樂的趨勢

社會、流行文化和娛樂，直接或間接影響投資。舉例來說，當你看到頭條寫著：「如今千禧寶寶人數多於嬰兒潮世代」，應該去了解他們的消費習慣、喜歡的產品和服務等。人口結構變化的基本常識提供重要的洞察，幫助你對股票的投資組合做出更明智的長期選擇。光是那一條標題，你就知道迎合成長需求的公司會有良好績效，也是你該挑選的股票。

閱讀報導類似訊息的媒體（《時代雜誌》、CNN 等，附錄 A 有其他媒體），就知道社會上正在形成的趨勢。目前有哪些趨勢儼然成形？你能否預期明天社會的慾望和需求？擦亮雙眼，走在群眾的前一步，挑選適當的股票，你將比其他投資人更有獲利優勢。如果你擁有一家穩健公司的股票，而且這家公司的營業額和獲利正在成長，其他投資人終究會跟進。當愈來愈多投資人買這家公司的股票時，你也獲得股價上揚的好處。

閱讀（並且了解）股票的圖表

《華爾街日報》、《投資人日報》等主要財經出版物的股票表格有豐富的資訊使你成為精明的投資人，只要你知道如何詮釋。你不僅需要股票圖表的資訊來挑選前景看好的投資標的，投資後也要參考這些表格，監控股票的表現。

看著這些表格，卻不知道想要找什麼或者為什麼要看，等於是透過萬花筒，從後往前閱讀《戰爭與和平》，一切都不合理，但我可以幫你找出道理來（至少是股票表格）。表 6-1 是一個股票表格的樣本，每個項目都提供公司現況的線索，接下來將說明每個欄位，了解你在看什麼。

表 6-1　　股票表格的樣本

52週 高點	52週 低點	公司名稱 （代號）	股息 Div	成交量 Vol	收益率 Yid	本益比 P/E	最後交易日 Day Last	淨變動 Net Chg
21.50	8.00	天高 （SHC）		3,143		76	21.25	+.25
47.00	31.75	地低 （LDI）	2.35	2,735	5.9	18	41.00	-.50
25.00	21.00	現價值 （VNI）	1.00	1,894	4.5	12	22.00	+.10
83.00	33.00	表現差 （DBC）		7,601			33.50	-.75

請記住

每份報紙的財經表格會有些差異，但基本上提供相同資訊。每日更新的表格不是尋找好股票的起點，反而通常是搜尋的終點。股票表格是當你擁有一支股票或知道想買什麼股票時，用來查看最近的股價。

五十二週高點

表 6-1「五十二週高點」，告訴你某一支股票在最近五十二週當中到達的最高股價，以估計該股票目前價位相對於近期價位。天高公司（SHC）的股價曾經來到 21.50 美元的高點，最近價格為 21.25 美元，也就是列在「最後交易日」欄位。（請翻到稍後的最後交易日，了解這個欄位的資訊）。這家公司目前價位來到五十二週高點附近，屬相對高點。

現在請看一下地低公司（DBC）的股價。看來跌得很慘，過去五十二週的股價曾高達 83 美元，但目前的交易價為 33.5 美元，感覺不太對勁。過去五十二個星期，DBC 的股價大幅滑落，如果你正在考慮投資這家公司，要釐清股價下跌的理由。如果公司

的體質良好，或許是撿便宜的好機會；如果公司正遭遇難關，就先離遠點。總之要弄清狀況，了解股價下跌的原因（第十一章和十二章提供研究公司的基本方法）。

五十二週低點

告訴你某一支股票最近五十二週的最低價位，對分析股票一段期間的表現具絕對重要性。表 6-1 的 DBC 在「最後交易日」欄位顯示目前的交易價 33.50 美元，接近五十二週的低點 33 美元。

高低價只是告訴你，某一支股票在過去五十二個星期股價變動的範圍；讓你警覺某支股票有問題，或者股價已經跌夠了，可以來撿便宜。光靠「五十二週高點」和「五十二週低點」，不足以判斷以上兩種情況的哪一種正在發生。投資前應該蒐集更多資訊。

公司名稱（代號）

名稱（符號）欄位是表 6-1 中最簡單的欄位，代表公司名稱（通常是縮寫）以及指定給這家公司的 AZ 股票代號。

當你看上了某支股票，請熟悉它的代號，使你較容易在財經表格中找到它，表格上的股票（美股）是按照公司名稱（或代號，依表格而異）的字母排序。股票代號是股票投資的語言，從取得股票報價到網路下單，所有跟股票相關的溝通中都要用到。

股息

股息（表 6-1 的股息欄）基本上是給股東的錢。如果一家公司分配股息，會顯示在股息欄位中，金額是該股票每年每股配發

的股息。例如查看表 6-1 中的地低（LDI）每年每股分配 2.35 美元股息；如果有 100 股 LDI，公司一季會支付 58.75 美元的股息（一年共 235 美元）。健全的企業會盡可能維持或提高每年付給股東的股息（本章將探討更多有關股息的細節）。

股息對於想透過投資股票獲取收入的投資人來說非常重要；關於收入型投資詳見第九章。買進不配股息的股票，主要是著眼於成長；關於成長股，請詳見第八章。

交易量

新聞報導的交易量，一般是指整個市場有多少股票被買賣：「今天的股票很活絡，紐約證交所的交易量來到二十億股。」交易量當然是觀察重點，因為你所投資的個股就參與其中。不過，表 6-1 的「成交量」一欄是指個股。

成交量告訴你，某一支股票在當天有多少股被交易。如果當天只交易 100 股，交易量就是 100。表 6-1 所示的交易日，有 3,143 股的 SHC 被轉手，至於好還是不好，其實很難說。財經新聞媒體通常只會報導交易爆大量的股票，如果某支股票的正常交易量在 5,000 至 10,000 之間，突然爆出 87,000 的交易量，就該睜亮眼睛注意了。

請記住

一支股票的低交易量，對另一支股票可能是大量，未必能把不同股票的交易量相比；像 IBM、微軟等大型股，每天的交易量通常是數百萬股，而交易較不熱絡的小型股，平均交易量可能小很多。

重點是，當交易量遠超過股票的正常量，代表這家公司有事情發生，可能是好事也可能是壞事，總之有成為新聞的事情正在發生。如果是好消息，增加的交易量是因為更多人買進股票；如果是壞消息，增加的交易量大概是更多人出售股票。哪些事件通常會導致交易量增加？以下是好的原因：

» **獲利成績亮眼**：公司宣布良好（或優於預期）的獲利成績。
» **新談成一筆交易**：公司宣布像是成立合資企業或爭取到大客戶等。
» **新產品或服務**：公司的研發部門創造一項具獲利潛力的新產品。
» **間接獲益**：經濟體的新發展或國會通過的新法律，可能使公司受益。

股票交易爆大量的可能負面原因如下：

» **獲利成績不佳**：獲利是公司命脈；當獲利下降或消失，會使股票成交量增加。
» **政府的問題**：股票被政府的行動鎖定，例如訴訟或受到證券交易委員會（Securites and Exchange Commission, SEC）調查。
» **責任問題**：媒體報導該公司的某項產品有缺陷或類似問題。
» **財務問題**：獨立分析師報告表示該公司的財務體質正在惡化。

請記住

當某支股票的交易爆大量，請究明原因（特別是當你已經擁有這支股票）。

收益率

通常收益率是投資的報酬；但是在股票表（表6-1）中的收益率是指某支股票的股息占股價的百分比。收益率對收入型投資人來說最為重要，計算方式是把每年股息除以現在股價。表6-1看到現價值公司（VNI）的收益率為4.5%（股息1美元除以公司股價22美元）。請留意，許多美國公司報告沒有收益率，因為不發放股息，因此收益率為零。

理財網站上公布的收益率，會隨股價變動而每天改變；公布的收益率一律假定你是當天買進股票。假如你買入表 6-1 的 VNI，收益率為 4.5%，但如果第二天 VNI 的股價上漲到 30 美元，用 30 美元買到股票的投資人，收益率僅 3.3%（股息 1 美元除以股價 30 美元）。由於你是花 22 美元買到股票，等於是把收益率鎖在之前的 4.5%。

本益比

本益比是股價和公司獲利的關係。本益比受廣大群眾遵循，也是代表股票價值的重要指標。本益比（又稱為獲利乘數〔earnings multiple〕或簡稱乘數）經常被用來判斷一支股票是否昂貴（好價值）；價值投資人在分析潛在投資標的時，不可缺少本益比。大型股或定存概念股的本益比通常應該在 10 至 20 倍之間，成長股的本益比最好不要超過 30 至 40 倍（詳見第十一章和附錄 A，了解本益比的完整細節）。

股票表格的本益比，價格是每股成本，獲利是公司截至最近四季公布的每股盈餘，本益比是股價除以獲利。表 6-1 中的 VNI 本益比 12，被認為低本益比。SHC 的本益比相對偏高（76），等於是花了獲利76倍的價錢來購買，被認為太貴。DBC 沒有本益比，通常表示這家公司最近一季虧損。

最後交易日的收盤價

這一欄表示股票在表格代表的交易日的交易情形。以表 6-1 為例，LDI 在最近一個交易日的收盤價為 41 美元。有些報紙除了股票當日收盤價外，還會報導當天的高價和低價。

淨變動

該欄位說明今天的收盤價相較前一個交易日的改變。表 6-1 顯示 SHC 的收盤上漲 25 美分（在 21.25 美元），由此可知 SHC 的前一日收盤價為 21 美元。VNI 的收盤價為 22 美元（上漲 10 美分），因此前一日收在 21.90 美元。

利用關於股息的新聞

收入型投資人（投資股票是為了獲得固定的收入來源，請詳見第九章）請務必閱讀並了解股息的新聞。以下說明應該知道的股息基本概念。

你可以在《華爾街日報》、《投資人商業日報》和《巴倫周刊》（*Barron's*）等找到股息的新聞和資訊。可以上這些報紙的網站，也可以查看附錄 A。

小提示

關注幾個重要的日子

為了了解定存概念股對投資的好處，你需要知道公司如何公布與配發股息，以下是幾個發放股息的重要日子。

請記住

» **股息宣告日**（Date of declaration）：公司在這一天公布季股息以及後續支付的日子。例如 1 月 15 日某公司公布：「上一季股息為每股 50 美分，給截至 2 月 10 日股東名簿上的股東。」因此，股息宣告日也就只是宣布的日子。無論你是在此之前買進股票，或者在宣告日之後買進，對於獲取該股票的季股息並無影響，有影響的日子是股權登記日（date of record），請詳見本條列稍後的說明。

» **執行日**（Date of execution）：這是眞正啓動股票買賣的日子。如果你今天打電話（或透過網路聯絡）營業員，要買進（或賣出）某支股票，今天就是執行日，或者你執行交易的日子。你在執行日當天並不擁有股票，而只是你下單的日子。關於例子，請跳到下一段。

» **平倉日，交割日**（Closing date, settlement date）：這是交易結束的日子，通常是執行日的次一個交易日。股票的平倉日與不動產的成交日類似，這一天你正式成爲股票的新主人（或者快樂的賣家）。

» **除息日**（Ex-dividend date）：意思是沒有股息。因爲在你正式成爲股票的擁有者之前，要花一天來處理股票買入，因此你必須在這一天的期間之前取得資格（也就是必須擁有或買入股票），這一天的期間就稱爲除息。當你在這短促的時間內買進股票時，你不在股東名冊上，因爲平倉（或交割）日落在股權登記日之後。

但是，你可以用稍低的價格買進股票，彌補沒有股息的損失。關於除息日對投資人的影響，請詳見稍後段落。

» **股權登記日**（Date of record）：這是區分哪些股東有資格領取宣告的股息。由於股票的買賣是每天發生，公司如何確知要發股息給哪些人？答案是以公司宣告股權登記日作爲切割點，凡是截至股權登記日之前的正式股東，會在股息發放日領到股息，卽使在股息宣告日到股權登記日之間的任何時間打算賣掉股票。

» **股息發放日**（Payment date）：公司發放股息支票給股東的日子。入袋爲安！

對一般的股票來說，表 6-2 的事件一年發生四次。

表 6-2   發放季股息要經過四個階段

事件	舉例的日子	說明
宣告日	1 月 15 日	公司宣布季股息的日子
除息日	2 月 9 日	若在此日買進股票,不能領取股息
股權登記日	2 月 10 日	你必須在此日之前在股東名冊上,才有資格領取股息
發放日	2 月 27 日	支付股息的日子(股息支票將寄送給截至 2/10 為止在股東名冊上的股東)

了解為何特定的日子重要

請記住

執行日和平倉日之間相隔一個營業日,除息日和股權登記日之間相隔一個營業日,如果你希望有資格領取接下來的股息,以上資訊很重要。時機是重要的,如果你知道這些日子,就知道何時買股票,以及是否有資格領取股息。

舉例來說,假設你想買 VNI 的股票,來領取每股 25 美分股息,假設股權登記日(也就是你必須成為正式股東的最後日子)為 2 月 10 日,因此你必須在 2 月 8 日之前執行交易(買股票),才能確保領得到股息。如果你在 2 月 9 日那天執行交易(除息日),你就沒有資格領取股息,因為交割將在基準日之後。

但是,如果你在 2 月 10 日執行交易呢?平倉日為 2 月 11 日,在股權登記日之後,因為你在股權登記日那天不在股東名冊上,因此無法領取季股息。在這個例子中,2 月 9 日至 10 日的期間,稱為除息期(ex-dividend period)。

小提示

幸好,在短暫的除息期間買進股票的人,能以略低的價格交易股票,以反映股息的金額。換言之,如果領不到股息,還是可以少花點錢買到股票,心裡是不是好過一點?

評估投資的訣竅

有個股票的訣竅要告訴你，靠近一點。那就是研究！我要說的是，絕不可以光憑著某人的獨門祕訣就去投資。正確挑選投資標的，是先多方了解後再決定，沒有捷徑。儘管如此，聽取別人的意見絕不會是壞事，只是要謹慎分析你所取得的資訊，以下幾點，在你評估他人的明牌和建議時，務必銘記在心：

警告

» **思考資訊來源**：人往往會聽從某位市場策略家或市場分析師的意見來買股票，可能看到某位分析師在財經節目上接受訪問，就把這個人的意見或建議當成一回事；問題是這位分析師可能會因爲某些不爲人知的關係而失去客觀性，財經頻道上的分析師，應該揭露利益衝突。

這種情形在電視上經常發生。某投資公司的分析師 A 先生接受節目主持人訪問，說道：「I 公司長期潛力看好，值得買進。」後來你發現這位分析師的雇主，從 I 公司賺取投資銀行的費用。你眞的以爲分析師會對他們的衣食父母發布負面報告嗎？不太可能。

» **聽取多方意見**：不要光聽信一筆資訊就決定投資，除非你有全世界最好的理由，認爲那個見解精闢可靠。比較好的做法，是多翻閱最新的獨立財經出版品，包括《巴倫周刊》或《錢》雜誌，以及附錄 A 的其他刊物和網站。

» **向證交會蒐集資料**：當你想獲得更多關於某家公司的客觀資訊，何不看一看那家公司依規定向證券交易委員會申報的報告？專家權威和財經記者就是讀那些報告，其中最有價值的要屬 10K，這是所有公開美股上市公司依規定要申報給證券交易委員會的報告，提供公司營運和最近年度的財務資料等寶貴資訊，很可能比這家公司的其他報告如年報中的資訊，

更加公正客觀。證券交易委員會的第二個最重要的文件是10Q，提供投資人類似的詳細資訊，但是以一季爲限。（關於以上文件，請詳見第十二章）。

小提示

想取得 10K 和 10Q，請上證券交易委員會網站（www.sec.gov）。上面有一個公開申報資料的豐富資料庫稱爲 EDGAR（the Electronic Data Gathering, Analysis and Retrieval system），搜尋 EDGAR 就能找到公司的資產負債表、損益表等相關資訊，以便驗證其他人所說的，並且對這家公司的經營和財務狀況有更全面的認識。

本章教你：

>> 了解證券經紀商做什麼
>> 比較全包式服務經紀商和
   折扣經紀商
>> 探索經紀帳戶的類型
>> 評估經紀商的建議

Chapter **7**

尋找證券經紀商

當你準備好跳進股市，首先要挑選證券經紀商，這有點像是買車，雖然你可以研究得滴水不漏，完全清楚要買什麼樣的車子，但還是需要一個管道，來進行真正的交易。類似情況，當你想買股票時，要盡可能多做研究，挑選想投資的公司，但無論是透過電話下單還是網路，都需要透過經紀商實際購買股票。本章將介紹投資人與經紀商之間錯綜複雜的關係。

小提示

關於各種可以向經紀商下的單，例如市場委託指令（market orders）、停損單等，請翻到第十七章。

定義經紀商的角色

經紀商主要扮演股票買賣的橋梁，當我說到經紀商，我是指像嘉信（Charles Schwab）、德美利（TD Ameritrade）、億創理財（E*TRADE）等許多能替你買股票的組織。經紀商也可以指替這些公司工作的個人。雖然你可以直接向發行股票的公司購買（第十九章將探討直接購股計畫），但購買大部分的股票時，還是需

要跟股票經紀商開立股票經紀帳戶。

請記住

區分機構股票經紀商和個人股票經紀商很重要：

» **機構股票經紀商**透過投資銀行和證券承銷費（例如初次公開上市和二次發行）、顧問服務等經紀服務，向機構和公司賺錢。
» **個人股票經紀商**通常提供相同的服務給個人和小型企業。

經紀商的主要工作是買賣證券（證券是指所有的金融或紙上投資，股票只是其中一小部分），其他服務還包括：

» **提供顧問服務**：投資人付費給經紀商取得投資建議，顧客也能取用該公司的研究調查內容。
» **提供有限的銀行服務**：經紀商能提供如付息帳戶、簽發支票、電子儲金和提款，以及信用卡／轉帳卡（debit card）。
» **經紀其他證券**：除股票外，經紀商還能代客購買債券、共同基金、選擇權、指數股票型基金（ETF，詳見第五章）等投資標的。

個人股票經紀商向你我這種個人投資者收取各種費用來賺錢，費用包括以下：

» **經紀佣金**：買賣股票等證券收取的費用。
» **收取保證金利息**：投資人用經紀帳戶借款來投資，而需支付的利息（本章稍後將更詳細探討保證金帳戶）。
» **服務費**：提供行政事務等功能收取的費用，經紀商向投資人收取個人退休帳戶（IRA）的費用，以及郵寄股票憑證的費用。

請記住

所有跟你往來的經紀商（有些經紀商現在被稱為理財顧問），都應該向美國金融業監管局（Financial Industry Regulatory Authority, FINRA）以及證券交易委員會登記註冊。此外為了保護你存放在經紀帳戶的錢，經紀商應該是證券投資者保護公司（Securities Investor Protection Corporation, SIPC）的成員，SIPC 無法使你不蒙受市場損失，而是在經紀公司倒閉或因為經紀業務的舞弊而導致你損失時，保護你的金錢。想了解經紀商是否與這些機構註冊，請上 FINRA（www.finra.org）、證券交易委員會（www.sec.gov）或 SIPC（www.sipc.org）的網站。請詳見附錄 A 了解更多關於這些機構的資訊。

區分完全服務經紀商和折扣經紀商

股票經紀商基本分為完全服務經紀商和折扣經紀商兩類，你的選擇是看你屬於哪一種投資人，以下是兩者大致的差異：

» **完全服務經紀商**適合那些需要指引和個別輔導的投資人。
» **折扣經紀商**適合那些對股票投資有充分把握和知識，僅需最少服務來管理的投資人（通常透過經紀商的網站）。

小提示

跟（完全服務或折扣）經紀商打交道前，打電話 800-289-9999 給美國金融業監管局或上官網 www.finra.org，免費取得經紀商的報告。你可以透過名叫 BrokerCheck 的服務，取得經紀商機構或個人經紀商的報告，你可以在 www.finra.org 找到關於這方面和其他服務的詳細資訊（例如投資人教育等），FINRA 的報告會告訴你某家經紀商或個人代表，是否曾遭到投訴或懲罰。

供你差遣：完全服務經紀商

完全服務經紀商一如其名，盡力為開戶的投資者提供最多服務。當你去經紀商開戶時，會被指定一位業務代表來負責你的帳戶，這位代表通常被經紀商稱為帳戶經理（account executive）、註冊代表（registered rep）、或理財顧問（financial advisor）；這個人通常有證券執照（也就是有在 FINRA 和 SEC 註冊登錄），且具備個股和投資的知識。

完全服務經紀商包括像是高盛（Goldman Sachs）和摩根士丹利（Morgan Stanley）。現在所有經紀商都有全功能網站，提供服務的進一步資訊，開戶前盡可能多了解，完全服務經紀商會幫你累積財富，而不是愈理愈少。

他們能為你做什麼

帳戶經理負責協助你，回答有關你帳戶和投資組合的問題，並且處理你的買賣單。完全服務經紀商能為你做以下幾件事：

» **提供指引和建議**：完全服務經紀商和折扣經紀商的最大區別在於，帳戶代表對你個人的關注程度。完全服務經紀商通常會用名字稱呼你，而你也會把大量的個人財務和理財目標資訊讓對方知道，帳戶代表等著建議可能適合你的股票和基金。

» **提供研究的資料**：你可以到完全服務經紀商的投資研究部門，取得特定公司的深度資訊和分析，這可能是非常寶貴的資訊，但也要小心陷阱（詳見「判斷經紀商的建議」）。

» **幫助你達成投資目標**：好的帳戶代表會先了解你個人和你的投資目標，之後再提供建議，並說明某項投資或某些策略如何幫你達成累積財富的目標。

» **代表你做投資決定**：許多投資人不想在投資決策上花太多精神，完全服務經紀商會在你的授權下，為你的帳戶做決定（這

也稱爲授權帳戶〔discretionary account〕，但許多經紀商將一般經紀商帳戶的授權使用範圍限縮）。這是一項不錯的服務，只是務必請經紀商解釋他們做選擇的理由。

注意事項

雖然完全服務經紀商看似提供無上限的協助，帶給投資人諸多便利，但你需要記住幾個重點，以免問題發生：

請記住

» 經紀商和帳戶代表都是業務員，無論他們待你多好，他們的獎金紅利依舊是由業績決定，他們從你身上替公司賺取佣金和手續費（換言之，公司付薪水給他們，是爲了向你推銷）。

» 每當帳戶代表做出建議或推薦，一定要問爲什麼，要求對方完整回答推薦標的背後的思考邏輯。好的代表會清楚解釋每個建議背後的理由，如果不是完全了解並同意他的建議，就不要接受。

» 跟完全服務經紀商打交道的成本，高於折扣經紀商。折扣經紀商只會從替你買賣股票賺錢，完全服務經紀商除了替你買賣股票外，還會提供建議和指引等，因此完全服務經紀商比較貴（透過較高的經紀佣金和顧問費）。此外，完全服務經紀商大多期待你來開戶時，至少投資 5,000 美元至 10,000 美元，有些門檻甚至更高。

» 把決定權交到代表手上可能不是好事，讓別人替自己做理財決策永遠要冒險，特別當他們在使用你的錢。如果他們選擇不好的投資標的而使你虧錢，你可能無從追索，因爲是你授權他們來代表你。

警告

» 有些經紀商會從事名叫炒單（churning）的活動，基本上是單純爲了賺取佣金而買賣股票。炒單讓經紀商賺錢，卻苦了顧客，如果你的帳戶進出頻繁，要求對方提出正當理由。佣

金，尤其是完全服務經紀商的佣金，可能啃蝕一大口獲利，
請不要容忍炒單等可疑的行為。

提供陽春服務：折扣經紀商

或許你不需要跟經紀商手把手（畢竟感覺有點怪）。你知道
你想要什麼，也有能力自己做投資決策。你只需要一種交易買賣
單的便利方式，這時可以去找折扣經紀商，他們不提供建議或優
質服務，只提供股票交易所需的基本服務。

折扣經紀商一如其名，比完全服務經紀商便宜。由於你是自
己的顧問（或者從第三者取得建議和資訊，例如時事通訊、頭條
新聞或獨立顧問），可以省掉使用完全服務經紀商的花費。

請記住

如果你選擇跟折扣經紀商打交道，一定要很清楚自己的目標和需
求；你有較大的責任做足研究以挑選好的股票，你也必須準備好
無論結果好壞都要接受。（請閱讀完第二部有關你需要的資訊，
之後再開始閱讀第三部，關於研究選股的詳細內容。）

有一陣子，投資人可以挑選兩類折扣經紀商，也就是傳統式
的折扣經紀商，和網路折扣經紀商。但是，基本上現在這兩種是
同義詞，差異便不在此贅述。透過產業合併，如今大部分的傳統
式折扣經紀商都有全功能網站，而網路折扣經紀商也更懂得變通，
增添更多電話和面對面服務。

嘉信理財集團和德美利證券這兩家傳統式折扣經紀商在網路
時代就很懂得變通；億創理財（www.etrade.com）、Ally（www.ally.
com）、TradeStation（www.tradestation.com）和富達證券（Fidelity,
www.fidelity.com）等網路經紀商則增添更多傳統服務。

他們能為你做什麼

折扣經紀商具備幾項完全服務經紀商所沒有的顯著優勢：

- » **成本較低**：佣金較低，也是折扣經紀商的主要好處。
- » **無偏頗的服務**：這類經紀商不提供建議，因此沒有推銷你買任何股票的既得利益。
- » **資訊取得**：有信譽的折扣經紀商在辦公室或網站上，提供廣泛的教育資料。

注意事項

當然，和折扣經紀商打交道也有缺點，包括以下：

警告

- » **放牛吃草**：因為是你挑選折扣經紀商，你知道不必期待會有指導，但是經紀商還是應該把這點講清楚；如果你是知識豐富的投資人，缺乏建議會是好事，因為沒有干擾。
- » **隱藏的費用**：折扣經紀商或許會以佣金較低為賣點，但佣金並非他們賺錢的唯一管道，許多折扣經紀商會對你以為內含的服務多收取費用，包括發給股票憑證（如果還有的話也很少了）或郵寄對帳單。詢問他們是否對維護 IRA（編按：美國個人退休帳戶）或轉進轉出股票等證券（如債券）收取費用，並且了解經紀帳戶借款收取的利息。
- » **最少的顧客服務**：如果你跟網路經紀商往來，了解它的顧客服務乘載量。如果你無法在該網站上進行交易，了解可以請誰協助下單。

挑選經紀商

挑選經紀商前，要分析你自己的投資風格（參考第三章），再尋找符合需求的經紀商。這就和挑鞋子沒兩樣，如果你不知道自己的腳多大，就沒辦法挑到合腳的鞋子（以後可能會很不舒服）。

請記住

當你是時候挑選經紀商時,請記住以下幾點:

» 尋找一家與你投資風格相符的經紀商,而且這家經紀商對於你可能最常使用的服務,收取最少的費用。

» 比較各經紀商買、賣、持有股票與其他證券的成本,不要只比較佣金,還要比較其他費用,例如保證金利息和其他服務費(關於費用,詳見「界定經紀商的角色」)。

» 參考吉普林格的《個人理財》(*Kiplinger's Personal Finance*)和《巴倫周刊》等財經刊物(包括他們的網站)的經紀商比較服務,以及網路資源。

小提示

找經紀商不難,他們會登錄在電話簿(或是網路電話簿如 www.superpages.com)、許多投資刊物和財經網站中,先從附錄 A 的主要經紀商一覽表找起。

發掘各種型態的經紀帳戶

當你開始投入股市,就要為你買的股票付款。大部分的經紀商提供投資人幾種類型帳戶,每一型帳戶的目的都不相同;接下來舉三種最常見的帳戶,基本差異是買賣證券時,經紀商對你信用度的看法。如果你的信用不是很強,只能選擇現金帳戶;如果信用良好,可以開現金帳戶或保證金帳戶,符合保證金帳戶的資格後,就可以(經過額外的核准)升級,從事選擇權交易。

請記住

開戶必須填寫申請表,並提交開戶所需最低金額的支票或匯票。

現金帳戶

現金帳戶（也稱為第一類帳戶）跟你想的一樣。你必須存一筆錢，連同帳戶申請表，才可以開始交易，第一筆存入金額的大小視經紀商而異，在美國有些經紀商規定最低 10,000 美元，有些只要區區 500 美元就准你開戶。（編按：在台灣，開證券帳戶最低只需存台幣 1,000 元左右）有時經紀商為了促銷，會提供不須最低存款的現金帳戶，參考附錄 A，了解各家狀況。現金帳戶的資格通常很寬鬆，只要有現金即可。

有了現金帳戶，你必須在交易的平倉（或交割）日前把錢存入戶頭中。平倉日是交易（執行日）後的兩個工作天，你也可能會被要求在執行日前就把錢存入。詳見第六章，了解以上重要的日子。

換言之，如果你在 10 月 10 日星期一打電話給經紀商，下單以 20 美金買進 C 公司股票 50 股，你最好在 10 月 12 日星期三時，有 1,000 美元在帳戶中（外加佣金）。

警告

此外，詢問經紀商存入現金（例如支票）後要多久才能用來投資，有些經紀商規定支票存款要等十天（或更久，看經紀商而定）才能交易，無論支票花多久兌現。

小提示

詢問你的經紀商是否會支付利息給經紀帳戶中沒有被投資的存款，有些經紀商提供市場利率給未投資的現金，你甚至可以選擇一般貨幣市場帳戶，和免稅的地方政府貨幣市場帳戶（municipal money market account）。

保證金帳戶

　　保證金帳戶（又稱為第二類帳戶）讓你用帳戶中的證券來借款買更多股票。由於你可以用保證金帳戶借款，因此必須符合資格，並獲得經紀商核准。被核准後，這個新的信用工具給你更多槓桿，來買更多股票或者融券（short selling），關於融資和融券，請詳見第十七章。

　　股票交易的最低保證金為 50%，例如你想用保證金買進價值10,000 美元的股票，帳戶中至少需要現金 5,000 美元（或擁有證券），利率視經紀商而異，但大多數的經紀商收取的利率，通常會比他們自己的借款利率高幾個百分點。

　　為何使用保證金交易？保證金之於股票，就像購買不動產的抵押貸款。你可以全部用現金來購買不動產，但是用借來的錢買不動產通常比較合理，因為你的錢可能沒有多到可以百分之百現金購買，或者你就是不喜歡完全付現。有了保證金交易，就可以光用 5,000 美元買到價值 10,000 美元的股票，使用經紀商貸款（保證金）來買股票，就能以小博大。

警告

　　我個人並不太喜歡保證金交易，因此很少使用。保證金是一種財務槓桿，只要正確使用不會出問題，但如果市場走向與你期待的相反，可能會非常危險。保證金交易最適合用在穩定和配發股息的股票上，如此一來，股息可以幫忙支付保證金利息。

選擇權帳戶

　　選擇權帳戶（又稱為第三類帳戶）給你所有保證金帳戶的能力（也給你現金帳戶的能力），加上股票和股票指數選擇權的交易能力。若想將保證金帳戶升級為選擇權帳戶，經紀商通常會要求你簽一份聲明，表示你了解選擇權，且熟悉相關的風險。

小提示

選擇權是有效的財富累積工具，喬・杜阿特（Joe Duarte）著的《給傻瓜讀的選擇權交易第三版》（*Trading Options For Dummies, 3rd Edition*）能夠對選擇權有通盤認識。我個人喜歡使用選擇權（我的客戶和學生也是），我認為是各種累積財富的法寶中很棒的工具，因此我在我的《給傻瓜讀的高階投資術》中，花許多篇幅介紹買權（put options）和賣權（call options）。

判斷經紀商的建議

近年來，美國人開始熱中收看電視財經節目上經紀商的股票評等。這些節目經常請來外表精明幹練的市場策略家談論某一支股票；有些股票經過重量級分析師做出買進建議後立刻大漲，分析師的推測和意見製造許多樂趣，許多人也把他們的觀點奉為圭臬。但是當分析師，特別是電視上能言善道的分析師做出推薦時，大部分的投資人都應該非常小心，這些往往只是節目效果。接下來我將定義基本的經紀商推薦，並列出幾個評估經紀商推薦的重要考量。

了解基本的推薦

經紀商做出自己的推薦（或建議），通常代表他們對特定股票的重視程度。以下列出基本的推薦（或評比）以及意義。

» **強烈買進和買進**：分析師看上這支股票，你最好買一些起來。但是要記住，買進大概是最常見的建議，因為經紀商就是在賣股票的。

» **累積（accumulate）以及市場績效（market perform）**：這類推薦屬正向，但不讓人興奮，這種評比接近於問朋友喜不喜歡你新買的西裝，對方用平板的聲調回答：「不錯啊。」

這樣的回答並不失禮，但你會希望對方的意見更明確些。對某些經紀商而言，累積相當於建議買進。

» **持有或中性**：當分析師不知如何判斷，但還不想說：「把這個賠錢貨賣掉！」時會用這種說法。這建議讓我想到我母親叫我做個好孩子，要嘛說好話，不然就閉嘴。持有或中性也是分析師閉嘴的方式。

» **賣出**：許多分析師在 2000～2002 年和 2008 年的熊市期間應該做這樣的建議，但卻沒有。實在很可惜。就因為有些分析師太佛心（還是偏頗？）或不敢說實話，敲響警鐘催大家賣股票，導致許多投資人損失金錢。

» **避之如瘟疫**：開玩笑的，但我希望有這條建議。我看過許多我認為很糟的投資標的，包括公司不賺錢，財務狀況一蹋糊塗，根本連考慮都不用考慮，但是投資人卻大筆買進價值數十億元的股票，到頭來成了壁紙。

問幾個重要問題

別誤會，分析師的建議當然比你從美容院或是你小姑的鄰居得到的明牌更好，但你要從現實面看待分析師的建議。分析師會有偏頗，因為他們的頭路要靠他們談論的公司，當經紀商談到某支股票時，投資人要聽的是建議背後的論據，換言之，做這個建議的理由。

分析師的建議對你個人的股票投資研究可能很有幫助，如果你發現一支好股票，之後聽見分析師對同一支股票發布樂觀的報告，代表你的方向正確！以下幾個問題和重點，請謹記在心：

» **分析師如何做出這個評比**？參考新聞通信和獨立顧問服務的意見，讓分析師評估股票的方法彌補你研究之不足。

» **分析師採用什麼分析法**？有些分析師使用基本分析（詳見第八章和十一章），也就是看一家公司的財務狀況和成功因素，例如在行業和市場中的地位，有些分析師則採用技術分析，從過去的股價判斷未來的股價走向（有關技術分析，詳見第十章）。許多分析師兩者兼用，這位分析師採用的方法，跟你的方法類似，還是跟你尊敬或佩服的分析報告所用的方法類似？

» **分析師過去的記錄如何**？這位分析師在多頭和空頭市場，是否都有良好記錄？《巴倫周刊》和《赫伯特財金文摘》（*Hulbert Financial Digest*）等主要財經出版刊物和市場觀察等網站，會定期追蹤記錄知名分析師和選股專家的建議，可以從附錄 A 取得這類資訊。

» **分析師如何看待營業額和獲利等公司績效的重要指標**？公司的資產負債表如何？健全的公司最重要的是營業收入和獲利成長，加上優質的資產與低負債（關於這些話題詳見第十一章）。

» **公司所處的行業表現是否良好**？分析師是否對這方面的重要資訊提供深度解析？強大的公司在柔弱的行業無法長久強大，選對行業是選股的關鍵（詳見第十三章）。

» **分析師引述哪裡的研究**：分析師是否引述聯邦政府或行業的交易團體，來支持他的論述？這些都是重要的資訊來源，能針對公司的前景提供較完整圖像。想像你決定投資強大公司的股票，如果聯邦政府（透過證券交易委員會等機構）將懲罰該公司的不法行為，或者如果公司所屬的行業正在萎縮或成長停滯，結果會如何？精明的投資人在買股票前會多看多聽。

» **分析師引述某支股票的目標價時是否理性**？當他說：「我們認爲這支 40 美元的股票，一年內會來到每股 100 美元。」他是否提出一個理性的模型，例如股價是根據預估的本益比（詳

見第十一章）？分析師必須提出合邏輯的情節，說明這支股票很有機會在提到的時間內達到目標價。不見得要同意分析師的結論，但對方的解釋幫助你判斷他的選股是否經過審慎思考。

警告

» **被推薦的公司跟這位分析師或服務的公司是否有關連**？2000 ～ 2002 年間，金融業的負面報導很多，因為許多分析師提出正向建議的公司股票，其實跟雇用這些分析師的經紀商有生意往來。利益衝突是分析師在那段期間的建議荒腔走板的原因，請你的經紀商揭露所有利益衝突。此外，也必須揭露證券經紀公司是否涉及為某支股票造市，或身兼該公司的另一種身分（例如做為這家公司的投資銀行家）。

» **分析師遵循哪一個經濟學派的思想**？聽起來或許是怪問題，也或許無法立刻回答，但卻值得了解。如果我必須在兩位相似的分析師之間選擇，只是 A 分析師遵守凱因斯經濟學派，而 B 遵循奧地利經濟學派，我會選擇 B，因為擁護奧地利經濟學派的人，對真實世界的經濟學有更好的掌握（意思是也會做出較佳的股票投資選擇）。

請記住

原則是，你不應該聽了他們的推薦就去買賣股票，而是用這些建議來確認你自己的研究。如果我根據自己的研究買股票，稍後發現財經節目上在討論同一支股票，會有錦上添花的感覺，專家的建議能替你的意見加分，但無法取代自己的謹慎研究。第三部探討研究以及挑選贏家股票，但首先第二部（包括本章在內）幫助你為你的股票投資策略奠定基礎。

Chapter 8

爲長期成長投資

人們投資股票的主要原因為何？在於使財富成長（也稱為資本增值（capital appreciation）。是的，有些人則是為了收入投資（以股息的形式），但那是另一個主題（第九章將探討為收入投資）。尋求成長的投資人寧可看到可以當作股息配發的獲利被重新投資在公司，當股價上漲或增值時，能有更大的獲利。對財富成長感興趣的人，把股票視為增長財富的便利方法，成長股往往比其他類股的風險大，但卻具備長期大筆獲利的巨大潛能；不信去問華倫・巴菲特、彼得・林區（Peter Lynch）等成功的長期投資者。

雖然像巴菲特這樣的人不能被視為成長型的投資人，但他的價值取向、長期投資法，一直是個成功的成長策略。如果你有足夠時間讓有點風險的股票向上翻揚，或者即使虧點錢也不會對財務帶來破壞，成長股絕對是你要的。俗話說，不入虎穴，焉得虎子，問題在了解哪些股票會使你在較短時間內致富，本章將提供幾個訣竅。

請記住

對沒有能力自行創業的人來說，股票投資是從新創事業獲取利益的最佳方法。要強調的是，如果希望長久從股票獲利，一定要記住你是在投資一家公司；買股票只是參與公司成敗的手段。為什

麼你認為股票投資是買一家公司還是買股票很重要？只有當你跟經營這家公司的執行長一樣興奮時，才投資股票。如果你是公司唯一的業主，你的行為會跟你只是眾多不知名股東的一分子不同。身為公司的業主，你在公司的既得利益會大許多，會很想知道企業的績效表現。當你投資股票時，把自己想成這家公司的業主，積極了解公司的產品、服務、營業額、獲利等；這種態度和紀律，使你更容易達到股票投資的目標。尤其以成長為投資目標的人，更應該採取這種做法。

成為價值取向的成長型投資人

　　當股票的成長速度和幅度高於市場整體，這支股票就被視為成長股。基本上，成長股在營收和獲利等方面的表現會優於同業。價值股是股價低於公司及其資產價值的股票，只要分析公司的基本面，看看關鍵的財務比率，例如本益比，就能分辨何者為價值股（第十一章探討公司財務，第十一章和附錄 A 探討財務比率）。成長股在最近的未來（一至四年）較具成長前景，但價值股風險較低，且長期的成長穩定。

　　這些年來，成長投資相對於價值投資的辯論正悄悄在財經界展開。有些人認為成長和價值互斥，期待成長而買股票的人，多半會把股價拉抬到公司目前的價值之上，例如成長型投資人不會被 30、40 倍甚至更高的本益比嚇到，但價值型投資人則是對如此高本益比的股票敬謝不敏。

　　但是，成長和價值其實可以兼顧。將價值取向的做法用在成長型投資，可以獲得最大好處。長期成長型的股票投資人花時間分析公司的基本面，確保公司的成長前景基礎可靠。但如果你必須在成長股和價值股之間選擇，做法是買股票時尋找價值，並且分析這家公司的成長前景。成長包括（但不限於）行業的健全度

和成長、大環境的經濟狀況以及整體的政治氛圍（詳見第十三章和十五章）。

請記住

重點是，當你在成長產業中尋找可靠的價值取向公司時，達到成長就容易許多（想更了解行業和產業及其對股票價值的影響，詳見第十三章）。此外，時間、耐性和紀律是成功的關鍵，尤其是對目前混亂又不確定的股票投資環境（2020～2021年）。第二十五章探討所有投資人在2020～2030年間面對的十大課題。

技術性內容

相較大部分股票投資哲學，價值取向成長型投資有最長的成功史。採用價值取向成長投資的人，擁有令人羨慕的紀錄；華倫‧巴菲特、班傑明‧葛拉漢、約翰‧坦伯頓和彼得‧林區，只是眾多實踐者中幾位較知名的人物。每個人都有自己對這個概念的詮釋方式，但過去多年來都成功應用價值取向成長投資的基本原理。

挑選成長股的簡單訣竅

前一段幫你把股票的選擇，從上千支縮小到幾十支或幾百支（要看股市整體的表現），本段幫你剔除成長普普的股票，發掘飆股。是時候挖深點，找出潛力最大的贏家。你不太可能找到能滿足所有標準的股票，只要符合最多標準即可。但是，如果你真的發現一支股票符合文中所提的所有標準，請盡量買！

特此聲明，我所說的挑選致勝成長股的方法，跟電視上那位聲嘶力竭的股市達人提倡的做法幾乎是背道而馳（我不想提他的名字！）。大家看他的節目是為了獲得「飆股」的「明牌」，亢奮的主持人似乎在幾秒內對各種股票判生死，他會看著上千支股票，說：「我喜歡這支」、「我不喜歡那支」。觀眾必須自己判斷是真是假。

經過驗證，我挑選的股票有八至九成能賺錢。有人問我如何

挑選會賺錢的股票；我說我不是挑一支股票然後希望它有好的表現。我在研究選股時，不是從看各個股票開始，而是先觀察投資環境（政治、經濟、人口統計學等），挑選哪些行業能從中獲利。當我知道哪些行業前景看好，才開始分析並挑選股票。

選定股票後，我會等。耐心不只是美德，耐心之於投資，好比時間之於在沃土中播種。傳奇人物傑西·李佛摩說，他從股市賺的錢不是來自買賣股票，而是來自等待。為什麼？

當我叫你要有耐心和長期的眼光，不是要你等幾年或幾十年，直到投資的股票開花結果；而是等待特定條件發生，也就是等待市場發現你擁有的股票！當你有一支好行業中的好股票，要花時間讓市場發掘它，當某支股票的買方多於賣方，股價會漲，就這麼簡單。一段時間後，愈來愈多買方發現你的那支股票，股價上漲吸引更多目光，於是會有更多買方。時間愈長，投資大眾就愈看好你的股票。

請記住

選取成長股時，只有當一家公司賺錢，而且你了解它如何賺錢，營業額來自哪裡，才應該考慮投資那家公司的股票。換言之，你的部分研究是觀察行業和產業（詳見第十三章），以及整體的經濟趨勢（詳見第十五章）。請參考第二十五章。

尋找大趨勢中的領頭羊

成長行業中的強大公司，是成功的基本元素。如果你回顧股票投資史，這點經常被提起。投資人要警覺大趨勢，因為大趨勢能確保投資成功。

大趨勢是對社會絕大多數（甚至整個社會）的長遠未來產生巨大意義的重大發展，像是網際網路和美洲各國的人口老化問題，為經濟帶來顯著的挑戰和機會。以網路為例，網路在經濟上的應用潛力還在被持續開發中，數百萬人基於許多理由一窩蜂湧向網

路股。另一方面，普查資料顯示，未來二十年間年長者（六十五歲以上）仍繼續成為美國快速成長的一群，（千禧族是投資人應該關注的另一大人口族群）股票投資人如何利用大趨勢？請詳見第十三章。

由於小公司可能是最具成長潛能的一群，詳見第十四章搶先發掘熱門股票。

將公司的成長與行業成長比較

你必須用某個標準來衡量公司成長，才知道這家公司的股票是否為成長股；通常你會把公司的成長和同業或整個股市的成長相比。實務上，當你衡量一支股票的成長相對股市時，是在跟公認的基準點比較，例如道瓊工業指數或標準普爾 500。有關股票指數，詳見第五章。

小提示

如果公司每年獲利已經至少連續三年成長 15%，同期間行業平均成長率為 10%，這支股票就符合成長股。計算獲利成長率的方法很簡單，只要把本年度獲利跟上一年度比較，算出差異的百分比。例如某公司去年的獲利為 1 美元（以每股為基礎），今年為 1.1 美元，獲利成長率就是 10%。許多分析師也會把當季獲利和去年同期相比，看獲利是否成長。

請記住

成長股之所以被稱為成長股，不僅因為公司正在成長，也因為公司的好表現具一致性；光是一年的獲利高於標準普爾 500 平均稱不上成長股，成長一定要一致。

考慮投資有強大利基的公司

已經建立起強大利基的公司，獲利會持續良好。尋找一家具備以下一或多個特點的公司：

» **強大的品牌**：如可口可樂和微軟公司。的確，還有別家公司生產汽水或軟體，但光是產業類似，不足以推倒在大眾心目中地位屹立不搖的公司。

» **進入障礙高**：優比速（United Parcel Service）和聯邦快遞（Federal Express）設置縝密的配送網絡，競爭對手無法輕易複製。高進入障礙為既有的企業提供重要優勢，諸如高資本需求（開業需要很多錢）或是無法輕易生產或取得的特殊技術都是。

» **研發（R&D）**：輝瑞（Pfizer）和默克（Merck）等公司花許多錢在研究和開發新藥，數百萬消費者成為忠誠購買者，公司才能夠不斷成長。檢視這些公司的財務報表和年報，了解公司花多少錢在研發上（詳見第十一章和十二章）。

了解公司的基本面

基本面是指公司的財務狀況、營運績效和相關的資料。投資人（特別是價值型投資人）做基本分析時會看公司的基本面，包括資產負債表、損益表、現金流量等營運資料，以及外部因素如公司的市場地位、行業和經濟前景等。本質上，基本面是指公司的財務狀況，第十一章詳細深入探討分析公司的財務狀況，檢視以下主要數字：

» **營業額**：公司今年的營業額是否超越去年？ 10% 的營業成長

率是個可接受的基準。雖然因行業而異，但通常來說 10% 是個合理的衡量標準。

» **獲利**：獲利是否至少比去年高 10%？獲利成長應該和營業額成長同步（希望是更好）。

» **負債**：公司的總負債是否等於或低於去年？許多公司敗就敗在負債過多。

公司的財務狀況還包含更多因素，但這些數字最為重要。使用 10% 或許有過度簡化之嫌，但你無須把事情搞得太過複雜；有些人的電腦財務模型可能算出 9.675% 或 11.07%，但請保持簡化為宜。

評估公司的管理

公司的管理是成功的關鍵。投資某家公司的股票前，要知道公司管理得好不好。但你怎麼知道呢？如果你打電話給到公司去問，對方可能連回電都懶得回，你如何知道管理階層把公司經營得井井有序？最好的方法是看數字，以下告訴你該看哪些數字。如果公司的管理階層把公司經營得很好，最終的結果會是股價上揚。

權益報酬率

雖然有許多方法可以衡量管理階層的表現，但只要看公司的權益報酬率，就能一窺管理階層是否適任。權益報酬率是獲利除以業主權益，結果的百分比讓你清楚了解，公司是否有效率且用有獲利的方式運用權益（或淨資產）。基本上，百分比愈高愈好，但只要權益報酬率不低於 10% 就被認為是穩固的，要記住，並非所有行業的權益報酬率都相同。

想了解公司獲利，就看損益表。簡單來說，損益表呈現的是營業額（或收入）減費用等於淨利（或淨收入或淨獲利）。表 8-1 是損益表的例子（第十一章有更多關於損益表的詳情）。

（第十一章有更多關於損益表的詳情）

表 8-1　G 公司損益表

	2019 損益表	2020 損益表
營業收入	$82,000	$90,000
費用	-$75,000	-$78,000
淨利	$7,000	$12,000

想知道公司的權益，就看資產負債表（關於資產負債表，詳見第十一章）。資產負債表是個簡單的財務報表，說明總資產減去總負債等於淨值。股票公開上市公司的淨資產稱為股東權益或簡稱權益。表 8-2 說明 G 公司的資產負債表。

表 8-2　G 公司資產負債表

	2019 年 12 月 31 日 為止的資產負債表	2020 年 12 月 31 日 為止的資產負債表
總資產（TA）	$55,000	$65,000
總負債（TL）	-$20,000	-$25,000
淨值（TA 減 TL）	$35,000	$40,000

表 8-1 說明 G 公司的獲利從 7,000 美元到 12,000 美元。表 8-2 中可以看到該公司的業主權益在一年內從 35,000 美元增加到 40,000 美元；2019 年的股東權益報酬率為 20%（獲利 7,000 美元除以股東權益 35,000 美元），數字相當不錯。第二年股東權益報酬率為 30%（獲利 12,000 美元除以股東權益 40,000 美元），又是很優秀的數字，股東權益報酬率不低於 10% 就算不錯，15% 或更高就更好。

股東權益和獲利成長

　　公司的獲利成長和股東權益成長，是另外兩個成功的衡量標準。

> » 請看表 8-1 的獲利成長。獲利從 2019 年的 7,000 美元成長到 2020 年的 12,000 美元，成長百分比為 71%（12,000 美元減去 7,000 美元等於 5,000 美元，5,000 美元除以 7,000 美元是 71%），成績很不錯。獲利成長至少應該等於或高於通貨膨脹率，但由於通膨率的數字不見得可靠，因此我喜歡將下限定為 10%。
> » 表 8-2 中，G 公司的股東權益成長 5,000 美元（從 35,000 美元到 40,000 美元），成長 14.3%（5,000 美元除以 35,000 美元），是相當好的成績，可見管理階層做得很好。我認為股東權益至少增加 10% 是好的。

內部人買股

小提示

觀察管理階層如何管理公司是重要的，但公司績效表現的另一個指標，是看管理階層是否買公司的股票。如果公司成長力道強勁，最清楚的應該是管理階層；如果管理階層買入大量公司股票，是股票深具潛力的一大指標。關於內部人買股，詳見第二十章。

留意誰在買進以及／或誰在推薦公司股票

　　你可能投資了一家很好的公司，但股價卻紋風不動。為什麼？因為令股價上漲的是需求，也就是買股票的人多於賣股票的人。如果你有充分理由挑選某支股票，而市場也注意到這支股票，股價會因為受關注而向上攀升。以下是要注意的幾件事：

- **機構法人購買**：共同基金和退休基金是否在收購你關注的那支股票？如果是，可能對股價產生龐大的拉升力道。有些參考資源和出版刊物會追蹤機構法人購買股票的情形，以及法人購買是否影響任何特定股票（請詳見附錄 A）。當共同基金買進一支股票時，其他通常也會跟進，即使獨立研究單位說破嘴，依然無法消除群眾心理。

- **分析師的關注**：分析師是否在財經節目上談論這支股票？雖說你應該對分析師的推薦抱持懷疑態度（基於 2000 ～ 2002 年的股市崩盤以及 2008 年的股市問題），卻為你的股票製造一些向上推升的力道。絕不要光憑分析師推薦就去買股票。如果你是根據自己的研究買股，之後分析師又吹捧這支股票，股價可能會上漲。重量級分析師的一句美言，足以把股價推上天。

- **新聞通訊的推薦**：獨立研究單位通常會發布新聞通訊。如果重量級的新聞通訊在捧你選的股票，會有利股價上漲。雖然市面上有些一流的新聞通訊（請詳見附錄 A），提供的資訊和一些經紀商的研究部門一樣好甚至更好，也不要光憑著一條提示做出投資決策。但是，看到新聞通訊在吹捧你已經選擇的股票，應該會很開心。

- **消費者刊物**：這裡沒有投資建議，卻是你該注意的地方。這類刊物會定時觀察產品和服務並根據消費者滿意排名。如果一家公司的產品或服務被消費者接受，對這家公司是個利多，終究對股票有正面影響。

確保公司的表現持續良好

公司的財務狀況會變，做個勤勞的投資人，只要股票還在投資組合，就要持續關注數字。或許你在 2018 年選擇了一家財務數

據很棒的公司股票，但很可能從此以後數字就變了。

警告

好股票不會一直都好。今天的絕佳選擇，明天可能變成地雷。好與壞的資訊就像閃電，關注公司的數字！關於公司財務資料，請詳見第十一章。

以史爲鑑

成長股不像尼斯湖水怪──大家都在談，但幾乎沒人見過。近一百年來，成長股在理財界從沒缺席過，提供的資訊足以應用到今日的股市環境。看看過去的市場贏家，尤其是 1990 年代末多頭市場中的那些，以及 2000 ～ 2002 年的空頭市場，問你自己：「什麼因素使它們成為會賺錢的股票？」我提到這兩段期間，因為它們提供鮮明的對比。1990 年代的股票百花齊放，後者則是利空罩頂的艱困時期。

請記住

股票投資要成功，需要用心以及合理的行動，一如任何其他事。歷史再三告訴我們，股票投資成功的準則：

» 挑選基本面強大的公司，包括營業額和獲利上升以及低負債（請詳見第十一章）。
» 確保公司所處行業正在成長（詳見第十三章）。
» 不要漏掉那些因股市朝多頭發展而受益的股票（詳見第十五章）。
» 空頭市場期間或在看空的趨勢中，把較多資金從成長股抽出（例如科技），進入防衛性股票（如公共事業股票）。
» 監控持股。續抱有成長潛能的股票，賣掉前景看淡的股票。

本章教你：

» 熟悉定存概念股的基本概
念
» 記著幾個標準來挑選定存
概念股
» 從 公 共 事 業、REITs 和
BDC 賺取收入
» 從賣出買權和賣權賺取收
入

Chapter **9**

收入與
現金流型投資

　　大家都知道股票具增值能力（資本增益的潛力），但是不太
多人關注股票也有增加收入和現金流的能力。由於收入會是許多
人接下來數月和數年（特別是嬰兒潮世代和其他關心退休、養老
金等議題的人）的主要關切焦點，因此我認為本章相當重要。

　　股票收入第一個想到的是股息。我喜歡股息，而且股息的特
點使它很吸引人，包括與通貨膨脹率同步甚至更高，而且適用稅
率低於一般需課稅的利息或工資。各種投資組合都不能缺少配息
股（又稱為定存概念股），特別是屆齡退休或即將退休的投資人；
年輕世代（例如千禧世代）將股息再投資（例如股息再投資計畫，
詳見第十九章），長期下來可使財富倍增。本章將說明如何用幾
個簡便的公式來分析定存概念股，以及幾種典型的定存概念股。

　　本章的主題是股息，但你的投資組合中有許多股票使你從買
權和賣權賺取相當多收入。本章稍後會探討選擇權（和其他收入
策略）的收入，此處先講股息。

了解定存概念股的基本概念

　　希望從股票投資賺取更多收入的投資人，應該考慮配息的股票；我特別喜歡股息高於平均的股票，也就是人稱的定存概念股。定存概念股扮演雙重角色，不僅能增值，也提供定期收入。接下來，將仔細觀察股息和定存概念股。

掌握股息和配息率

　　一般人說到從股票賺取收入，通常是指股息。股息按比率分配，每位股東一視同仁。股息是定期按比率分配現金（有時是股票）給股票所有人。買配息股主要是為了收入，而不是成長潛力。

　　股息有時會跟利息混淆。股息是付給所有人，利息是付給債主；股票投資人被認為是投資的公司的業主之一，有權領取分配的股息。而當你到銀行開戶時，你是銀行的債權人，銀行向你借錢，然後付利息給你。

　　股息是以每年多少元（或殖利率）表示，通常每季付一次。如果每股發放 4 美元股息，你每季會收到 1 美元；如果你有 200 股，每年會收到 800 美元（如果那段期間股息沒有改變）或每季 200 美元。只要你還持有該股票，每三個月固定會收到股息支票，可說是不無小補。如果公司業績持續良好，會隨時間提高股息。好的定存概念股，股息會高於平均（通常不低於 4%）。

請記住

配息率並非保證，視股票發行公司的股東會決定而可能增減，極端情況可能延遲發放，甚至停止發放。幸好大部分配息的公司沒有間斷發放，還會不時提高股息。從過去以來，股息增加的幅度等於（或超過）通貨膨脹率。

誰適合投資定存概念股

　　哪一種人最適合投資定存概念股？定存概念股適合許多投資人，特別是以下幾種：

> » **保守的新手投資人**：保守型投資人定期收到股息支票的同時，也看到自己的錢穩定緩慢成長。想慢慢開始的新手投資人，也可以從定存概念股獲益。
> » **退休人士**：成長型投資（詳見第八章）最適合滿足長期需求，收入型投資則是最適合滿足目前需求。退休人士可能希望投資組合能有些成長，但更在意的是能跟上通膨率的定期收入。
> » **股息再投資計畫**（dividend reinvestment plan, DRP）**的投資人**：對於喜歡透過股息再投資增長財富的人，定存概念股是最佳選擇。有關 DRP，請詳見第十九章。

小提示

　　基於近期的經濟趨勢和可預見未來的狀況（第二十五章將探討 2020 ～ 2030 年許多應該小心的事項），我認為股息對股票投資人累積財富是不可或缺，尤其是已經退休或即將退休的人。如今投資股息穩定成長的股票比過去更容易；有指數股票型基金（ETF）專門鎖定長期股息年年增加的股票，像是 iShares Core High Dividend ETF（代號 HDV）就包含四十五至五十家在十年或更久期間，每年提高股息的公司。HDV 於 2011 年發放 24 美分股息，到 2019 年提高到 82 美分，八年內增加了 241%。類似的 ETF 可以在 www.etfdb.com 等網站上搜尋（使用關鍵字如「高股息」〔high dividend〕、「股息成長」〔dividend growth〕或「股息收益率」〔dividend yield〕）。關於 ETF 詳見第五章。

評估定存概念股的優點

　　定存概念股往往是所有股票中波動最小的，許多投資人將這類股票視為防衛性股票。防衛性股票（defensive stock）通常指發行股票的公司銷售的商品和服務，在任何經濟狀況下都被需求（請勿與國防股混淆，這是專門生產軍隊商品和器材的公司）。食品、飲料和公共事業公司都屬防衛性股票，即使在經濟艱難時期，人還是要吃、喝、開電燈。提供相對高股息的公司，往往是身在穩固行業中的大企業。

小提示　　有些行業是公認的高股息股票，公共事業（如電力、天然氣和水）、不動產投資信託（REITS）和能源產業（石油和天然氣特許信託）是尋找定存概念股的好地方。雖說其他行業也有高股息股票，但以上行業的密度較高。詳見本章稍後有關這些行業的介紹。

留心定存概念股的缺點

　　在你說：「定存概念股很棒！我現在就要掏錢來買一堆！」之前，先看看以下潛在缺點。定存概念股確實有些地方需要注意。

上漲的是……

　　定存概念股跟任何股票一樣會跌也會漲。影響股票的因素，通常包括政治（第十五章）、大趨勢（第十三章）、各種風險（第四章）等，也會影響定存概念股。幸好當市場下跌時，定存概念股受的打擊小於其他類股票，因為高股息往往支撐股價。因此當市場看跌時，定存概念股的股價下跌幅度，通常沒有其他類股票來得激烈。

利率敏感度

定存概念股可能對升息敏感。當利率上升，其他投資標的（例如公司債、美國國庫券和銀行定存單）較具吸引力。當你的定存概念股產生 4% 收益，而利率上升到 5%、6% 甚至更高時，你可能會想：「既然可以賺更多，我幹嘛安於 4% 的收益率？」當愈來愈多投資人把低收益率的股票脫手，股價也隨之下跌。

此外，升息可能不利公司的財務健全度；如果必須支付更多利息，可能影響獲利，從而影響繼續支付股息的能力。

請記住

當支付股息的公司，連續兩年或更久收入下降時，往往會減少發放股息。

通貨膨脹的效應

雖然許多公司會定期提高股息，但有些公司就算提高股息但幅度甚小，以收入為主要考量的投資人，最好注意這點。如果你年復一年拿到金額固定的股息，而這筆收入對你來說是重要的，這時通膨上升就成為問題。

假設你持有 XYZ 公司的股票，每股 10 美元，年股息 30 美分（收益 30 美分除以 10 美元，收益率為 3%）。如果兩年來的收益率都是 3%，當某一年的通膨率 6%，第二年 7% 時，由於通貨膨脹代表成本上升，會使你拿到的股息收入縮水。

幸好，研究顯示在通膨環境中，股息會優於債券和其他固定利率的投資標的。提供消費者必需品的公司（食品、能源等），股息通常會跟上或超過通貨膨脹率，因此有些投資大師會把股息成長的公司，形容成擁有「優於債券」的股票。

山姆大叔的大刀

美國政府通常把股息當成一般收入來課稅。（編按：在台灣，股息收入也需要課稅。股息收入課稅方式分為兩種：第一種是將

股息收入併入個人綜合所得稅總額計算；第二種是將股息收入採28％單一稅率分離計稅。）詢問你的稅務顧問，看看從現在開始的課稅年度，是否對股息採取較高稅率。關於股票投資人的租稅，請詳見第二十一章。

股票股利──或者是公司股息？

財經界討論股市時，常會聽到「股票股利」。其實股息不是股票支付的，而是公司按比率分配的錢。聽起來有點像在吹毛求疵，但這是基本差異。股價因股市的買賣而漲跌，某一天股價上漲，第二天卻因為頭條新聞震驚股市而使股價下跌。由於股息不會經常波動而且是定期配發（通常每季），因此比較容易預測。我認為投資人應該要能收集現金流，而不是跟著市場的漲跌七上八下。

這是什麼意思？如果持有 100 股的股票，一年賺取股息 100 美元，收入型投資人應該記錄每年股息，以便繼續投資直到達到希望的收入水準（例如年股息收入 2,000 美元），相信這筆股息相對可靠，且隨公司營運增加。最後要記住，技術上，股票股利其實是按比率分配股票。

分析定存概念股

如前面解釋，即使是保守的收入型投資人，都可能面臨各種風險（第四章詳細探討風險和波動性）。本段幫助大家慎選定存概念股，使潛在劣勢降到最低。

評估定存概念股的公司財務，要像評估成長型股票。如果公司付不起股息，會驟然停止配發優渥的股息；如果你要靠股息過日子，

請務必監控公司的財務狀況。可以應用第八章和第十一章有關評估成長型股票財務狀況的技術，來評估定存概念股。

首先指出你的需求

選擇定存概念股，主要是因為你現在想要或需要收入，第二點，定存概念股具穩定、長期增值的潛力。如果你投資是為了二十年後退休，或許成長型股票會優於定存概念股，因為這類股票比較可能在長期間更快速使財富成長（本章早先曾解釋誰最適合定存概念股）。

如果確定想投資定存概念股，估算一下你希望定存概念股占總持股的比例。假設你需要 25,000 美元的投資收入來滿足目前的財務需求，如果債券能帶來 20,000 美元利息收入，你希望其餘來自定存概念股的股息，你需要選擇每年能支付 5,000 美元股息的股票。如果你還剩 100,000 美元可投資，你需要持有的定存概念股能產生 5% 的收益率（5,000 美元除以 100,000 美元等於收益率 5%。接下來，我將更詳細介紹收益率）。

或許你會問：「幹嘛不買 100,000 美元、收益率至少 5%（舉例來說）的債券呢？」假如你滿足於那 5,000 美元，而且可預見未來的通貨膨脹為零，或者比較可能是低於 5%，你的想法是有道理的。不幸的是，通貨膨脹（低或高）大概會長久跟著我們，定存概念股提供穩定成長的股息，對你會是一個好處。

小提示

如果你有定存概念股，但並非立即需要股息，可以考慮把股息再投入公司股票。有關再投資，請詳見第十九章。

請記住

每位投資人都不同。如果不確定自己目前或未來的需求，最好諮詢財務規畫師。翻到附錄 A 參考有用的財務規畫和投資資訊。

查看收益率

由於定存概念股會配發股息（收入），你需要評估哪些股票能提供最高的收入。做法是看收益率也就是配息率，就能立刻知道相對於其他配息的股票（甚至其他投資，如銀行帳戶），你賺了多少錢。表 9-1 說明這點。股息收益率計算如下：

股息收益率＝股息收入÷股票投資金額

表 9-1　　比較收益率

投資	型態	投資金額	年投資收入 （股息）	收益率 （年投資收入除以 投資金額）
史密斯公司	普通股	$20/ 股	$1.00/ 股	5%
瓊斯公司	普通股	$30/ 股	$1.50/ 股	5%
威爾森銀行	儲蓄帳戶	$1,000 存款	$10（利息）	1%

利用表 9-1 的資訊，比較不同投資標的的收益率，選擇最會賺錢的股票。

請記住

買了股票後，還是要持續檢視。就算選到好股票，替你賺進優渥的股息，但不表示股票會永遠表現良好。只要還沒賣掉這支股票，就要利用 www.bloomberg.com 和 www.marketwatch.com 等資源，監控公司的進展（更多參考資源請詳見附錄 A）。

檢視收益率的改變

大部分的人都理解銀行帳戶的收益率。如果我告訴你，我的定存單年收益率為 3.5%，你立刻知道如果我存入 1,000 美元，一年

後會有 1,035 美元（如果納入複利計算會多一點點）。在這個例子中，定存的市場價值是存款金額 1,000 美元，因此很容易計算。

請記住

股票呢？理財版列出股票時，會連同它的股息收益率、股價與每年股息。理財版的股息收益率都是根據那天的股票收盤價計算。請記住，股價在交易日當中會隨供需波動，收益率在整個交易日中也會波動。因此當你檢視收益率時，請記住以下兩點：

» **財經版上的收益率，不見得與你的收益率相符**：如果你一個月前，以每股 20 美元買進史密斯公司（表 9-1）的股票；根據年股息 1 美元，收益率為 5%。但如果今天史密斯公司的股票以每股 40 美元售出，如果你看財經版，收益率會是 2.5%。是股息減半了嗎？不是的。你還是獲得 5%，因為你是用每股 20 美元而非 40 美元買進的股票，報紙上的報價，是給今天買進史密斯公司股票的投資人看的。他們付出每股 40 美元，獲得 1 美元的股息，因此收益率為 2.5%。雖然這家公司一個月前可能是理想的收入型投資標的，但今天就不怎麼好；因為股價加倍導致收益率減半，即使股息沒變，收益率卻因為股價而大幅改變。

» **股價影響某支股票是否為理想的投資標的**：另一種觀察收益率的方式是看投資金額。以表 9-1 的史密斯公司為例，在每股股價 20 美元時買了 100 股的投資人只付 2,000 美元（100 股乘以 20 美元，為求簡化省略佣金）；如果之後以每股 40 美元買進 100 股，總投資金額為 4,000 美元（100 股乘以 40 美元）。兩種情況的投資人都獲得股息 100 美元（100 股乘以 1 美元）。試問是投資 2,000 美元的收益率較高，還是 4,000 美元？當然，用比較少錢（收益率 5% 優於 2.5%）獲得收入（本例為 100 美元）會比較好。

比較不同股票的收益率

　　所有條件相等的情況下，選擇史密斯公司或瓊斯公司都好；就看你的情況以及哪家公司的基本面和前景能說動你。如果史密斯公司是汽車股（類似 2008 年的通用汽車），瓊斯公司是服務拉斯維加斯都會區的公共事業股，你會投資哪個？2008 年，汽車產業非常辛苦，而公共事業的整體情況就好很多；在這情況下，史密斯公司的股息岌岌可危，瓊斯公司的股息比較有保障。另一個問題是配息率（請詳見下一段），由此可知，股息收益率相同的公司，還是可能具備不同風險。

看股票的配息率

　　你可以從配息率了解公司獲利的百分之多少以股息的形式發放出去（獲利＝營業額－費用）。公司股息來自淨利（技術上，這筆錢來自公司的資本帳戶，但終究是來自淨利和增資）。因此，公司的獲利永遠應該高於股息，總獲利成長最好是超過股息總金額。以下是配息率的計算方式：

股息（每股）÷每股盈餘＝配息率

　　假設 C 公司的年度獲利（或淨收入）為 100 萬美元，總配息金額為 500,000 美元，公司有 100 萬股流通在外的股票。於是你知道這家公司的每股盈餘為 1 美元（盈餘 100 萬除以 100 萬股），且每股每年配息 50 美分（500,000 美元除以 100 萬股），配息率為 50%（50 美分的股息是每股盈餘 1 美元的 50%）。這是個健康的配息率，就算公司的盈餘下降 10% 或 20%，還是有足夠的錢配息。

如果你擔心股息收入的保障，定期觀察配息率。最高可接受的配息率為 80%，介於 50% 至 70% 之間較為理想，配息率 60% 或低於 60% 被認為非常安全（百分比愈低，股息愈有保障）。

當公司財務遭遇重大困難，會比較沒有能力配息。例如，近年來的房地產泡沫化和次貸風暴。不動產貸款公司因為借款人不履行還款導致收入變少，基於現金流入減少，只得減少配息。如果你需要股息來支付生活開銷，最好知道配息率。

研究一家公司的債券評等

什麼是債券評等？跟配息的股票有何關聯？其實一家公司的債券評等，對定存概念股的投資人極為重要。債券評等讓人得知公司的財務能力，就好比消費者機構對汽車或烤麵包機評等般。標準普爾和穆迪（Moody）是調查債券發行單位的獨立評等機構；他們會問：「這個債券發行單位是否有財力償還債券，並且支付債券上載明的利息？」

債券評等的重要性如下：

» **好的債券評等，表示公司的財力足以履行義務**：包括費用、償還債務和宣告股息。如果債券評等機構給予公司高評等（或如果提高評等），對於握有該公司債權或領取股息的每個人來說都是好事。

» **如果債券評等機構降低評等，表示公司的財務狀況正在惡化**：對於擁有公司債券或股票的每個人都是警訊；今日的債券評等降低，說不定日後會付不出股息。

» **債券評等不良，表示公司在清償債務遇到困難**：如果公司無法履行支付的義務，就必須選擇該付錢給誰。財務出問題的

> 公司經常會選擇減少股息或（最糟的情況）根本不付股息。

請記住

標準普爾給予的最高評比為 AAA，而 AAA、AA 和 A 被視為投資等級（investment grade）也就是高品質。B 和 C 為中級，更低的被認為不良或風險極高（債券被稱為垃圾債券），如果你看到 XXX 等級，最好閃遠一點！

分散持股

如果你大部分的股息收入來自同一家公司或單一行業，請考慮重新配置投資標的，避免將所有雞蛋放在一個籃子裡。關於分散投資的注意事項，對定存概念股和成長型股票都適用。如果你所有的定存概念股都在電力業，該行業的任何問題都會成為你的潛在問題。關於風險詳見第四章。

探索幾種典型的定存概念股

雖然幾乎每個行業都有些股票會分配股息，但有些行業比較多。例如電腦或生技類股不會有很多分配股息的股票；因為這類公司需要很多錢來支應昂貴的研發計畫。少了研發，公司就無法創造新產品來推升業績、成長與未來的獲利。電腦、生技和其他創新產業較適合成長型投資人。接下來，會揭露幾檔適合收入型投資人的股票。

是電力！公共事業

公共事業是股市中最可靠的定存概念股，這類事業產生大量現金流（如果你不相信，看你的天然氣和電費帳單就知道！）。

許多投資人在投資組合中有至少一家公共事業公司。凡是在乎收入的投資人（特別是退休人士）應該認真考慮投資公共事業；美國股市也有很棒的公共事業 ETF（關於 ETF 詳見第五章）。投資你當地的公共事業是個不錯的點子，至少會讓你付水電瓦斯費帳單時，變得比較不痛苦。（編按：在標普 500，公共事業類股主要涵蓋電力及天然氣的公司，代表性的能源公司為 Duke、Southern 等。）

請記住

投資公共事業之前，請思考以下幾點：

» **公共事業公司的財務狀況**：公司是否賺錢，營業收入和獲利是否逐年成長？公共事業的債券必須要是 A 等級或者更高。請見之前的「研究公司的債券評等」。

» **公司的配息率**：由於公共事業往往有充裕的現金，即使配息率高達 70% 也不用太擔心。從安全的角度，配息率愈低愈好，請參考之前的「觀察股票的配息率」。

» **公司的地理位置**：如果公共事業涵蓋的地域情況良好，人口逐年增加且商業擴充，對你的股票是件好事。美國普查局（U.S. Census Bureau, www.census.gov）提供人口和商業資料以供研究。

有趣的組合：不動產投資信託（REITs）

不動產投資信託（REITs）是一種特殊類型的股票，兼具股票和共同基金的元素（投資人集資，由投資公司管理）：

» REITs 類似股票，因為這是一家股票在主要證券交易所掛牌上市的公司，且具備股票通常的特點，包括可以透過經紀商輕鬆買賣，收入以股息的型態分配給投資人等。

» REITs 類似共同基金，因爲它不是靠銷售商品和服務賺錢，
而是靠買賣和管理不動產投資標的的投資組合；REITs 的收
入來自租金和租賃收入，跟所有房東一樣，有些 REITs 提供
抵押貸款，賺取利息收入。

REITs 符合 1960 年不動產投資信託法案（Real Estate Investment Trust
Act of 1960）而被稱爲信託。該法案使 REITs 免於繳納公司所得稅
和資本利得稅，只要符合特定標準，例如把 90% 淨收入發給股東，
也是 REITs 配息通常很大方的原因；除此之外，REITs 在實務上跟
任何公開上市的公司沒兩樣。

技術性內容

投資 REITs 的主要優點如下：

» REITs 容易買賣，這點與其他類型的不動產投資不同（REITs
比其他類型的傳統不動產投資更具變現性）。你可以打電話
給經紀商，或跟買股票一樣上網購買 REITs。
» REITs 的收益率高於平均，由於必須將至少九成的收入分配
給股東，股息收益率通常爲 5 至 10%。
» REITs 的風險低於直接購買不動產，因爲它的投資組合分散
在許多種產物，由於是投資一家購買不動產的公司，因此不
用考慮管理產業的問題，公司的管理階層會全天候負責。通
常 REITs 不是只管理一項產業，它的投資組合涵蓋各種不同
的產業。
» REITs 是小額投資人負擔得起的投資。REITs 的股分通常是
以 10 美元至 40 美元的價位買賣，花小錢就能投資。

REITs 確實有缺點。雖然通常分散到不同的產物，依然容易受不動產
大環境的影響。2000 ～ 2007 年間，不動產投資的狂熱度創新高，反

警告

轉在所難免，每當投資一項資產（例如不動產或是近幾年的 REITs）因為受到人為刺激而衝上天價（以不動產而言，極低的利率和過高的借貸），潛在的損失可能抵銷任何潛在（未實現）的收入。

小提示

想以 REITs 作為投資標的時，要用分析不動產的方式來分析它。看看地點和不動產的型態，如果加州的購物商城很旺，你的 REITs 買賣加州的購物商城，投資績效應該會不錯；但如果你的 REITs 投資全國辦公大樓，而辦公大樓的市場供過於求且正在不景氣，REITs 的投資績效也不會好。

許多住宅泡沫已經過去，投資人可以不必太焦慮，開始物色不動產投資（例如 REITs）；但還是要根據品質和強健的基本面（地點、潛在租金等）來挑選 REITs。

商業開發公司（BDC）

想尋找相對高股息同時有成長潛能的投資標的，可以考慮商業開發公司（BDC），聽起來有點神祕，其實跟股票一樣容易購買，而且原理不難了解。BDC 基本上是創業投資和共同基金的混合體，交易方式類似封閉型基金，封閉型基金就像一般的共同基金，但是跟股票一樣掛牌，而且總股數有限，另一種被稱為開放式基金，發行（或贖回）的股數不像封閉式基金般受限。

BDC 就像創投，專門投資剛起步、需要資金成長的中小型企業。BDC 與共同基金相似的地方在於是投資一群公司，具有某種程度的分散。BDC 投資的公司往往具備某種利基，如生技、機器人，或者另一種旭日產業，這些公司從 BDC 獲得資金挹注，回報以較高的費用和利息，因此 BDC 的股息往往較高。

因此，BDC 能提供優渥的股息收入，但要記住風險較高，因為這些公司還在發展初期，關於 BDC 請詳見以下參考資源。

截至撰寫本文的時候為止，目前有 49 個 BDC，因此在傳統的股票投資資源中，有較多關於它們的資訊（詳見附錄 A）。

賣出掩護性買權

選擇權比較複雜（且可能高風險），但有個相對安全的策略，凡是想賺取收入的保守型投資人應該考慮（即使你是退休人士）。想像有個低風險的策略，可以輕易為你的投資組合帶來 5%、7%、9% 甚至更高的現金流。沒錯，它就叫做賣出掩護性買權。

只要有紀律地操作賣出掩護性買權，你不會賠錢，但確實有個風險，那就是可能被迫賣掉你的資產（在有獲利的情況下）。好個風險！

賣出掩護性買權的意思是，你作為股票投資人，進入一個買或賣的交易（call），在這交易中（賣方）會收到收入（選擇權的權利金），來換取某個時間點上用某個既定價格將股份賣給買權買家（call buyer）的潛在義務。假設你的經紀帳戶中擁有某股票 100 股，每股股價 45 美元，你可以對這 100 股銷售買權，在每股 50 美元時有出售這些股票的義務。在這個例子中，買權的買方付你權利金 100 美元，如果你的股票沒有到達 50 美元，你繼續握有股票，也保有你收到的 100 美元。這個買權的選擇權只在極短的時間內有效（一般選擇權的效期通常不超過九個月，但有長天期選擇權，有效期間超過一年），因此在這買權的短暫生命中，價格會變動。如果股價還沒來到 50 美元（稱為履約價）買權就到期，買權的買方損失金錢，

但買權的賣方得以保有買權買方給的錢。

賣出掩護性買權是用股票賺外快的好方法，唯一風險是如果股票到達履約價（上例的 50 美元），賣方有義務用 50 美元賣出 100 股。換言之，有義務用較高、較有獲利的價錢賣出持股。

有關賣出掩護性買權的全面性詳細介紹，請詳見我的著作《給傻瓜讀的高階投資術》。

銷售賣權以賺取收入

想像你賺取收入的唯一風險，是可能有義務買進你想買的某支股票，而且是用較低價格！我認為蠻酷的，這種好事會在你用經紀帳戶銷售賣權時發生。

賣出賣權時會得到收入（權利金），同時有義務用選擇權的履約價買進交易的股票。假設你想買的某支股票每股 50 美元，但你想用較低的價格購買，假設是 45 美元，這時你賣出賣權，履約價 45 美元。你得到權利金（假設 200 美元），如果股票在選擇權的有效期間沒有跌到 45 美元，選擇權將到期失效，好消息是你賺到了 200 美元；如果股票跌到 45 美元（或更低），你必須用每股 45 美元買進股票，但你是用較低的價錢買到想買的股票，你最後其實只花 4,300 美元來買這支股票，也就是股價 4,500 美元減去 200 美元的權利金，只花了 4,300 美元（4,500 美元減去 200 美元）。

小提示

因此，銷售賣權的第一個金律是：只針對你想擁有的股票（或 ETF）賣出賣權。想想那些買入後會替投資組合加分的股票，假設你很想買的股票每股 40 美元，若是用每股 35 美元買進，會是件開心的事。

關於銷售賣權的更多深度資訊，請參考我的著作《給傻瓜讀的高階投資術》。

Chapter **10**

了解技術分析

　　早期我投資股票時很少用技術分析，但經過一段時間（以及經驗的累積），我逐漸明白技術分析是很有用的投資方法。技術分析屬技術性，但可以用來估算買賣某支股票的時機，還是繼續持有。簡單來說，基本分析（本書其餘部分探討的內容）告訴你該買什麼股票，技術分析則告訴你何時買。

　　本章不會塞很多技術分析的資訊，但會提示一些技術和參考資源，使大家安然度過今日跌宕起伏和不確定的市場。

小提示

首先，我想提幾個參考資源，以下可以找到更多有關技術分析的資訊：

» Big Charts（www.bigcharts.com）
» Incredible Charts（www.incrediblecharts.com）
» International Federation of Technical Analysts（www.ifta.org）
» StockCharts（www.stockcharts.com）
» *Stocks & Commodities* magazine（www.traders.com）

» Technical Analysis For Dummies, 4th Edition, by Barbara Rockefeller (www.dummies.com)

» TraderPlanet (www.traderplanet.com)

技術分析與基本分析

大部分的專業人士會使用基本分析或技術分析（許多人兩者兼用），來指引自己該怎麼做。股市乃至大宗商品等市場都使用這兩種方法，但本章聚焦在股票投資。基本分析和技術分析的最大差異如下：

» **基本分析**深入公司本身的經濟狀況，如營業收入和獲利資料，以及外部影響因素，如政治、法規和產業趨勢。

» **技術分析**根據表現在市場統計數字上的市場行為（以圖表、價格和交易量呈現），以便了解股價走向，技術分析並不試圖釐清標的是否值得投資，而是了解股票或投資標的的價格走向。

接下來是技術分析的主要原理，以及相較基本分析的優缺點，並說明如何併用技術分析與基本分析，列出幾種工具。

一探技術分析的究竟

為了從技術分析獲得最多好處，需要了解技術分析及其運作方式。本書認為，技術分析是建立在以下假設：

股價是一切

　　技術分析的前提是，股票市價足以供投資人做買賣決策。批評技術分析的人指出，技術分析考慮股價及其走向，卻不夠關注公司的基本因素；擁護技術分析的人則認為，價格是公司基本因素的縮影，包括公司（或投資標的）的基本面在內。

請記住

　　技術分析師（又稱為技師或圖表師）相信，公司的基本面和整體經濟因素與市場心理都反映在股價上，因此無須分別考慮。重要的是，技術分析師從觀察股價及其變動中，預測股價的未來走向。

趨勢是你的朋友

　　股價往往跟著趨勢走。技術分析界中，所謂趨勢是你的朋友，就跟餐飲業的俗話「自己煲壞的湯自己喝」同樣無人不知，或許前者更加真實。跟隨趨勢是技術分析的鐵律，資料要嘛支持趨勢，或者與趨勢相左。當股價的趨勢確立時，傾向會持續，三種趨勢分別為向上、向下和持平（詳見「走在趨勢的浪頭上」）。

歷史勢必重演

　　另外一個技術分析的基本概念是歷史通常會重演，尤其是價格的變動。價格變動的重複性歸因市場心理學；也就是說，市場的參與者往往對類似的外在刺激做出一致反應。

　　技術分析用圖表分析市場變動並且理解趨勢。雖然許多圖表已經被使用超過一百年，但由於圖表顯示的價格變動模式經常重複上演，至今依舊被認為有用（本章稍後將更詳細討論圖表模式）。

檢視技術分析的好與壞

雖然技術分析是本章重點，但還是有缺點。主要在於技術分析是人類追蹤某個市場中的人類行為，換言之，光是稱為技術分析，不等於這個技術是按照物理學定律；而是因為你看到的屬技術性資料，但股票或投資標的的價格變動是諸多買賣方累積的決策造成，而這些買賣方是人類，因此可能犯錯。

提到這點，是因為每個人都想賺錢，許多交易系統和交易方法，是根據技術分析。可惜的是投資賺錢不是二加二等於四。如果技術分析把事情變得那麼簡單，光是幾個電腦模型或交易系統就足以替你做出賺大錢的決策，任何人都辦得到。然而，並不是這樣。

這是我的看法。我個人偏好將基本分析用在長期投資上。我在挑選個股時會避免使用技術分析，因為我從其中看不到長期的價值。長期投資人無須搞懂三角形、細長三角形、杯子及杯柄型態（cup and handle）等複雜概念，只需要問：「這家公司是否賺錢？」或「財務和經濟狀況對我的投資是否依舊有利？」當基本面站在你這邊，任何不利的短期變動都是買進時機（假設你從一開始就做出明智選擇）；但是太多投資人耐不住性子，只見到短期的樹而不見長期的林，殊不知長期的林可綠多了。

技術性內容

清查歷史上有多少位成功的股票投資人及其使用的投資方法，會發現使用各種基本分析（例如使用價值投資法）的長期投資人占了絕大多數。傳奇性的巴菲特和彼得・林區等很少看線圖。巴菲特顯然是股票投資史上最偉大的成功故事之一，他的紀錄和數十億美元的淨值可資證明。但是他很少（如果曾經有過）看技術分析，他不在意短期的波動和震盪，是個不折不扣

的長期投資人；而他一大優點是耐性，他持有某些股票幾十年，說明人性的有趣觀察點。人人都想像巴菲特一樣成功，但很少人願意跑完全程。

短期是不同的概念，需要較多關注和紀律。你需要監控所有指標，看你是否還在軌道上，或者是否信號警告有個改變正在發生。技術分析師有可能這個月看空，到了下個月又看多，而下下個月的信號可能多空分歧而不做任何明確的警示。作為訓練有素的技術分析師，終究是需要多監控、多交易以及多避險。

要注意所有這類活動代表更多的稅金、更多交易成本（佣金之類），以及更多行政工作（報稅等）。你認為誰付的稅金比較多，是買了股票後持有至少一年的人，還是獲利相同，但是跟著技術分析的結果買進賣出的人？短期獲利適用的稅率不如長期獲利優惠，重點不在你賺多少錢，而是剩下多少錢（第二十一章探討稅金）。

請記住

但是，把技術分析丟掉前，請讀下去。把技術分析用在短期交易或是投機較大範疇的投資標的，成績往往優於不使用；換言之，如果把技術分析應用在比公司更大的指數或商品，往往會有較好的結果。如果你從事股票買賣或股票相關的 ETF（詳見第五章），了解技術分析的基本原理會使你整體成績較好（因而獲利更佳）。由於短期市場行為和心理可能非常反覆無常且非理性（人類），技術分析就有其用處，最有用的是在相對短時間內交易以及／或投機的人，像是幾天、幾星期或幾個月；當你試圖預測一年甚至更久之後的股價時，技術分析就沒那麼有用。

技術分析與基本分析的優點並用

請記住

我認為，將基本分析和技術分析並用的一種有用方法，是利用兩者的強項。基本分析幫你了解投資（或交易或投機）什麼，技術分析引導你何時投資（或交易或投機）。市場瞬息萬變，技術分析幫助你在進場或出場時，一眼看到低風險的時間點，因此可以暗中布局，使自己處在有利的情勢中。想想最近的股市，就知道哪怕只是一點點幫助都好。

將兩種分析法適度並用，結果是成功的。如果基本和技術因素都支持你的決策，這筆交易顯然較有機會獲利，至於如何併用呢？

舉例來說，請看超賣和超買的概念（參考稍後的「調查相對強項指數」）。如果你正打算買一支股票（或其他投資標的），但不確定該何時買，你最好看一下技術資料。如果資料顯示這支股票被超賣，代表是買進的好時機。超賣就是市場在特定期間，賣出太多的投資標的。

順帶一提，我會把「超賣」和「超買」想成基本分析的價值低估和價值高估。由於基本分析是價值投資法這個學派的重要部分，因此這觀念有其道理（是的，我認同價值投資法）。投資價值低估的股票永遠是個好主意，買進超賣的股票也是，可以合理推論（假設所有條件相等）超賣的股票是價值被低估。超買和價值高估也是同樣道理。

另一方面，基本面幫助技術分析師做更好的交易決策。假設有一位技術分析師在代號為 GNAC 的股票是處在獲利狀態，如果技術指標轉向空頭，GNAC 的最近一季獲利報告顯示獲利大幅縮水，賣掉 GNAC 的股票應該是明智之舉。（當然，因為你正在讀這本書，你會立刻採取追蹤停損這種更高明的做法，關於追蹤停損詳見第十七章）。

使用技術分析師的工具

當你捲起袖子開始進入技術分析，你面對什麼？答案是，要看你是哪一類型的技術分析師。技術分析又分成兩類，一種以線圖為主（這類技術分析師又稱為線圖分析師），另一種以資料為主（例如股價和成交量資料）。許多技術分析師兩種兼用（本章稍後都將探討）。

» **線圖**：線圖清晰呈現價格的變動（例如圖表型態）。
» **資料**：資料包括價格和數量的資訊（連同從中取得的技術性和行為性指標）。

技術分析師不看基本面，因為他們認為（用線圖、價格和數量資料呈現的）交易市場，已經反映基本面。

走在趨勢的浪頭上

辨識趨勢是技術分析的關鍵。趨勢是股票（或另一種證券或商品）的整體走向；你可以在技術線圖中看到趨勢（本章稍後將提供關於線圖的細節）。價格將往哪個方向走？接下來，我會說明不同型態的趨勢，談論趨勢的長度、趨勢線和通道線（channel lines）。

區分不同的趨勢

有三種基本趨勢：

» **向上的趨勢或多頭趨勢**：不斷創新高，且後面的低點高於前一個低點。

　　圖 10-1 很容易明白股票往何處走。除非你是滑雪的人，否則這種圖形不算好。空頭趨勢明顯。

圖 10-1　斜度明顯向下的概念圖

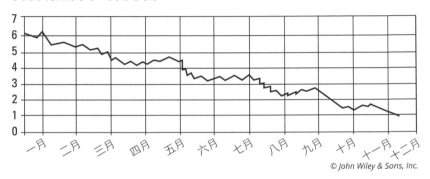

© John Wiley & Sons, Inc.

　　圖 10-2 的圖形，你會怎麼做？看起來像是某個正在看恐怖片的人心臟跳動的情形。橫向整理或水平趨勢是整理模式，表示股票將突然進入向上趨勢或向下趨勢。

圖 10-2　橫向整理概念圖

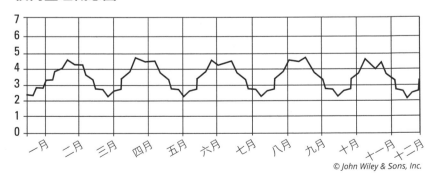

© John Wiley & Sons, Inc.

不管趨勢是向上、向下還是區間盤整，很少（幾乎不曾）是直線的。線型通常是鋸齒狀且高低起伏，因為這條線是所有買方和賣方進行交易的縮影；有些日子買方較有影響力，有些則是賣方，圖 10-3 說明三種趨勢。

圖 10-3　同時顯示向上、向下和區間盤整的線圖

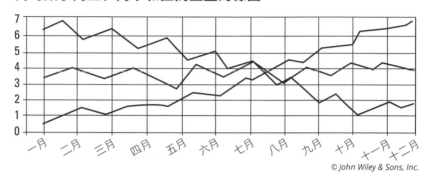

請記住

技術分析師稱高點為波峰（peaks），低點為波谷（trough）。如果波峰和波谷持續向上就是多頭，如果波峰和波谷持續向下就是空頭。如果波峰和波谷為水平，那你大概在加州（開玩笑的）。

觀察趨勢的長度

趨勢不光是要觀察方向，也要看持續時間。趨勢的持續時間可以是短期、中期或長期。

» **短期（或近期）趨勢**：通常少於一個月。
» **中期趨勢**：不超過一季（三個月）。
» **長期趨勢**：可能持續一年之久，而且長期趨勢當中還可能存在數個趨勢。

使用趨勢線

趨勢線是在線圖上標示出趨勢的直線，沿著波峰和波谷畫出鮮明的走向，也可以用來辨識趨勢反轉，或者說往反方向改變。圖 10-4 顯示兩條趨勢線：這兩條直線沿著鋸齒線的頂部和底部（顯示資產真實的價格變動）。

圖 10-4　顯示鋸齒邊緣沿著趨勢線向上走

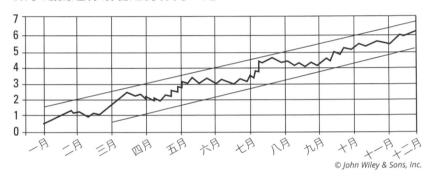

© John Wiley & Sons, Inc.

觀察通道以尋找阻力位（resistance）和支撐位（support）

阻力位和支撐位的概念對技術分析非常重要，一如車輪之於汽車。當你做了投資決定，會想知道價格往哪裡走：

» **阻力位**：就像股價變動的玻璃天花板。不斷上漲的股價能夠漲到哪裡，或者會怎麼上漲？這個問題價值 64,000 美元，技術分析師對此密切關注。突破阻力位對股價來說是好事，前景肯定看多。

» **支撐位**：是最低成交價或最低成交價水準。當股價下跌觸及這個水準，預期將反彈，但是萬一攧破支撐位呢？這時被認

爲空頭信號，技術分析師密切關注可能的反轉信號，即使他們預期股價將直直落。

通道線（channel lines）說明主要趨勢的波峰和波谷。上方的線指出（價格變動的）阻力位，下方的線為支撐位。阻力位和支撐位形成股價的交易區間，通道可能向上或向下傾斜，也可能持平（go sideways）。技術交易者對通道感興趣的理由，在於假設價格會（在阻力位和支撐位之間）持續朝著通道的方向前進，直到技術指標發出轉變的信號。

圖 10-5 的通道顯示價格區間的走向，趨勢幫助你做出更有獲利的決定，因為順勢而為，好過逆勢而行。

圖 10-5　通道圖

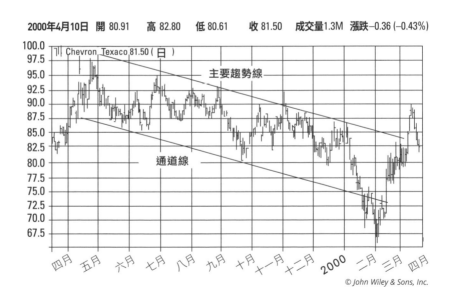

2000年4月10日　開 80.91　高 82.80　低 80.61　收 81.50　成交量1.3M　漲跌−0.36 (−0.43%)

© John Wiley & Sons, Inc.

圖 10-5 中看到某支股票的通道。以此為例，這支股票的股價呈鋸齒狀向下，而進入通道尾端之際顯示波動加劇，股價的變動

超過原始的通道線。這也告訴交易員或投資人要小心謹慎，留意機會或陷阱（要看你對這支股票前景的看法）。

搞懂技術線圖

線圖對於技術分析師，好比相片對攝影。你避免不了這些，因為你也不應該這麼做。如果你對買賣股票（或 ETF、大宗商品等）的態度認真，線圖和相關的技術性資料會很好用。接下來，我說明幾種線圖以及線型。

線圖的種類

技術分析師用線圖來「診斷」投資標的的狀況。一如分析師用不同的工具、方法和不同線圖提供觀察資料的新鮮角度。以下是從圖像化和實用性的角度來說，技術分析中四種最常用的線圖：

線圖（line chart）

線圖將一連串的價格以點標示在圖上，顯示價格在一段期間的變動情形。期間可以是天、星期、月、年或者更長。交易日的收盤價經常被用來繪製成線圖。

年度線圖（如本章稍早出現的）顯示股票在十二個月間的情形，供你做簡單分析。波峰出現在什麼時候？波谷呢？股價變動最活潑的時期是？

小提示

我比較喜歡使用五年的線圖；我鼓勵客戶、學生和讀者把焦點放在較長天期，比較容易達到好的結果。

柱狀圖（Bar Charts）

柱狀圖（編按：又稱美國線、竹線圖）比較花俏。線圖只告訴你每個交易日的收盤價，柱狀圖則告訴你在選定期間每一天的交易價區間。每個交易日是代表價格變動的垂直線，你會看到股價的高點、低點和收盤價。

柱狀圖的垂直線有兩個標記，左邊的標記是開盤價，右邊的標記是收盤價。如果開盤價的標記高於收盤價就是紅線，代表股票的收盤價相對開盤價是下跌的；上漲則是黑線，收盤價的標記高於開盤價的標記。

K線（Candlestick charts）

近年來K線非常流行，基本上是柱狀圖，只是複雜一點。K線將簡單的圖表中沒有的資料加入，包括證券價格的高點、低點和收盤價。由於K線所圖示的資訊多於柱狀圖，能提供更多交易的指引。K線圖的複雜無法在此盡述，請利用本章一開始提供的參考資源繼續研究。

技術性內容

K線的全名為日本K線（Japanese candlestick charts），是十七世紀時，日本人交易稻米使用的一種技術分析。它們看起來的確很像蠟燭。

點數圖（Point and Figure Chart）

圖表交易者（chartist）用的一個比較難懂的圖叫點數圖。當你看點數圖會注意到有一串X和O。X代表向上的價位趨勢，O代表向下價位趨勢。這種型態的圖，讓股票交易員輕鬆判斷哪些價位屬「支撐位」，哪些為「阻力位」，更精準判斷買價和賣價。

辨識圖表型態（chart pattern）

圖表型態是技術分析的圖像語言，也是種非常有趣的語言。型態對技術分析師來說，如吹哨者般重要，雖說不是百分百正確，但通常準確率超過五成。在交易界中，超過五成的正確率就夠了。經驗老到的技術分析師準確率通常更好，以下探討常見的圖表型態。

請記住

技術分析師不會斷言在某個型態之後會發生什麼，而是機率。可能的結果多半會成真。技術分析的基本使用，是提高決策（進入或退出交易）的成功機率以求取更高獲利。

出現頭部：頭肩頂

頭肩頂型態本質屬空頭，通常表示上升趨勢結束，即將反轉向下。技術分析師將頭肩頂視為最可靠的圖型之一。

該型態顯示三個波峰兩個波谷。三個波峰又分成高的中央波峰（頭），和在中央兩側較矮的波峰（肩），兩個波谷形成頸線。

頭肩頂告訴技術分析師，之前的走勢基本上已經失去續航力，累積的賣壓壓倒買方勢力，因此股價開始向下。右肩好比多頭走勢為了再度引起注意而最後一搏，只是徒勞無功。請記住頸線在這個型態中為支撐點（參考之前的「觀察阻力位和支撐位的通道」）。當支撐失守，之後的走勢將趨向空頭。

反向：頭肩底

如你所想的，這個型態與之前的型態相反，本質上屬多頭。這個型態代表下跌趨勢結束，走勢即將反轉向上。在這個型態中有三個波谷、兩個波峰，中間的波谷通常最深，右側的小波谷次低，高於中間波谷的低點，通常代表趨勢將向上走。

這個型態中，買方勢力集結打底，股價將由此彈升。注意到多頭型態是一系列的新高點和墊高的低點形成。在頭肩底型態中，頸線為支撐位（本章先前曾經探討），阻力位被打破後，股價可望向上。

認清情勢：杯柄型（cup and handle）

通常為多頭的型態。股價先來到高峰，然後向下凹陷形成碗狀的波谷（杯），接著再次向上來到高峰，最後股價稍微向下走（柄），然後上升。

該型態基本上告訴技術分析師，股價短暫休息築底，之後繼續多頭型態。

二大於一：雙重頂（double top）與
雙重底（double bottom）

雙重頂和雙重底都代表趨勢反轉：

» **雙重頂**：本質上是空頭型態，股價兩度（雙頂）試圖突破阻力點，但沒有成功。兩個波峰之間的波谷代表支撐位，但是兩度突破阻力位失敗，比波谷的支撐影響更大，因此這個型態代表股價向下的可能性。

» **雙重底**：為反轉型態的相反。這是多頭型態，因為支撐位的指標比阻力位強。該型態代表股價可能上漲。由於這是支撐位的指標，因此做多的操盤手往往將此視為安全進場點，先取得部位等待下一次股價上攻的機會。

技術性內容

三重頂和三重底為雙頂與雙底的變化型，為橫向或水平型態，是意味趨勢反轉的盤整或水平型態。別問我四頂和四底！

三角形

當阻力線和支撐線會合形成三角點，於是形成三角形。三角形說明股價大致走向。三角形有三種：對稱三角形（symmertrical）、上升三角形（ascending）與下降三角形（descending）。

> » **對稱三角形**：對稱三角形指向橫向，說明這是個水平型態，當有更多價格移動提供多頭或空頭指標時，為價格向上或向下做準備。
> » **上升三角形**：為多頭型態。
> » **下降三角形**：為空頭型態。

當然，如果你看到向外散開的梯型和八角型燭台支撐碗狀的等腰三角形，不要採取任何動作，明天再試！

開心時刻：旗型（flags）和三角旗型（pennants）

旗型和三角旗型為熟悉的型態，本質上屬於短期（通常不超過幾星期）。這是連續不斷的圖型，在價格的大幅變動之後立即形成，通常跟著橫向的價格變動。旗型和三角旗型相似，只是旗型為通道的型態，而三角旗型則為三角型。

切塊：楔型

楔型可以是連續型或反轉型，看似（向上或向下）傾斜的對稱三角形，而對稱三角形通常顯示橫向移動。此外楔型是長期形成（通常三至六個月）。

小心腳步：缺口（gap）

線圖中的缺口是兩個交易期間的空白處，在兩個期間的價格差異顯著時發生。假設第一段期間的成交價介於 10 美元至 15 美元之間，第二段期間以 20 美元開盤，5 美元的差距會以線圖上兩

段期間之間的缺口呈現。缺口通常在柱狀圖和 K 線上可以找到。當某家公司出現好（或壞）消息，買方壓力導致接下來的期間交易一開始價格跳升，於是出現缺口。

缺口分為三種：突破缺口（breakaway）、逃命缺口（runaway）、竭盡缺口（exhaustion）。突破缺口在趨勢的開始形成；逃命缺口在趨勢中段形成；當趨勢疲乏走到尾聲，就是竭盡缺口。

調查相對強弱指數（Relative strength index）

指標（indicator）是用在股價和數量上的數學計算。最後的結果是數值，預測未來價格的變動。指標有領先指標和落後指標兩種。

>> **領先指標**：預測接下來的股價，幫助你獲利。領先指標提供更大的報酬，代價是更高的風險，最適用於橫向整理或交易市場。方式是衡量某支股票的超買或超賣情形。

>> **落後指標（或跟隨趨勢）**：最適合相對長趨勢的價格走向。該指標不警告投資人價格的任何可能變動；落後指標叫投資人在風險降低的成熟趨勢中買或賣。

在「技術分析與基本分析的優點並用」中提到，務必留意超買和超賣的技術性狀況，這些是很好的警訊，幫助你算準加碼或減碼的交易時機。相對強弱指數（RSI）能方便衡量超買／超賣的情形，通常 RSI 將超買或超賣量化，像氣壓計般提供數字供你參考。從 0 到 100，RSI 在大約 30 代表超賣，70 左右超買。

一般而言，大部分的線圖提供者和技術分析網站會計算並引用 RSI。RSI 預警潛在的價格變動，因此通常被認為是領先指標。

小提示

對股票投資人來說，我認為 RSI 對於算準何時買進或賣出某支股票特別有用。當我看到想買的股票 RSI 低於 30 時，我會查看它哪裡出問題（基本面是否有改變？）。如果只是暫時的市場導向事件，我會考慮加碼。如果我喜歡的優質股票是 40 美元，而現在只要 35 美元，在所有條件相等的情況下，這就是買進的大好時機。相反地，如果我想賣掉某支股票，而我看到它已經超買，我會考慮立即出清，或至少對它下停損交易委託（詳見第十七章）。

挑選贏家

在本部中……

利用基本會計，並且發現財務資訊，發掘帶來財富的價值股。

投資未來幾年持續成長的熱門產業。

找到最有潛力的小型股，探索首度公開上市（IPO）、主題式投資、商業發展公司（BDC）。

了解哪些股票和產業會從經濟和政治趨勢中獲利。

Chapter **11**

運用基本會計
挑選贏家股

　　投資人看股票時往往只看股價，但是決定股價的因素在數字背後的公司。為了選對股，你必須考慮公司的財務資訊。了解這些重要的數字，你需要具備哪些條件？

　　想要成功，你只需要本書加上一點努力。本章將揭開股票背後數字的神祕面紗，挑選好股有個屢試不爽的方法。首先是挑選一家好公司，也就是觀察它的產品、服務、行業和財務實力。基於近年來市場上的次貸問題，以及衍生性商品災難等，造成上市公司和金融公司的大混亂，也顯得本章特別重要。了解數字背後的基本概念，能拯救你的投資。

一眼認出價值

　　如果你依照發行公司的價值來挑選股票，那你就是個價值投資者；根據公司的價值，判斷是否能用好價錢買到股票。公司有價值就跟許多事物有價值是相同道理，雞蛋或雨傘架也有公平價格。就拿雞蛋為例，吃雞蛋可以享受美味同時攝取養分，但是你

會花 1,000 美元買一顆雞蛋嗎（你不是困在荒島上，飢腸轆轆的百萬富翁）？當然不會！但是，如果可以花 5 美分買一顆雞蛋呢？這時的雞蛋有價值，而且價格很划算，是價值投資人夢寐以求的交易。

價值投資人分析公司的基本面（營業收入、獲利、資產、淨值等），看這些資訊是否能作為購買股票的理由。他們會看股價相對這些可證實的量化因素來說，是否相對低。因此，價值投資人使用基本分析，其他類型的投資人可能使用技術分析。技術分析看股票線圖和統計資料，例如交易量和歷史股價（第十章將進一步探討投資人的技術分析）。有些投資人兩種策略兼用。

歷史證明最成功的長期投資人，通常是價值投資人，他們以基本分析作為主要投資法。無論過去或現在，最一致成功的長期投資人絕大多數是價值投資人（是的，我也把自己歸為這類）。

接下來說明各類價值，解釋如何從幾個地方看出一家公司的價值。

了解不同型態的價值

價值或許看似曖昧又主觀的語詞，但卻是正確選股的精髓。你可以用不同方式衡量價值（接下來會說明），因此需要知道各種方法的差異，了解價值對投資決策的影響。

市場價值

請記住

當你聽到某支股票的報價為每股 47 美元，這個價格反映股票的市場價值。公司股票的總市場價值也稱為市值（market cap 或 market capitalization），如何判斷公司的市值？請用以下簡單的公式：

市值＝股價 × 發行在外的股數

如果 B 公司的股票每股 35 美元，發行在外的股數為 1,000 萬股（也就是發行的股數減去庫藏股），市值就是 3 億 5,000 萬美元。3 億 5,000 萬美元聽起來很多，但 B 公司屬於小型股（關於小型股，請詳見第十四章）。

誰決定股票的市場價值？當然是市場！數百萬投資人直接或透過共同基金等中介買賣股票，決定每一支股票的市場價值；如果市場認為某家公司值得投資，投資人對該公司股票的需求增加，因而推升股價。

警告

市場價值的問題在於，它並非一直都是好股票的優良指標。近年來，許多公司的市值高如天文數字，卻證實是風險極高的投資標的。例如，WeWork 公司 2019 年即將公開上市（初次公開上市或者 IPO，請詳見第十四章），預期市值將高達 470 億美元。投資人無法取得這家受高度期待的公司的完整財務資訊，但我們以為沒什麼問題，因為 WeWork 擁有數百億美元的市值，加上有摩根大通和軟體銀行（Soft Bank）等知名金融機構的參與，怎麼可能出問題呢？在發現財務困難和龐大虧損後，WeWork 的初次公開上市被取消，總市值完全蒸發。市值是股票投資人買賣的直接結果，可能瞬間即逝；基於這種不可靠的特質，因此投資人一定要了解股價以及市值背後的公司。

帳面價值與內在價值

帳面價值（又稱為會計價值）從資產負債表中的淨值（資產減負債等於淨值，或股東權益）判斷一家公司，看股票的市值相較公司內在價值是否合理。內在價值與公司有形（例如機器設備）資產和無形（例如專利權）資產的市價息息相關。

市值通常高於帳面價值。如果市值顯高於帳面價值，價值投資人對購買那支股票會比較猶豫，因為它的價值被高估。當股票市值愈接近帳面價值，投資標的也愈安全。

警告

我會提防那種市值是帳面價值五倍以上的股票。如果市值為 20 億美元，帳面價值低於 5 億美元，足以表示這家公司的價值可能被高估，或者被評估的價格高於帳面價值以及獲利能力。只要明白，市值與帳面價值的差異愈大，要花愈多錢來購買公司真正的潛在價值。而你為這家公司的真實價值付的錢愈多，公司市值（也就是股價）下降的風險也愈高。

銷售價值和獲利價值

公司的內在價值與獲利能力直接相關，因此許多分析師多半從損益表的角度來評價股票。衡量價值的比率有兩個，也就是股價營收比（price to sales ratio, PSR）和本益比（price to earnings ration, P/E ration）。在兩個比率中，股價作為公司市值的參考。營收和獲利是公司獲利能力的參考，稍後「漫談比率」將更完整探討以上兩個比率。

請記住

對投資人的做法很明確，公司內在價值愈接近市值也愈好。如果市值低於公司的內在價值，代表可能是撿便宜的機會，值得深入探究；方法之一是檢視公司的損益表（本章稍後探討），也稱為獲利和損失表，或簡稱 P&L。股價營收比為 1 為低，1 至 2 為中等，大於等於 3 為高。

把圖拼起來

請記住

從價值導向的角度看一家公司時，需要考慮以下幾點（詳見稍後的「價值的計算」）：

> **» 資產負債表，了解公司的淨值：**價值投資人不是因為股價便

宜而買股，而是因為股票價值被低估（公司的價值超過股價反映的，換言之，市值盡可能接近帳面價值）。

» **損益表，了解公司的獲利能力**：簡單比較帳面價值和市值，會發現公司的價值可能被低估，但不表示要趕緊去買，萬一公司遇到問題，今年會賠錢，你還會買這家公司的股票嗎？你不會的。為何要投資一家會虧錢的公司？（如果你投資了，你不是在投資，而是在賭博或投機。）公司價值的核心除了淨值以外，是獲利能力。

» **讓你分析公司績效表現的比率**：價值投資人基本上會找划算的股票，但他們通常不會尋找話題股票，因為當大家都在談論時，這些公司的股票已經不划算。價值投資人尋找最終會被市場發現的股票，然後看著股價上漲。但是，在你忙著探究基本面，尋找划算的股票之前，先確定公司正在賺錢。

當你用愈多方法觀察到公司的價值，愈好。

» **檢視本益比**：首先我會看本益比。這家公司是否有本益比？（聽起來是個笨問題，但如果公司正在虧錢，可能沒有本益比。）本益比是否合理，還是高達三位數？

» **檢查負債程度**：接著看公司的債務負擔（總負債），負債是否小於公司權益？營業收入是否健康且逐年成長？公司與同業比較是否占上風？

小提示

» **以 10 為單位思考**：對我來說，簡單即是美。當我衡量公司績效，把所有需要留意的數字並列時，經常提到 10 這個數字。如果淨收入增加 10% 或者更多就是好的，如果公司在行業的前 10%，很棒。如果行業成長 10% 或者更多（營業收入等），更棒。如果營業收入比前一年度上升 10% 或更多，很美妙。一家好公司不必具備以上所有條件，但符合愈多條件愈好，才能確保有更大成功的可能。

是否每家公司／行業都必須完全符合以上標準？當然不是。但是挑剔一點並無傷大雅。你需要從上千選擇中只挑出幾支股票（三十多年來，這方法對我、我的客戶跟我的學生有用，這樣就夠了）。

小提示

價值投資人能發掘上千家有價值的公司，但是只能用真正的好價錢買到其中幾家公司的股票。所謂好價錢是相對於市場，成熟的多頭市場（長時期上漲的市場），好價錢難尋，因為大部分的股票都漲了不少，但是在空頭市場（長時期下跌的市場）就容易找到價錢划算的股票。

計算價值

獲利之於公司就像氧氣之於你我。沒有獲利的公司不能存活，更遑論興旺；沒有獲利就無法提供工作機會、繳納稅款、投資新產品、機器設備或創新；沒有獲利的公司最終破產，股價直落到零。

當股市狂飆，一路走向 2008 ～ 2009 年的空頭市場期間，許多投資人虧了很多錢，只因為投資了不賺錢公司的股票。許多上市公司不知大難之將至，像是貝爾斯登就成了令人不堪回首的股票。投資人投資那些看似風光但不賺錢的公司股票，導致整體損失數兆美元；當股票經紀商叫著買進之際，他們的血汗錢則是喊著說不要不要，當時的他們到底在想什麼？

股票投資人需要吸收基本的會計知識，使選股能力更臻完美。會計是商業語言，不懂基礎會計很難成為成功的投資人。沒有會計知識的投資就像沒有地圖的旅行，但如果你能管理家庭預算，會發現利用會計分析來評估股票，比想像還要容易。

在網路全年無休的資訊時代，找到某家公司的資訊並不困難；www.nasdaq.com 等網站能提供大部分上市公司最近一期的資產負債表和損益表。第六章有更多公開資訊和公司的研究資料。

拆解資產負債表

公司的資產負債表是透過以下等式，讓你快速得知公司的財務狀況：

資產－負債＝淨值（或淨權益）

接下來，列出資產負債表能回答的問題，解釋如何從資產負債表判斷公司在一段時間實力的變化。

回答幾個資產負債表的問題

分析以下幾個在資產負債表發現的項目：

» **總資產**：是否比去年增加？如果不是，是否因為資產出售或沖銷？（例如無法收回的應收帳款。）

» **金融資產**：近年來，許多公司（特別是銀行和證券經紀商）有問題金融資產（例如，次級房貸和特種債券（specialized bonds）無法履行還款義務，只好以壞帳沖銷。你正在分析的公司是否大量暴露在低品質（因此高風險）債務的金融資產下？

» **存貨**：存貨比去年高還是低？如果營業收入持平但存貨增加，可能會是問題。

» **負債**：負債是企業資產負債表上最大的弱點。近年來，負債已經成為嚴重問題；請確保負債不增加且在控制中。

» **衍生性商品**：衍生性商品是複雜的投機性金融工具，不構成資產（如股票，債券或大宗商品）的所有權，而是所有權移轉的承諾。有些衍生性商品受歡迎，因為這些是用來保護或避險的工具（我主要顧慮的不是這類）。但是，衍生性商品經常被用來賺錢，因而可能有增加負債的風險。標準的選擇權和期貨，是正規交易的衍生性商品，但是這裡談的是另一類，且是金融界中不受規範的部分。這類衍生性商品的帳面價值超過 600 兆美元，輕易就可能毀掉一家公司、產業部門或市場（2008 年的信用危機就是寫照）。

警告

了解公司是否涉足複雜、冒險且以小搏大的金融工具；了解（從公司的 10K 報告，詳見第十二章）是否有衍生性商品。如果有，總金額是多少。當衍生性商品的價值超過淨權益，可能引起巨大的問題。衍生性商品的問題讓許多組織陷落，從龐大笨拙的銀行（如英格蘭霸菱銀行〔Barings Bankof England〕）、富有的郡（加州橘郡），乃至曾經受尊敬的避險基金（LTCM）和知名企業（2001 年的恩隆和 2015 年的嘉能可〔Glencore〕）。

» **權益**：權益是公司的淨值（所有資產都被用來償還公司債務後，剩餘的金額）。股東權益每年應該穩定成長至少 10%，否則要了解原因。

表 11-1　XYZ 資產負債表─ 2019 年 12 月 31 日

資產（公司所擁有的）	金額
1. 現金和存貨	$5,000
2. 機器設備和其他資產	$7,000
3. 資產總額	$12,000

負債（公司所欠的）	金額
4. 短期負債	$1,500
5. 其他負債	$2,500
6. 負債總額（第四項＋第五項）	$4,000
7. 淨權益（第三項減第六項）	$8,000

看一家公司的資產負債表，就可以回答以下問題：

» **公司擁有什麼（資產）**？公司的資產可能是金融資產、有形資產和／或無形資產。資產是任何有價值的東西，或是能夠轉換成現金或販賣求現的東西。金融資產可能是現金、投資（如股票或其他公司的債券）或是應收帳款。資產可以是有形的，如存貨、機器設備以及／或建築物；也可以是無形的，例如許可證、商標或版權。

» **公司欠什麼（負債）**？負債是公司最終必須償還的有價值的東西，可以是發票（應付帳款）或長短期債務。

請記住

» **公司的淨權益（淨值）是什麼**？資產減負債，剩餘的稱爲淨值、淨權益或淨股東權益。這個數字在計算公司帳面價值時很重要。

評估公司一段時間的財務實力

公司的資產／負債關係背後的邏輯，跟你家的情形一樣。當你看到自己的資產負債表，如何判斷財務狀況的好壞？你可能會先比較數字，如果淨值 5,000 美元，你會說：「太好了！」但比較正確的說法應該是：「跟一年前比起來很不錯！」

小提示

你應該把近期的資產負債表上所有關鍵項目（我列在前一段），跟過去一期做比較分析，看有沒有進步。公司的資產是否增加以及／或負債減少？最重要的是，淨值有沒有成長？是否比一年前

成長至少 10%？投資人在投資後往往就不再做功課，你應該繼續定期留意公司的數字，才能洞燭先機。如果企業開始出問題，你可以在其他人開始抽手（導致股價下跌）之前，先採取行動。

判斷公司的財務實力，要問自己以下問題：

» **公司的資產價值是否比三個月前、一年前或兩年前高**？比較目前和最近兩年的資產規模，確定有成長。
» **個別項目與前期比的結果如何**？需要特別留意的資產，包括現金、存貨和應收帳款。
» **應付帳款和債務是否與前期相同、較低還是較高？成長的幅度與公司資產相似、更快還是更慢**？債務上升的速度和幅度大於資產負債表另一端的項目，是財務即將出問題的警訊。
» **公司的淨值或權益是否高於去年？而去年的權益是否高於前年**？財務健全的公司，淨值會持續上升。通則是，在經濟景氣時期，淨值應該比去年約高 10%。景氣不佳（例如景氣衰退）時期，5% 可以接受。當淨值成長率為 15% 甚至更高，就是表現優良。

觀察損益表

請記住

如果想知道公司的獲利，應該看損益表。損益表詳細報導以下的會計等式：

營業收入－費用＝淨利（或淨收益或淨收入）

請看幾個損益表上的數字：

» **營業收入**：是否增加？如果沒有，為什麼？營業收入增加百分之幾？最好比前一年高 10%，營業收入是用來支應公司的所有活動（例如費用），創造後續獲利。

» **費用**：是否看到不尋常的項目？報表上的總費用是否比前一年度高，如果是，高多少？如果總額高很多，為什麼？公司的費用龐大且增加將壓縮獲利，對股價不是好事。

» **研究和開發（R&D）**：公司花多少錢在研發？仰賴新產品開發的公司（例如製藥或生技公司），研發費用至少應該與去年相同（最好更多），因為新產品代表未來的獲利和成長。

» **獲利**：這個數字反映淨利。總獲利是否高於前一年度？營業利益（扣除租稅和利息等費用）如何？獲利是公司的核心，在財務報表的所有數字中，獲利對股價最具影響力。

表 11-2 為簡化的損益表。

表 11-2　XYZ 損益表─ 2019 年 12 月 31 日

銷貨收入總額（或收入）	金額
1. 產品銷貨收入	$11,000
2. 服務銷貨收入	$3,000
3. 銷貨收入總額（第一項加第二項）	$14,000
費用	**金額**
4. 行銷和促銷費用	$2,000
5. 薪資成本	$9,000
6. 其他成本	$1,500
7. 費用總額（第四項加第五項加第六項）	$12,500
8. 淨收入（第三項減第七項）	$1,500

投資人看著損益表，試著回答以下問題：

>> **公司的營業收入來自哪裡**？企業銷售產品和服務以賺取收入（也就是銷貨收入或銷貨總額）。銷貨收入也被稱爲銷售金額（top line）。

>> **公司產生哪些費用**？在產生銷貨收入的過程中，公司會支付如薪資、水電燃料費、廣告費、行政費用等。

>> **淨利是多少**？又稱爲淨收益或淨收入，淨利爲淨收益（bottom line）。支付完所有費用後，公司有多少淨利？

　　蒐集的資訊應該使你清楚知道公司目前的財務實力，以及是否成功提高銷貨收入、縮減費用從而維持獲利。你可以在接下來的段落中，了解更多關於營業收入、費用和獲利。

銷貨收入

　　銷貨收入是公司銷售商品以及／或服務，向顧客收取的錢。這在損益表上是個簡單的項目，也是值得觀察的有用數字。透過查看銷售收入分析企業，稱為銷售金額分析。

　　身為投資人的你，應該思考關於銷貨收入的以下幾點：

>> **銷貨收入應該增加**：健康、成長的公司，銷貨收入也會持續成長。銷貨收入應該至少比前一年增加 10%，你應該觀察近三年的銷貨收入。

>> **核心營業項目（銷售公司專門的產品或服務）應該持續增加**：銷貨收入的數字經常包含許多。如果公司是賣東西，核心營業項目就不應該包括銷售建物或其他非經常性的項目。把公司的主要營業項目獨立出來，問這些銷貨收入是否以合理的速率成長（例如 10%）。

>> **公司是否有些奇怪的項目，或者用奇怪的方式計算營業收入**？1990 年代末，許多公司拚命推出還款簡便的低利貸款，藉此提高業績。假設 S 公司的年營業額爲 5,000 萬美元，比

前一年增加 25%，但你發現其中 2,000 萬美元的營業收入是應收帳款！採取這種做法的公司，之後會因為顧客沒有能力支付貨款造成呆帳，只好沖銷認賠。

如果你想找出一家公司是否有虛增營業收入的證據，就看它的應收帳款（列在資產負債表的資產項下）。應收帳款是顧客賒帳購買貨品所欠公司的錢。如果你發現營業收入增加了 1,000 萬美元，但應收帳款卻增加 2,000 萬美元，這就有問題了；或許是暗示融資條件太過寬鬆，公司收款可能會遇到問題（特別在不景氣的時候）。

費用

公司花多少錢，與獲利能力有直接關係。如果花錢無度，或者寅吃卯糧，可能為事業帶來麻煩。

當你看一家公司的費用項目，請思考以下：

» **將費用項目與前一期比較**：費用是否比前一期高、低，或是差不多？如果差異顯著，你應該會在其他地方看到費用帶來的效益。換言之，如果總費用相較前期提高 10%，是否同期的營業收入至少增加 10%？
» **某些費用是否太高**？觀察個別的費用項目。是否顯高於前一年？如果是，為什麼？
» **是否有任何不尋常的花費**？不尋常的費用不見得不好，如果公司將應收帳款沖銷為壞帳，可能使費用增加而導致收益降低。留意損益表上非重複性的費用，判斷是否合理。

獲利

收益或獲利是損益表上最重要的一個項目，也是財經媒體最關注的項目。公司的獲利通常會以絕對金額和每股盈餘（EPS）的方式報導。所以，如果你聽說 XYZ 公司的獲利高出上一季 1 美分，這個消息是這麼詮釋的。假設該公司這一季每股賺 1 美元，上一季每股賺 99 美分；如果發行在外的股數為 1 億股，則本季獲利為 1 億美元（EPS 乘以發行在外的股數），也就是比上一季多賺 100 萬美元（1 美分乘以 1 億股）。

不要只單獨看目前的獲利，一定要將本期獲利與前幾期比較（通常是一年）。如果你在看某零售業者第四季的結果，不要跟第三季的結果比較；這麼做就像蘋果和橘子比較一樣。如果這家公司的業績通常集中在十二月的長假期間，但秋季卻很差，你就無法公平地比較了。

體質良好的公司應該會展現收益比前一期成長（例如前一年，或前一年的同季），你也應該看前一期，判斷是否獲利持續成長。獲利成長是公司成長潛能的重要指標，也是股價的好預兆。

看獲利時，請考慮以下事項：

» **總獲利**：最常被關注的項目。總獲利應該逐年增加至少 10%。
» **營業收益**：將總獲利細分，看看來自公司核心活動的獲利。這家公司是否持續從主要的商品和服務獲利？
» **非經常性項目**：獲利是否高於（或低於）正常或預期，如果是，為什麼？差異經常來自銷售資產或大額的折舊攤提。

我喜歡盡量把百分比簡化；10% 是個好數字，因為容易計算，而且是個理想的基準點。5% 不是不行，如果遇到不景氣的時候。如

果營業收入、獲利以及／或淨值到達甚至超越 15%，那就太好了。

漫談比率

比率是個有用的數字工具，可以發現公司財務資料中，兩個或更多數字之間的關係。比率可以為數字增添意義，或者用宏觀的角度來看待。比率聽起來複雜，但比你以為的容易懂。

假設你正考慮投資某支股票，發行股票的那家公司今年獲利 100 萬美元。或許你覺得這數字挺好，但是為了使 100 萬美元產生意義，必須跟其他比較。如果你發現其他同業（或規模相近且營業範圍相當）獲利 5 億美元，或者如果同一家公司前一期賺 7,500 萬美元，是否會改變你的看法？

以下是兩個要留意的重要比率：

» 本益比（P/E ration）
» 股價營收比（PSR）

小提示

每位投資人都想發掘過去五年平均成長 20% 且低本益比的股票。你可以利用網路免費的股票篩選工具來做研究。在股票篩選工具輸入營業收入或獲利的數字，以及本益比或負債權益比等比率，按下 Enter 後會出現符合標準的股票。這些工具對認真的投資人來說，是很好的起點。許多經紀商的網站有提供（例如嘉信網址 www.schwab.com 以及億創理財網址 www.etrade.com）。也可以在雅虎理財（finance.yahoo.com），彭博（www.bloomberg.com），那斯達克（www.nasdaq.com）和市場觀察 MarketWatch（www.marketwatch.com）等網站找到很棒的股票篩選工具，附錄 B 有更多財務比率。

本益比

本益比（P/E）在分析潛在的股票投資標的時，非常重要，因為這是公司價值的公認指標，在財經報紙上通常與公司的股價並列。本益比把公司的營運結果也就是獲利（或淨利）和股價之間建立起直接關係，因此重要。

本益比的「本」，是股票目前的股價；「益」是每股獲利（通常是最近一年的獲利）。本益比也稱為盈餘倍數（earnings multiple），簡稱倍數。

請記住

計算本益比，是把股價除以每股盈餘。如果每股股價為 10 美元，而（每股）獲利為 1 美元，本益比就是 10。如果每股股價上漲到 35 美元，獲利不變，本益比就是 35。本益比愈高，就要花愈多錢來買公司的獲利。

你為何會願意買本益比相對高的股票？投資人買股票是基於預期，他們可能賭股價上漲（而後本益比會提高），因為他們認為公司在不久的將來，獲利會提高，覺得公司很有潛力（即將有個新發明或獲利豐碩的生意），終將使獲利更好，獲利增加，有利股價上漲。高本益比的危險在於，如果公司表現不如預期，股價可能會下跌。

小提示

你應該看兩類本益比，對公司的價值有比較平衡的看法：

> » **追蹤本益比**（Trailing P/E）：最常被引用，因為它跟現存的資料有關。追蹤本益比使用最近一年的獲利。
> » **預估本益比**（Forward P/E）：是根據未來一年預測或預期的獲利。這個本益比或許比較好，但因為是放眼不久的將來，被認為是估計，準確性未知。

以下例子說明本益比的重要性。假設你想買一家公司，我是

賣方。你來找我，說道：「你要賣什麼？」我說：「我有個大好生意給你！我在城裡經營一家零售業，專門賣鏟子，這家店每年淨賺 2,000 美元。」你語帶遲疑地說：「哦，那這間店你開價多少？」我回答：「只要 100 萬就給你！怎麼樣？」

如果你腦袋清楚，很可能婉拒這筆交易。即使這間店有獲利（每年淨賺 2,000 美元），但若花 100 萬美元去買，那你肯定瘋了。換句話說，這間店的價值被高估（你付出太多錢來換取獲利），100 萬在別的地方可以產生更高的報酬率，說不定風險還比較低。至於這家店的本益比 500（100 萬除以 2,000 美元）則是高得嚇人，這絕對是一家價值被高估的公司，也是很爛的投資標的。

那如果我開價 12,000 美元，這個價錢是不是比較合理？是的。本益比 6 是比較合理 （12,000 美元除以 2,000 美元），換言之，這筆交易大約六年就能回本（相對前一個例子的 500 年）。

請記住

本益比讓投資人很快得知股票的價值是否被高估。本益比愈低，股票愈安全（或者愈保守）；反之，本益比愈高，風險愈高。

當某人稱某個本益比高或低，你必須問：「相較什麼？」本益比 30 對於大型市值的電力公司來說被認為非常高，但是對小型市值的高科技公司就相當合理。要記住大型市值和小型市值只是公司的市值或規模（關於這些專門用語請詳見第一章）。市值是總發行在外的股數乘以股價。

以下幾點幫你評估本益比：

» **比較公司和整個行業的本益比**：電力公用事業的股票，通常本益比在 9 ～ 14 之間，因此本益比為 45 的電力公用事業代表該公司可能有問題。第十三章將探討產業和行業。

» **比較公司和市場整體的本益比**：如果那斯達克的某支小型股本益比為 100，而那斯達克掛牌的股票平均本益比為 40，要釐清原因。你也應該將本益比和幾個主要指數的本益比相比

較，例如道瓊工業平均、標準普爾 500 以及那斯達克複合指數。股票指數有助認清整體狀況。第五章和附錄 A 將此內容納入。

» **比較公司目前和最近幾期（例如本年相對去年）的本益比：**如果目前的本益比 20，過去的本益比 30，可能是股價下跌或獲利提高，股價下跌的可能性較低，是個好兆頭。

» **低本益比不見得代表股價划算：**但如果是因為許多看似正向的理由（營收穩固，產業成長力道強勁等）使股票的本益比低，那就是個好現象。

» **高本益比不見得是壞事，**但應該進一步釐清原因。如果公司衰弱且行業岌岌可危，高本益比會是警訊。高本益比往往表示投資人賭股價會上漲，預期未來會賺一票；但如果預期的獲利沒有實現，股價可能下跌。

警告

» **小心沒有本益比的股票：**換句話說，股票可能有價格（也就是本益比的「本」）卻沒有「益」，沒有獲利代表沒有本益比，最好遠離這種股票。買沒有獲利的股票能賺錢嗎？能，但你不是在投資，而是投機。

股價營收比

股價營收比（PSR）是股價除以營業收入，由於營業收入很少以每股的形式表達，將公司總市值（本章稍早我解釋過市值）除以過去十二個月的營業收入總額，會比較容易。

小提示

通則是，PSR 為 1 或更低的股票，是價位合理值得關注的股票。假設某公司的營業收入 10 億美元，股票總市值 9 億 5,000 萬美元，PSR 為 0.95。換言之，你只花 0.95 美元購買這家公司 1 美元的營業收入。在其他條件均等下，這支股票或許很划算。

分析師經常在以下情況使用 PSR 作為評估工具：

» 連同其他比率，對公司及其股票有更完整的認識。

» 當他們希望用另一種方法來評價沒有獲利的企業時。

» 當他們想了解公司真實的財務狀況，因為營業收入比獲利難以被操縱。

» 當他們在考慮一家製造業（而非服務業）的公司。PSR 比較適合用在銷售容易計算數量的物品的公司（例如產品）。銀行等透過貸款賺錢的機構，通常不用 PSR 來評價，因為比較難取得對他們來說有用的 PSR。

請記住

將公司的 PSR 和其他同業以及行業平均比較，就能更清楚公司的相對價值。

Chapter **12**

解碼公司的文件

　　財務文件，不會吧！有些人寧可去吸醫院的拖把，也不要讀幾頁公司或政府的枯燥報告；但是如果你嚴肅看待選股，也應該認真研究。幸好研究不像你以為的那麼困難，當你明白有些基本的研究有助累積財富，研究就更簡單了。

　　本章將討論投資生涯中最常遇到（或應該）的基本文件。這些文件包括所有投資人在最初做投資決策和持股過程中，需要知道的必要資訊。

請記住

如果打算長期持有某支股票，閱讀年報和本章中其他報告會很有幫助。如果想快點出脫某支股票或是只打算短期持有，就不必那麼認真閱讀。

來自大人物的訊息：閱讀年報

　　如果你是一般的股東，公司會將年報寄送給你；如果你還不是股東，打電話到公司的股務部門取得年報，或請對方電郵寄送給你。幾乎所有上市公司的網站都有公開存檔的文件（或連結到

證券交易委員會（SEC）的網站，可以看到年報）。

也可以經常在公司網站上閱覽公司年報，各大搜尋引擎能幫你找到。下載或列印年報很容易。

小提示

以下資源也可以取得年報：

» **查看公共登錄機構的年報服務**：上 www.prars.com 訂紙本年報，或在 www.annualreportservice.com 線上閱覽報告。該組織維護大量的年度報告。

» **利用《華爾街日報》的免費年報服務**：如果你閱讀這份報紙的理財版，看到一家公司註記了梅花（如撲克牌的梅花）的標示，表示你可以上網站 www.wsj.com 訂一份該公司的年報。

仔細分析年報，了解以下事項：

» **公司的績效如何**：獲利是否比前一年高、低，還是持平？營業收入的表現如何？可以在年報的財務報表清楚看見這些數字。

» **公司是否賺的比花得多**：資產負債表看起來如何？資產是否比前一年高還是低？負債比前一年成長、減少還是持平？有關資產負債表請詳見第十一章。

» **管理階層來年的策略性規畫是什麼**：管理階層如何為公司打好成功的基礎？計畫會寫在年報的一開始，通常是在董事長的信中。

你的功課是弄清楚公司的過去、現在以及未來。你不需要把年報當小說一樣從頭讀到尾，把它當作報紙大略瀏覽，再閱讀相關的部分，知道自己應該買進還是續抱。接下來，將說明年報的組成和股東委託書。

年報解析

　　每一家公司的年報組成方式都不盡相同，呈現的風格各異。有些年報有漂亮的圖片和產品的折價券，有些是標準的黑白印刷，完全沒有美化的裝飾，但是每一份年報都包含共同的基本內容，例如損益表和資產負債表。接下來是一般年報的典型組成內容。（請記住不是每一份年報都以相同順序呈現。）

董事長的信

　　首先是董事長的信。這是大人物跟大家溝通的「親愛的股東們」的信，目的是把公司在過去一年間的營運，極盡能事表現好的一面；沒有一位高階主管會想讓股東驚嚇，因此可能產生偏頗，請留意。如果公司的表現良好，信中當然會指出來；如果公司經歷困難，信大概會從正面詮釋。如果鐵達尼號郵輪有年報的話，最後一封信應該會這麼寫：「好消息！參加我們臨時月光游泳會的顧客人數創紀錄，此外我們充滿信心地預測，下個財務季度將沒有營業費用。」

請記住

想了解公司管理團隊認為的重要議題和想達成的目標，請記住以下問題：

» 這封信如何陳述公司與行業業務狀況的改變？

» 如果有任何困難存在，這封信是否提出清楚且合邏輯的行動計畫（刪減成本，停止虧損的計畫等），使營運回歸正軌？

» 信中是否有強調的內容以及原因？例如公司是否專注在研發新產品，或是跟中國的新生意？

» 這封信是否針對公司做過的事提出道歉？舉例來說，如果公司的營業收入不如預期，信中是否提到原因？

» 公司是否有（或製造）新的斬獲或重大發展（例如賣產品到中國或是跟財星五百大企業簽訂新的行銷合約）？

小提示

閱讀年報，要像閱讀或聽政治人物說的話，對手段要比對結果更在意。換言之，別告訴我目標是什麼（更高的獲利或者地球和平），告訴我如何達到。主管可能會說：「我們會提高營業收入和獲利，」但是比較好的訊息會是：「我們會藉由做 X、Y 和 Z 來提高營業收入和獲利」，如此一來，你可以判斷方法是否合理。

公司的本業

這個部分的年報可能有各種標題（例如銷售和行銷），但通常是公司銷售的商品或服務。你應該了解企業賣的產品或服務（或兩者）以及顧客購買的原因。如果你不知道公司在做什麼，比較難知道它如何獲利，而獲利也是推動股價的力量。

公司的核心或主要業務是否順利？如果麥當勞的獲利穩定，但漢堡和薯條的獲利不佳，那就令人憂心了。如果企業不再從本業賺錢，你應該小心，以下還有幾個問題要問：

» **公司如何銷售產品或服務**？是透過網路、大型購物商城、業務代表還是其他方式？這家公司只賣美國市場，還是銷售到國際？通常銷售的範圍愈廣，營業收入的潛力愈大，最終是股價愈高。

» **公司多半是賣到限定的市場嗎**？例如，如果大部分是賣到戰亂或政治不穩定的國家，你應該擔心。如果顧客情況不妙，會直接衝擊到公司，最終是股價。

» **銷售情況相對市場標準來說如何**？換言之，這家公司的表現優於產業平均嗎？產品或服務是市場領導者嗎？公司應該優於同業（或者並駕齊驅）。如果落後競爭對手，長期來說對股價不是好事。

» **報告是否包括公司競爭對手和相關事務的資訊**？你應該知道公司的競爭對手是誰，因為這些對手對公司的成功有直接影

響。如果顧客選擇競爭對手，會導致你投資的公司營收和獲利下降，終究會傷害股價。

財務報表

看看各個財務報表，找到相關數字。每份年報應該有（至少）一份資產負債表（年初和年底）、（通常）三年的損益表，以及當年度的現金流量表。在財務報表上找到重要數字並不難，具備基礎的會計知識當然有幫助。第十一章針對評估財務報表提供更多細節。

首先，看損益表（又稱為獲利和損失表，簡稱 P&L）；這份報表提供公司的營業收入、費用和結果（淨利或淨損）。

接著，看資產負債表；提供某個時間點的摘要（年報必須提供兩個年度截至年底的資產負債表），告訴你公司擁有什麼（資產）、欠什麼（負債）以及最終結果（淨值）。財務健全的公司，資產應該永遠大於負債。

仔細閱讀財務報表的附註。有時會用小字來標註重大改變，特別要小心用小字指出的其他負債或衍生性商品。衍生性商品是複雜且（最近）風險非常高的投資工具，也是 2008 年末造成市場動亂而毀掉華爾街金融公司的重大原因；例如大型保險業者 AIG 在破產（股東蒙受龐大損失）前，必須靠聯邦準備紓困。

衍生性商品是巨大的地雷，大的貨幣中心銀行依舊持有衍生性商品。根據國際清算銀行（Bank for International Settlement,www.bis.org），主要的貨幣中心銀行持有價值超過 1,000 萬億美元的衍生性商品。如果考慮把銀行或其他金融股加入投資組合，更要留意衍生性商品。

過去財務數字的摘要

過去年度的財務數字摘要，讓你快速掌握公司長期以來的進展。有些報告摘要三年的資料，但大部分回溯兩年。

管理議題

年報中的管理議題部分，包括當今的趨勢和議題，例如影響公司的行業新發展。看你是否同意管理階層對影響公司前景的經濟和市場狀況評估，管理階層認為社會上有哪些顯著的發展，會影響公司營運？報告中是否包括目前或即將到來的訴訟資訊？

會計師的意見書

年報通常包括公司獨立會計師的意見，可能是一封信或是一段文字，陳述會計師事務所對財務報表的看法。

小提示

會計師的意見書對財務資料的正確性表示意見，並提供財務報表編制方式的資訊。看看信中是否有任何備註，是關於某些數字或報導方式的改變，例如公司想報導較高的獲利，可能會用保守的方式來衡量折舊，而不是比較積極的方式。這時你應該看公司申報給證券交易委員會（SEC，本章稍後將更詳細說明該文件）的10K 文件，來確認數字的真實性。

公司身分資料

公司身分資料包括公司的子公司（或其擁有的次要事業）、品牌和地址，以及總部位置、董事名單和高階主管等標準資料。許多報告也包含董事和高階主管年底的持股部位。

股票資料

股票資料可能包含股價的歷史資料，以及股票公開上市的交易所、股票代號、公司的股息再投資計畫（如果有的話）等；也包括股務和進一步的聯絡方式。

股東委託書

股東有權在股東大會上投票，只要有機會參加股東大會，就要去參加。你可以認識其他股東，向管理階層和公司的其他代表問問題。通常股務部門（或投資者關係部）會提供完整詳細的資訊；股東在股東大會上針對公司的事務投票，例如同意新的會計師事務所，或決定是否跟某公司合併。

如果不能參加（通常絕大多數的股東都是如此），可以透過委託書投票。委託書投票是透過郵寄或電子郵件來投票，你在委託書（或卡）上表明投票的事項，授權一位代表在股東會上替你投票。每位股東通常會在股東會前接到委託書連同年報。

進一步深究：取得第二意見

大量的寶貴資訊供你做投資參考，本段只是其中的一部分，但相當具代表性。想對公司及其展望有更平衡的見解（而不是光仰賴前段提到的年報），從幾個不同資訊來源，查看你正在研究的股票。

小提示

如果自費購買或訂閱，他們提供的資訊和研究可能要價不斐，但幸好大部分提到的資源通常在館藏豐富的公共圖書館的商業參考部門可以找到。

申報證券交易委員會的公司文件

　　認真的投資人可以從公司申報給證券交易委員會的文件蒐集大量資訊，花點時間和力氣閱讀下一段的文件，對公司的活動有更深的了解。

　　投資人可以透過以下方式取得應該注意的重要文件：

» **親自跑一趟公司**：股務部門有保存這些公開文件，通常會免費提供給有興趣的人。

» **親自去證券交易委員會，或上證券交易委員會網站**：證券交易委員會有這些文件供大家閱覽，可以聯繫該委員會的出版品部門了解詳情。

小提示

可以在證券交易委員會的網站（www.sec.gov）上查看EDGAR（電子資料蒐集、分析和情報檢索系統），搜尋公共文件檔案，裡面有 1994 年以來數量龐大的文件，你可以輕易搜尋、列印或下載，從文件編號或關鍵字搜尋。

10K 表格

　　光是報表的名稱就令人摸不著頭腦，對一些人來說，10K 是賽跑十公里，但如果你正在閱讀 10K，你可能會寧可是在賽跑。

　　10K 表格是美國公司每年必須向證券交易委員會申報的報告，它就像你從公司取得的年報，只是提供更多詳細的財務資訊。10K 的文字可能有點枯燥難懂，它不太像莎士比亞（雖然 10K 報告可能會把馬克白夫人逼瘋），但內容並不像公司送給股東的年報那樣充滿虛構故事，把 10K 的每個段落讀一遍，多花點時間仔細查看財務資料，向 10K 提出你看年報時問的問題。

以下網站能幫助你理解 10K 報告：

> Investopedia (www.investopedia.com)
> Investor.gov (www.investor.gov)
> Last10K.com (www.last10k.com)
> SEC Info (www.secinfo.com)

10Q 表格

10Q 表格是季報告，基本資訊和 10K 相同，但只有三個月的活動詳情。由於兩次 10K 報告之間相隔甚久（畢竟是一年），別等十二個月才知道你投資的公司表現如何。養成習慣將公司最近一期的 10Q 報告和去年同一季比較，獲利變高還是變低？營業收入和負債呢？

不是每家公司的會計年度都相同。會計年度採曆年制的公司（12月 31 日結束），每年的前三季提交 10Q，最後一季（一年的最後三個月）提交 10K。公司在 10K 當中報告第四季的資料，連同一整年的統計數字。

內部人報告

內部人包括在公司內部工作的人，以及擁有公司顯著所有權（5% 或更多）的外部人。投資人若想追隨熟知公司內情者的行動，追蹤內部人活動會很有利可圖。關於監控內部人活動並獲得好處，請詳見第二十章。

內部人（執行長或財務長）每次買賣股票時，都必須向證券交易委員會申報交易。內部人實際上是在成交前申報交易，這些報告為公開可取得，使你得知他們在做什麼。公開說的話是一回事，實際如何處理股票交易才更重要。

價值線（Value Line）

《價值線投資調查》（*Value Line Investment Survey*）是價值線出版社提供的眾多資訊商品之一，長期受到許多股票投資專業人士的青睞。可以去有商業參考書部門的圖書館翻閱，該份調查包含最大的上市公司，並且根據財務實力和幾個關鍵的事業因素替公司排序。想了解有關價值線的資訊，請至圖書館或上網 www.valueline.com。

標準普爾

另一個經常聽到且令人尊敬的出版業者為標準普爾（Standard & Poor, S&P），它有多個優質資訊產品和服務提供給個人和機構投資者，其中三個應該看看：

» **標準普爾股票報告**（S&P Stock Report）：許多圖書館都有，這份指南定期出刊，報導紐約證券交易所的股票，以及那斯達克掛牌上市的大公司。該份報告用兩頁篇幅精簡摘要每支股票，讓讀者快速掌握公司目前的財務狀況，以及簡單的歷史和活動紀事。此外也根據財務實力替公司打分數。

» **標準普爾產業調查**（The S&P Industry Survey）：標準普爾提供前幾大行業的詳細報告，把關於某個行業的許多資訊濃縮在四到七頁的篇幅中。這份年度出版品將過去一年來每個行業發生的事、行業現況以及未來一年的展望做了簡明扼要的摘要，也提供每個行業前 50 至 100 大公司的重要數字（獲利、營業收入和產業排名）。

» **標準普爾債券報告**（S&P Bond Reports）：公司的債券評等對股票投資人非常有價值。標準普爾分析債券發行機構的財務實力並將債券的信用度排名，如果標準普爾給某家公司高

評等，等於是對這家公司的財務狀況多一份保證。債券評等最好是 AAA、AA 或 A，代表這家公司是「投資等級」。

上標準普爾網站 www.standardandpoors.com 查看出版品的更多資訊。

穆迪投資服務

另一個實力堅強的出版業者為穆迪，提供股票和債券的重要研究。館藏豐富的圖書館在參考書部門通常可以找到《穆迪普通股手冊》（*Moody's Handbook of Common Stock*），提供的股票和債券指南類似標準普爾，也有獨立債券評等服務。詳情請上 www.moodys.com。

小提示

被穆迪和標準普爾給予高評等的股票，對尋找價值投資標的的投資人來說是很好的選擇。

經紀商報告；好的、壞的、不堪的

克林伊斯伍，你在哪兒？傳統上，股票投資人會參考經紀商的股票分析報告，現在仍是如此。但近年來，有些經紀商因為報告偏頗而受罰，經紀商絕不該是唯一的資訊來源。以下說明報告的好、壞和不堪的一面。

好的一面

經紀商研究部門提供的股票報告，供客戶和投資理財出版品取用。這些報告通常由經紀商的分析師和市場策略家撰寫，好的研究是關鍵，經紀商報告可能很有價值，有什麼投資指南比得上由全職專家撰寫，而且有百萬美元的研究部門做後盾？經紀商報

告有幾個強項：

> » 分析師是專業人士，每天分析比較公司的資料，應該了解公司及其股票的價值。
> » 分析師擁有大量資訊和歷史資料可供篩選，做出有憑有據的決策。
> » 你通常可以向開戶經紀商免費取得他們的資訊。

壞的一面

警告

經紀商報告不見得都有壞的一面，但壞起來可以很壞。經紀商靠佣金和投資手續費賺錢，但他們可能會處在尷尬的立場，撰寫顧客的報告（或潛在顧客）。通常這種關係導致他們對不太理想的投資標的極盡美化之能事，因此當經紀商太過推銷某個證券或太過樂觀，一定要小心是否存在利益衝突。

醜陋的一面

1998 ～ 2000 年間，大量經紀商報告對平庸或是有疑慮的公司讚不絕口。投資人於是收購如高科技股和網路股，強勁的需求將股價推高，顯得分析師的預測有如神準般；但股價上漲只是應驗了他們自己的預言，股票的價值被嚴重高估，大難即將臨頭，分析師和投資人卻還覺得自己是幸運兒。

然而，投資人受到重大損失，多年來辛苦工作的血汗錢，就在 2000 年熊市到來之際，短短幾個月消失了。2008 ～ 09 年間的熊市更嚴重，曾經信賴分析師的退休人士，看著自己的養老金價值損失四成至七成。投資人在嚴重的衰退期間損失數兆美元，其中許多是無謂的損失，一定有很多人會想，當初還不如把錢拿去買餅乾和紅酒，還比較保值。

請記住

在 2000 ～ 2002 年的熊市期間，對經紀商的訴訟和投訴量破紀錄。華爾街和各大金融街學到血淋淋的教訓。關於經紀商的研究報告，以下幾點避免你成為待宰的肥羊。

» 永遠問自己，提供這份報告的人立場是否公正？換句話說，經紀商是否跟推薦的公司有任何業務往來？

» 絕對、絕對、絕對不要光仰賴一個資訊來源，尤其是如果資訊來源跟賣你股票或投資標的是同一個。

» 先自己做研究，再來才是仰賴經紀商報告。查看年報以及本章推薦的其他資料。

» 總之要自己做好調查才買股票，閱讀第一部和第二部，了解分散風險的需求以及風險承受度等。

» 跑一趟圖書館或上網，確認接收的資訊無誤（詳見附錄 A）。

小提示

雖然我通常不仰賴華爾街經紀商的分析師，但確實有定期閱讀幾個獨立的投資分析師。附錄 A 列出幾位我最喜歡的投資分析師。

DIY：組一個自己的研究部門

你不需要花很多時間金錢，但應該建立起自己的藏書和資料。你可能只需要一個書架（或電腦硬碟上少量記憶體），但何不擁有一個可隨時取用的投資資料和資源？我的圖書室裡充滿書籍、雜誌、新聞通訊和大量下載資料，方便我研究和參考。當你開始收藏自己的書籍資料，請遵守以下：

» **保存幾分優質報紙**：《巴倫周刊》、《華爾街日報》、《投資者商業日報》（*Investor's Business Daily*）定期會有些值得收藏的內容；例如《華爾街日報》和《投資者商業日報》通常

在一月的第一個工作週會出版年度評論專刊，《巴倫周刊》則出版經紀商和財經網站的評論專輯。

» **訂閱財經雜誌**：諸如《富比世》（*Forbes*）和《錢》雜誌等刊物提供很棒的研究，並且定期為投資人評論股票、經紀商和資源。

» **保存年報**： 保存核心持股的公司年報。

» **定期到圖書館的商業參考書區，閱讀最新資訊**：公共圖書館是用你的稅金來維護的，你當然可以利用它來吸收最新資訊。

» **利用網路做研究**：網路提供許多很好的網站供你使用。附錄A列出其中幾個最好的網站。

小提示

財務報告非常重要，而且比大部分人以為的容易讀。投資人只要留意那些看似一團亂的數字，就能輕易避免誤觸地雷。關於閱讀財務報告，請參考約翰 · 崔西（John A. Tracy）與泰格 · 崔西（Tage C. Tracy）合著的最新版《如何閱讀財務報告：從數字中擠出重要信號》（*How to Read a Financial Report*：*Wringing Vital Signs Out of the Numbers*），或是麥特 · 克蘭茲（Matt Krantz）著的最新版《給傻瓜讀的基本分析》（*Fundamental Analysis For Dummies*）兩本好書。

Chapter **13**

新興產業和行業商機

　　假設你必須在一場一英里的賽馬中賭上全部身家，你需要做的就只是挑選一支會贏的隊伍，你的選擇如下：

　　A 隊：純種賽馬
　　B 隊：體重過重的冒牌貓王
　　C 隊：委靡不振的蝸牛

　　這問題沒有陷阱，你可以考慮一分鐘再作答。我不是要你從一大群馬、貓王和蝸牛當中挑選會贏的隊伍，答案顯然是純種馬。在這個例子中，即使是 A 隊中跑最慢的那隻，都可以輕易勝過 B 隊和 C 隊中速度最快的成員。

　　行業就像上面例子中的 A、B、C 隊不是平等的，人生並不公平，如果人生是公平的，貓王就還在人間，而那些冒牌貓王也就不會存在。幸好挑選股票不像挑選會贏的賽馬那麼困難，從一群贏家（興盛的行業）當中挑選一支成功的股票會比較容易。了解行業能夠使選股策略更成功。

成功的長期投資者觀察行業（或基礎產業）和觀察個股一樣仔細；幸好挑選贏家行業比挑選個股容易，閱讀本章就知道為什麼。有些投資人能夠從沒有前途的行業中挑到一支好股票，也有投資人從前途光明的行業中挑到地雷（前者人數遠多於後者）。想像當你在一個很夯的行業中挑到一支好股票，會帶來多大的獲利！當然如果一再從不良行業中挑到壞股票，你最好乾脆退出股市（或許你的天命是當個知名的模仿天王！）。

分辨產業和行業的差異

投資人經常把行業和產業混淆。即使不見得搞混，但有必要做點澄清。

產業（sector）是一群彼此相關的行業（industry）。行業是某一類業務，從事的活動比較明確，也可以把行業稱為次產業（subsector）。對投資人來說，投資產業和投資行業可能代表不同意義，投資績效也可能很不同。

醫療產業就包含許多行業，包括製藥、藥品零售、健康保險、醫院、醫療器材製造商等。

請記住

醫療實際上足以說明為何應該明白產業跟行業的區別。某個產業中（例如醫療）有各個行業，在相同的經濟狀況下有不同行為，有些行業屬週期性（例如醫療器材製造商），有些則是防禦性（如藥品零售業者）。經濟狀況不佳時，週期性的行業往往跟著不振，而防衛性的股票則能保值；經濟狀況良好和繁榮時，週期性產業也跟著好，而防衛性股票往往落後（本章稍後將探討週期性和防衛性行業）。

基於上述理由，反映一般醫療產業的股票指數型基金（ETF）通常持平，因為有些上升的行業會被下降的行業抵銷。翻閱第五章了解更多有關 ETF。

質問產業和行業

在挑選產業和行業時，常識是個重要的工具。本段探索當你挑選產業或行業時，要問自己幾個最重要的問題：

該行業屬於哪個類別？

大部分的行業可以被清楚歸類為週期性行業或防衛性行業。大略來說，這兩類通常代表社會大眾的想要和需要。景氣好時，大家購買「想要」的，景氣不好時保持觀望，然而不管景氣好壞，都會買「需要」的。想要是「想擁有」，需要是「一定要擁有」。懂了嗎？

週期性行業

週期性行業的命運會隨經濟起伏改變；換言之，如果經濟和股市表現良好，消費者和投資人有信心，消費和投資的金額往往會比平常多，因此週期性行業也表現良好。不動產和汽車是週期性行業的代表。

你可以從自身的消費行為，對數百萬消費者的想法，獲得更清楚的線索。當你（跟數百萬其他人）對自己的職業生涯、財務狀況和未來充滿信心時，比較願意購買更多（以及／或較昂貴）的東西，例如房子、車子，或計畫大筆的金錢開支。當人對自己的償債能力有信心，往往會多借點錢，因此，你認為哪些行業會有良好的表現？

企業的花費也是同樣道理。當企業認為經濟良好且預見好日子仍將持續，往往會砸大錢購買新設備和技術，他們認為當業績蒸蒸日上且財務狀況良好，應該把錢再度投入事業中，使未來更加成功。

防衛性行業

防衛性行業生產那些無論經濟狀況都需要的商品和服務，此處也要用到你的常識。即使景氣不佳也要買的東西有哪些？想想數百萬人無論經濟多差也要買什麼，食物是很好的例子，無論經濟狀況，人都需要吃。其他防衛性行業還包括公用事業和醫療。

請記住

經濟狀況差的時候，防衛性股票的表現往往優於週期性股票。反之景氣好的時候，週期性股票往往優於防衛性股票。防衛性股票在景氣良好時表現較差，因為人的食量未必會加倍，或者用更多電。

防衛性股票的成長通常仰賴兩個因素：

» **人口成長**：愈來愈多消費者出生，買東西的人也愈多。
» **新市場**：公司可以尋找新的消費群而成長，例如可口可樂在 1990 年代在亞洲發現新市場，隨著共產政權失去權力，更多社會擁抱自由市場和消費商品，該公司也銷售更多飲料，因而使股價飆升。

小提示

近年來，非常流行透過 ETF 提供投資特定產業。ETF 的結構很像共同基金，但是投資組合固定，且像股票一樣交易。如果看好某個行業，但找不到一支看好的股票（或不想費事做必要的研究），ETF 是很不錯的選擇。詳情可以上 www.etfdb.com，或翻到第五章。

產業是否在成長？

這個問題或許太簡單，但你在買股票時還是要問。俗話說，趨勢是你的朋友，在挑選投資的產業時也適用。如果你在看三支不同的股票，每支股票在重要的地方都相等，但你發現有一支股

票隸屬一個年成長 15% 的產業，另外兩支股票則是成長微小或正在萎縮的產業，你會選擇哪一支？

有時候，財務不健全或公司經營不善的股票會飆漲，是因為大眾對它所屬的產業相當看好。最近的例子是 2018 ～ 2019 年間的大麻股，股價在 2018 年全面大漲，但 2019 年又全面慘跌，因為關鍵幾州將大麻合法化，於是投資人和投機者瘋狂搶進股票，後來股價從高點大幅下跌，投資人立刻清醒，想起了基本面。無論你對哪個新的領域感興趣，務必要看公司的基本面（詳見第十一章）以及行業成長的前景，再決定買股。

多種資訊來源監控並衡量各產業和行業的進展，供投資人判斷產業和行業的績效。以下是幾個可靠的資訊來源：

>> 市場觀察（Market Watch, www.marketwatch.com）
>> 標準普爾（Standard & Poor, www.standardandpoors.com）
>> D&B Hoovers, www.hoovers.com
>> 雅虎理財（Yahoo！Finance，finance.yahoo.com）
>> 華爾街日報（The Wall Street Journal, www.wsj.com）

以上網站通常提供主要產業和行業的深度資訊；上網閱讀最新的研究和文章，並連結相關網站了解詳情。例如，華爾街日報（道瓊公司出版）的網站每日更新（或更頻繁），出版所有主要產業和行業的指數，讓你快速掌握它們的績效。

標準普爾行業調查（Industry Survey）提供有關美國產業的優質資訊，除了替行業排名和比較，也提供最新預測，並列出規模、營業收入、獲利等前幾大的企業。我喜歡它的地方，在於每個行業

都花幾頁篇幅，讓你獲得需要的重要資訊，又不必像在讀小說。這份調查和其他標準普爾的出版品，都可以在標準普爾網站或大部分圖書館的商業工具書區找到（最好是去圖書館找，因為這份調查蠻貴的）。

產業產品以及／或服務的需求具長期成長性嗎？

看一看產業或行業提供的產品和服務。這些產品和服務看起來像是社會大眾一直會想要的嗎？這些產品和服務是否即將被取代？該產業可預見的未來是如何？

評估未來需求時，要尋找旭日行業，也就是新的、崛起中，或是未來潛力無窮的行業。近年來的生技產業和網路公司就是；相反地，夕陽行業是正在衰退或幾乎沒有成長潛能的行業，例如 DVD製造業就不該投資，因為需求已經轉向數位傳送。旭日行業中獲利強勁的公司，是大家最想選擇的投資標的。

目前的研究顯示以下幾大趨勢：

>> **美國的人口老化**：美國的年長者愈來愈多，因此老年照護的醫療業和滿足年長者理財需求的金融服務被看好。
>> **高科技的進步**：網路、電信、醫療和生物科技將持續創新。
>> **安全性的顧慮**：恐怖主義、國際緊張情勢和個人的安全議題，意謂國防、國土安全和相關事務將更受矚目。
>> **能源挑戰**：傳統和非傳統的能源（如太陽能、燃料電池等），在從化石燃料轉變成新的能源形式之際，將受社會大眾關注。

小提示

我喜歡參考傑拉德‧瑟琳特（Gerald Celente）和他的《趨勢雜誌》（Trends Journal），網址：www.trendsresearch.com，他們預測的大趨勢曾經成真。

行業成長仰賴什麼？

　　行業並非孤立存在，外部因素對其生存與繁榮的能力有重大影響。如果行業仰賴某個既有的大趨勢，應該會強大一陣子，反之，如果過去仰賴的因素已經失去重要性，代表它可能即將開始衰退。此外，技術和人口結構改變，也是影響行業興衰的因素。

請記住

產業若要不是持續成長、萎縮就是原地踏步，個別行業也可能成長、萎縮，甚至逐漸消失。如果某個產業正在擴大，或許會看見新行業崛起。例如美國的老齡化就是個既定的大趨勢，隨著數百萬美國人邁入後半生，商機正在等待做好準備的公司，如果有個行業（或次產業）提供年長者優質的新醫療產品，成長的前景如何？

這個行業是否仰賴另一個行業？

　　這是前一個問題的延伸，提醒大家各行各業往往彼此關聯，可能會互相依賴。當一個行業有困難，要了解哪些行業也會跟著受苦；反之亦然，當某個行業繁榮，其他行業也可能受益。

　　無論如何，你應該知道所選的股票隸屬的行業，是否高度仰賴其他行業，如果你考慮投資休閒度假公司的股票，而你看到報紙的標題寫著：「民眾不再搭飛機導致航空公司虧錢。」你會怎麼做？這類問題強迫你邏輯性思考並考慮因果關係，邏輯和常識往往勝過分析師的複雜計算。

誰是這個行業的龍頭公司？

選擇了行業，你想投資哪幾類公司？你可以從兩個基本類型中挑選：

> » **既有的領導者**：這些公司被認爲是行業龍頭或高市占率，投資這些公司比較有保障，新手投資人最好選擇已經有成績的公司。
> » **創新者**：如果行業很熱門，你想更積極些，可以調查有哪些公司提供新的產品、專利或技術。這類公司應該會比較小，但是在一個已經有成績的行業中，具有更大的成長潛能。

產業是不是政府行動的目標？

你需要了解政府是否盯上某個行業，因爲政治和官僚的干預（對或錯的），可能衝擊行業的經濟狀況。了解公司、行業或產業面臨的所有政治議題。（有關政治考量請詳見第十五章）

當某個行業開始出現政治「雜音」，投資人就要注意。一個行業可能因爲政府的直接干預或威脅干預而受傷害；干預可以是訴訟、調查、課稅、法規，有時是禁令。無論如何，政府干預是公司生存最大的外部威脅。

警告

有時政府的行動會幫助某個行業。有益的行動通常分兩類：

請記住

> » **法規鬆綁以及／或減稅**：政府有時會減輕某個行業的負擔。1990 年代末，政府的法規鬆綁激發電信業者創新，因而激勵網路創新和成長，並且爲行動電話服務的擴充奠定基礎。

> » **直接資助**：美國政府有權將納稅人的錢導向企業，近年來聯
> 邦和州政府提供租稅減免等誘因給太陽能等替代能源。

概述關鍵產業和行業

本段將挑選幾個嶄露頭角的產業和行業，以及未來幾年潛力強勁的既有產業和行業，供投資人留意。考慮把前景看好的股票納入持股中（當然，也要遠離看起來很有問題的）。

請記住

記住前面幾章（如十一、十二章）有關產業和行業中龍頭公司的基本面（營業收入、獲利等）。無論公司看似多麼光鮮亮麗且受歡迎，一定要回歸基本面。當你聽說這些公司或趨勢「破天荒」，有著「改變遊戲規則的」技術或閃瞎眼的發明時，不要太興奮。

1990 年代末的網際網路，對整個經濟和社會極具指標意義，但第一波的公司最終是失敗多於成功。數百家網路公司到頭來成了砲灰被人遺忘，真正的成長契機出現在第二波，也就是存活下來的公司，它們賺了錢，之後成為佼佼者。

機器人和人工智慧

機器人和人工智慧在經濟體中是前途無量的成長新領域，無論大小公司都在這個領域中努力；從無人機乃至栩栩如生的機器人，這方面的技術已有顯著成長。由於應用範圍廣，從提供基本服務，到拆除炸彈等傳統上危險工作的機器人，因此未來仍將看好。

小提示

我喜歡透過 ETF 來投資這方面的股票，可以投資多家公司，這是個成長前景強勁的行業，卻不容易辨識哪些公司會賺錢；若想知道可以選擇哪些個股，不妨看機器人 ETF 的前幾大持股，其中以

投資機器人的 ETF「ROBO」（the Global Robotics and Automation Index ETF）最具代表性。當你在 ETF 中看到幾家合適的公司，要先審視這些公司的基本面再投資。關於 ETF 請詳見第五章；關於基本面請詳見第十一章與十二章。

電子商務

亞馬遜（AMZN）被認為是典型的電子商務網站，愈來愈多投資大眾上該網站消費；我認為這支股票相當貴，不光是根據本益比，也是根據基本面（這支股票的本益比相對偏高，關於本益比詳見第六章和附錄 B）。我認為有更好的方式從電子商務獲利。

考慮投資只要有人線上購物時就能賺錢的公司，例如 Visa Inc.（V）或支付寶（PayPal, PYPL）。這類股票也有 ETF。

小提示

大麻投資

經過兩年泡沫式的獲利和隨之而來的下跌，2020 年大麻投資可望進入正常成長期；隨著大麻在娛樂和醫療的用途持續增加，投資人開始比照傳統的股票投資標的，透過審視基本面來關注這些公司。

許多公司經歷虧損，投資人最好等待贏家崛起。幸好有新的 ETF 出現（至少其中九檔可以在 www.etfdb.com 上找到），加上 www.marijuanaStocks.com 等新的投資網站。現在傳統網站如 www.investopedia.com 和 www.marketwatch.com 也會定期針對這個成長中的產業提供新聞和觀點。

小提示

大宗商品

2000 年，一般大宗商品進入為期數年的牛市，為動作快的投資人帶來亮眼的獲利。之後 2008 年的巨災到來，大宗商品應聲倒地，經濟的頹圮與萎縮，對大宗商品的需求隨之普遍下滑，與這個產業連結的股票和 ETF 遭到波及，接連幾年下跌。

各類大宗商品不是同步漲跌，有些可能上漲，有些則否；供需因素是主要考量。例如以食物連結的大宗商品（例如穀物）作為投資工具時，往往隨世界人口的持續成長而保持穩健成長；與建築和基礎建設連結的大宗商品（如銅與鋅等基礎金屬），則是在景氣好時因為建設更多高速公路、摩天大樓而需求暢旺；能源相關的大宗商品如石油、天然氣，則是在經濟繁榮對能源的需求上升時，也跟著表現良好。

如何操作大宗商品？很多人以為大宗商品只是買賣跟投機，其實股票投資人有很多種參與的方式，幾乎每一種主要的大宗商品都有好幾種方式可供你操作。

如果你相信未來幾年大豆的價格看好，可以投資如邦吉（Bunge Ltd.，BG）這樣的公司，或是購買投資大豆的 ETF（Teucrium Soybean 基金，代號 SOYB）。如果你認為玉米看漲想分一杯羹，可以考慮 Archer Daniels Midland（ADM）或玉米 ETF（Teucrium Corn 基金，代號 CORN）。如果你認為穀物整體看好，但不確知那些比較有利潤，可以考慮像 DBA（the PowerShares DB Agriculture Fund）這種與穀物投資相關的 ETF，它有大豆和玉米，也包括小麥甚至牛和豬。

貴金屬

在紙上資產相關的金融危機中，貴金屬是重要的避險工具；我可以很有把握的預測，（政府、公司等）債券的紙上資產即將

到達無以為繼的水準，對許多投資持股和退休帳戶將帶來危險，加上聯邦準備等中央銀行為了緩和近在眼前的金融危機，而普遍拚命印鈔票並大肆舉債。

因此，硬性資產往往被投資大眾當成避風港。貴金屬在 1970 年代通貨膨脹和能源危機爆發時表現良好，到 2000 ～ 2010 年間再度上演多頭行情，因此 2020 ～ 2030 年間的多頭行動條件俱足。投機者應該考慮開採貴金屬的股票，例如大型的貴金屬開採股，以及貴金屬業的 ETF。

貴金屬的 ETF 以 SPDR Gold Shares（代號 GLD）和 iShares Silver Trust（SLV）為代表。想了解更多貴金屬（以及相關的股票和 ETF），請閱讀我的著作《給傻瓜讀的貴金屬投資術》（*Precious Metals Investing For Dummies*）。

加密貨幣的商機

加密貨幣又是在 2017 ～ 18 年間商機一出現就過熱的市場。幾年前加密貨幣成為傳統紙鈔和貴金屬的新替代方案，造成難以想像的泡沫，使比特幣（Bitcoin, BTC）這種加密貨幣在 2017 年至 2018 年初飆漲到一單位價值 13,800 美元之譜，到了 2019 年初暴跌到 3,500 美元；之後再度飆升到 10,000 美元，2019 年底跌到 7,300 美元。光是寫到這麼巨大的波動就令我頭暈眼花，其他比特幣競爭對手如 Ethereum（ETH）和 Litecoin（LTC）的波動也不遑多讓。

小提示

膽小的人不適合投資（其實是投機）加密貨幣，且只適合投入資金的相對小部分。因此，你需要考慮以下兩點：

>> 如果想涉入加密貨幣，請將加密貨幣作為交易媒介，而不是投資工具。意思是說，如果你有個事業，哪怕只是在家兼做副業或是自由接案，考慮將加密貨幣作為支付選項，就可以收取例如比特幣。

> » 如果你想投資，考慮那些提供加密貨幣相關產品和服務的公司，如區塊鏈（blockchain）技術，如此就可以參與加密貨幣的成長，又可以少暴露在它們的風險和波動中。

小提示

對於認真思考想直接投入加密貨幣的新手，我推薦閱讀凱安娜・丹尼爾（Kiana Danial）著的《給傻瓜讀的加密貨幣投資術》（*Cryptocurrency Investing For Dummies*）。

對汽車業新寵的看法

特斯拉（Tesla, TSLA）和優步（Uber, UBER）是汽車界的新寵，你或許會對他們的股票好奇，但截至 2020 年初，兩家公司都在虧損，請將它們視為投機股，因為獲利能力應該是主要考量（至少我的書是如此），才能稱之為投資。

警告

兩支股票或許都適合短期投機和交易（特別是選擇權的操盤手），但是這兩家公司在損益表上還沒有可資信賴的獲利能力，加上還背負沉重的債務，投資人最好等到它們的基本面改善。

Chapter **14**

小型股，
首次公開上市，
主題式投資

如果你是投資人（或投機者），想用相對小的資金來買某大公司或一群公司的股票（很像共同基金，只是需要的錢較少），本章是為你而寫！許多投資人夢想買到便宜的股票（是指微型股和小型股），看著它成為金雞母。只要做對就辦得到，本章第一部分將探討這個主題。

另一個考量是承購首次公開上市的股票，押對寶會讓你大賺一票，但很多人都虧了錢，因為沒有掌握幾個重點（當然，我也會提到）。

你也可以透過名為主題式投資（motif investing）的創新做法，把幾百塊美元變成大錢。主題式投資使你只花 250 美元就投資特定主題或是前景看好的一組股票以及／或指數股票型基金（ETF），本章稍後將有獨家的內容。

探索小型股

人人都等不及想投入熱門的新股票，花每股 1 美元買進，希望中午以前漲到 98 美元。大家都想今天花小錢買到下一個蘋果或沃爾瑪，也是投資人被小型股吸引的原因。

小型股（或小型市值股）是公司市值的參考，我在第一章有解釋。小型股是市值低於 10 億美元（有些人認為應該以 20 億美元做切點）的股票，市值低於 2 億 5,000 萬美元的小型股被稱為微型股（註：有些人認為微型股是市值低於 1 億美元，而這些相對小公司的股票經常被稱為細價股（penny stock），多半時間我只稱它們為小型股）。投資小型股可能面對較高風險，但是獲利也可能較高。

在這幾類股票中，小型股持續展現最大幅度的成長，這就好比去年種的樹比百年紅木更有機會成長，小型股的成長潛力也優於基礎穩固的大型股。當然，小型股展現不了亮麗的成長，因為規模小，當顧客想購買它生產的產品和服務時，公司的營業收入和獲利增加，小型股就會成長。

警告

每一家成為財星五百大企業的小公司，都有數百家公司完全不成長或者歇業。當你想在沒有成長的跡象下，猜想誰是下一支飆股，你不是在投資，而是投機。更糟的是買了一家正在虧損的公司股票（淨虧損而不是淨獲利），之後希望或期待它能翻身（並且一直往上衝）。

別誤會我的意思，投機小型股（沒有營業收入和獲利為佐證的公司）沒有什麼問題，但是投機時一定要知道自己是在投機。如果想投機小型股，希望它成為下一個微軟或蘋果，請利用下幾段的指導原則，來提高成功機率。

查看小型股是否正在賺錢

請記住

投資股票時，我強調兩點：

>> **確保公司有信譽**：至少在業界已經三年。
>> **確保公司賺錢**：能夠證明在兩年或更長的時間淨利成長至少10%。

這幾點對於小型股的投資人尤其重要。許多新興企業目前虧損，但希望之後能夠賺錢，生技產業的公司就是如此。這是令人興奮但外人難以理解的領域，早期階段公司很難利用技術賺錢；你可能會說：「但我不是應該現在就跳進去，期待未來的獲利嗎？」或許你運氣好，但請了解當你投資尚未有成績的小型股，就是在投機。

分析小型股再投資

請記住

小型股和大型股的唯一差別是數字少了幾個零，以及你需要對小型股多做點研究。光從規模來說，小型股的風險大於大型股，多蒐集點資訊有助抵銷風險。大型股可取得的資訊很多，因為有廣大群眾關注；小型股被報導的機會較少，也很少分析師會針對它們撰寫報告。請記住以下幾點：

>> **了解你的投資風格**：小型股的潛在報酬可能比較高，但風險也比較高。投資人不該把一大部分的資金投入小型股，如果你正在考慮存退休金，最好投資大型股、ETF（詳見第五章）、投資等級的債券、銀行存款以及／或共同基金。退休養老金

應該投資在非常安全或是過去長時間（至少五年）有穩定成長紀錄的投資標的。

» **去證券交易委員會查證**：取得公司依規定申報證券交易委員會的財務報告（例如 10K 和 10Q），請詳見第十二章。這些報告提供公司活動和財務狀況較完整的資訊。上證券交易委員會網站 www.sec.gov，查看公司提交給 EDGAR 的檔案，以及是否有任何針對該公司的投訴。

» **查看其他資訊來源**：看看證券經紀商和獨立研究機構如價值線（www.valueline.com），或是 Seeking Alpha （https：//seekingalpha.com/）以及雅虎理財（https：//finance.yahoo.com/）等，是否有追蹤這支股票。如果兩個以上的地方喜歡這支股票，就值得進一步了解。查看附錄 A 尋求更多資訊，之後才投資。

小型股的選股原則

微型股和小型股非常適合投機者。無論是做短期投機（例如當沖）還是長期投機（希望你的選擇最終成為重要的投資），你都是在賭博。你或許沒有投入大筆金錢，但畢竟是你辛苦掙來的錢，以下是幾個小型股的投資原則。

» **了解自己的目標**：你對自己的了解程度，應該跟你對公司及其小型股的潛力一樣，你的投資方法是什麼？投資小型股的目的何在？

● **短期投機**：追求快速獲利並沒有錯，只要不在意風險。當你投機時，公司的基本面不是太大的顧慮，因為你不打算長期持有。作為投機者，你會利用技術分析來評估股票（詳見第十章）。

- **長期投資**：你以價值投資者的態度投資股票，就像看待大型股，考慮的是營業收入的成長與獲利（淨利）增加。運用第八章的基本分析。

» **指定風險資本**：資金配置要滿足各種目的，將急用金存在銀行，投資基金放在 IRA 和／或 401（k）計畫等。配置到小型股的錢，不能影響正常生活，這筆錢被稱為風險資本。

這筆錢必須多到足以分散小型股的持股，但又少到萬一損失不會改變生活或日常用度。除非有豐富的小型股投資經驗，否則就考慮把曝險限制在 10% 以內（新手投資人在 5% 以內）。

» **對行業嫻熟**：熱門行業的股票大多也會表現良好，而小型股的表現則是「非常好」。愈了解行業及行業的主要影響因素，就愈懂得挑選好股票。關於產業和行業的介紹請詳見第十三章。

» **分散風險**：如果你持有某支小型股 10 萬股，萬一押對寶你會發大財，但這種機率微乎其微，失去全部或大部分錢的可能性嚴重到不容忽視，最好在五家不同的公司各持有 2 萬股。投資小型股可能會遇到四支股票虧錢、一支股票賺錢，結果依舊贏過大盤。

» **有買就有賣**：如果你買某支股票 1,000 股，結果漲了好幾倍，將一些股票變現，至少要把本金拿回來。如果你是投資者就長期持有剩餘的股票，萬一公司倒閉，至少你還保有本金。

» **打電話（可能的話親自走訪）了解公司**：公司的主管通常願意跟投資人和其他感興趣的人士討論業務。打電話或親自走訪讓你有機會收集到寶貴資訊，詢問公司的短期與長期目標，如果可能，請公司定期傳送電子郵件和新聞稿給你。

» **查看新聞和內部人揭露**：許多財經網站會在你的持股發生重大事件時傳送警示，並提供內部人行動的資訊，請多加利用（詳見第二十章）。

» **使用限制委託**：利用各種經紀商交易委託的方式，使風險和潛在損失極小化、收益極大化。使用限制委託而非市價委託，以控制買價或賣價。各類委託詳見第十七章。

» **選擇一組可能的飆股**：當你投資微型資本股以及／或小型股時，要在選定的行業或產業中挑選五到十支股票，以提高獲利機會。當你選擇熱門行業或產業，持股賺錢的機會很大。如果不想挑選一組會賺錢的股票，ETF（詳見第五章）或主題式投資（本章稍後探討），或許適合沒有能力或懶得做必要研究的人。

務必熟讀歷史上偉大的投資者做過的事，其中我最喜歡的投資者之一是約翰·坦伯頓（John Templeton）；他在大蕭條時期投資微型股，創造傳奇性的數百萬美元（之後變成數十億美元）財富。坦伯頓確保投資的公司一定要具備真正的價值（獲利能力、有價資產等），而且股價明顯低於公司價值。想了解更多坦伯頓及其成功的股票投資事業，請直接上 www.sirjohntempleton.org。

請熟讀有關小型股和微型股的書籍。推薦這個主題的好書《給傻瓜讀的細價股書第二版》（*Penny Stocks For Dummies, 2nd Edition*），作者為彼得·里茲（Peter Leeds）。細價股經常被作為微型股的同義詞。

發掘優質小型股

可以查看已經將小型股納入投資組合的前幾大機構，從這裡尋找好的小型股。被專家選中納入小型股 ETF 或共同基金投資組合的小型股，會是好的研究起點。這些專家花了很大功夫選股，你可以效法他們，作為尋找優質小型股的捷徑。

小提示

想尋找微型股和小型股，請上以下網站（以及附錄 A）：

> » **那斯達克**（www.nasdaq.com）：股票的優質網站，也是小型股活動的中心；可以找到幾乎所有小型股（或較大型）公司的股票報告和證券交易委員會的存檔資料。
> » **OTC 市場**（www.otcmarkets.com）：尋找小型股名冊和股價以及最活躍的小型股。
> » **股市觀察**（www.stockwatch.com）：這個很活躍的網站有豐富的股票新聞和觀點，但以小型股爲主。
> » **小型股網站**（www.smallcapnetwork.com）：這個龐大的網站有針對小型股的研究和報告。
> » **小型股名簿**（www.smallcapdirectory.com）：是研究小型股的搜尋引擎。

此外，你也可以考慮替代方案。若想把小型股納入投資組合，購買投資多種小型股的 ETF 是安全便利的方法。詳見 www.etfdb.com。

調查初次公開上市（IPO）

初次公開上市是公開上市股票的出生地，也是俗稱的一樓（ground floor）。IPO 是公司股票首次提供大眾承購，因此也被稱爲「上市」，將股票公開上市的公司往往是過去鮮爲人知的企業，因此投資 IPO 的公司可能有風險。以下有兩種 IPO：

> » **新創事業上市**（start-up IPO）：這類公司在公開上市前並不存在。換言之，創業家集合起來擬定事業計畫，爲了取得公司所需的資金，他們請來一位投資銀行家讓公司立卽上市，

如果投資銀行家認同公司的概念，就會透過 IPO 尋求資金（賣股票給投資人）。

» **未上市公司決定將股票公開上市**：許多情況下，IPO 是針對已經存在並且尋求擴充資本的公司。公司或許已經以小型的未上市企業存在多時，現在決定透過 IPO 尋求資金以進一步成長（或是為新產品、促銷費用等挹注資金）。

以上兩種 IPO，哪一種的風險比較低？沒錯，是未上市公司將股票公開上市；因為這是個已經有成績的公司，相較全新的新創事業較為有保障。聯邦快遞和谷歌（它們在股票上市前已經是基礎穩固的公司）是近年來幾個成功的 IPO 案例；失敗的 IPO 要屬 2019 年大虧數十億美元的 WeWork。

好股票來自公開上市的小公司。你或許能夠細數聯邦快遞、戴爾電腦、優比速（UPS）、家得寶（Home Depot）等數百個成功的案例，但你是否記得 Lipschitz & Farquhar 的 IPO？我想你不會記得，這是絕大多數不成功的 IPO 案中之一。

IPO 第一年成功的紀錄令人懷疑。證券經紀產業定期的研究發現，有六成公司在 IPO 第一年股價下跌；換句話說，IPO 的股價下跌機率超過一半。

等到有紀錄後再投資，否則你就只是在擲骰子（也就是投機而不是投資）。別擔心錯過大好機會，如果真正的好機會，等 IPO 後還是會賺錢。

了解主題式投資

小型股或初次公開上市的股票或許會令許多投資人卻步；幸好現在有投資股票的創新方式，是我剛開始投資時不存在的。

市面上有小型股的 ETF 和共同基金，也有叫「主題式投資」（motif）的投資工具，專門針對小型股和 IPO 股。主題式投資是相對新的投資方式，也是共同基金和 ETF 的趣味變化版。

請記住

「主題」是一籃子股票和／或 ETF，反映特定的概念、趨勢或題材，有些主題極具針對性，符合任何人的展望或期待。主題可以少至一、兩種股票以及／或 ETF，多達三十種，可以是經紀商預先設定的主題（也稱為專業主題，截至 2019 年 10 月止，市面上約有 140 種不同的主題），也可以是投資人自己創造或修改現成的主題（這種稱為社群主題，因為是由使用者定義）。以下是主題式投資的基本概念。

發現各種不同的主題

五花八門的主題會令你驚歎，以下是截至目前為止市面上可以購買的主題：

» **咖啡因成癮**：這一籃股票專門針對想從大眾喜歡咖啡及咖啡因相關產品而獲利的人。
» **糧食價格上漲**：如果你期待（或是看到）糧食價格上漲，這個主題就是要從這種情況中獲利。
» **提振「性」趣**：從出售成人飲料的公司股票中獲利。
» **藥品專利峭壁**：擁有的股票在專利權到期時獲利。
» **線上賭博**：從網路賭博的成長獲利。
» **政治捐獻者**：從政治的興衰中獲利的股票組合。
» **清潔科技**：當世人追求「環保無汙染」之際，這籃子股票是專門為想從清潔科技中獲利的投資人。

觀察主題式投資的績效

各主題的績效各有不同（這籃子股票和 ETF 在今年的表現如何？），以下是截至 2019 年 10 月爲止的一年間，績效最好的前三大主題：

- 軟體服務：隨著專門的軟體 APP 成長，主題也上漲 34.72%。
- 貴金屬：當投資人在紙上投資尋求替代方案，因而上漲 32.42%。
- 租房國度（Renter Nation）：由於提供產品／服務給租房者的業務良好，因而上漲 30.69%

當然，同一時間也有些主題虧損：

- 頁岩天然氣（Shale Gas）：當能源市場受打擊，該主題下跌 47%。
- 水力壓裂（Frack Attack）：與水力壓裂技術（fracking）相關公司的主題下跌 42%。
- 頁岩油（Shale Oil）：又一個與能源有關的主題受到打擊，下跌 34%。

另外有兩個以熊市爲題材的主題，因爲 2019 年爲多頭年而下跌。

請記住上述主題（績效好與不好都包括在內）是針對十二個月的期間。不要假設 2020 年及其後也是相同，因爲經濟與金融市場瞬息萬變。

　　照這麼看來，能限制你的只有想像力，和市面可供投資的證券種類。可以被納入主題式投資的證券包括：

» 股票（大型和小型股）

» 指數股票型基金（ETF）

» 美國存託憑證（ADR），也就是在美國證券交易所買賣的外國
股票（詳見第十八章）。

聚焦在主題的特點

主題不僅是根據題材來投資的方法，主題也是經紀商，到公
司（www.motif.com）開戶就跟到任何傳統經紀商開戶一樣。以下
是主要特點：

» 可以只花 250 美元開戶（現金戶），保證金交易的最低開戶
金額為 2,000 美元（有關使用保證金，詳見第十七章）。

» 現金帳戶可以是一般帳戶，也可以是傳統或羅斯（Roth）個
人退休帳戶（IRA）。保證金交易則限一般帳戶。

» 你可以選擇已經存在的主題（並且修改），也可以在公司網站
製造自己的主題，甚至可以建議題材，公司可以創造一個主
題放在目錄上。

» （截至本文撰寫）主題式題材投資組合的交易成本為年費
0.5%，主題式影響投資成本為 0.25%。

» 購買前，必須在網站（目錄）詳閱主題的投資組合（和證券）。

考慮主題的類別

各種不同的主題有明確分類，可作為搜尋的起點：

» **一般類**：為新主題和趨勢性主題的概括性類別，以及無法清

楚分類的主題。

» **價值基礎**：如果希望投資標的包含特定的社會理念或政治題材，可以看這個類別。

» **產業別**：無論你喜歡醫療、科技或金融服務，會在這裡找到適合的主題（關於產業詳見第十三章）。

» **全球商機**：想投資已開發市場或新興市場嗎？請在這裡找。

» **資產配置**：針對特定的目標日期模擬投資組合（例如某年退休，如 2030 年或 2035 年）。

» **所得策略**：如果想賺取股息或債券利息（透過 ETF），這個類別適合你。

» **交易策略**：想利用技術分析或根據短期事件買賣嗎？在這個類別中尋找。

» **特殊狀況**：隨著新和／或創新的證券或資產興起（例如加密貨幣），新或獨特的主題也紛紛出現。

了解風險

主題聽起來挺不錯，但風險呢？主題很像 ETF 或傳統的共同基金，要視投資組合中的證券而定。買進和持有股票、ETF 和 ADR 的所有風險都表現在主題中，與任何投資標的一樣。

警告

主題的風險跟你的觀點息息相關；假設你相信會發生空頭市場、通貨膨脹或其他經濟或社會狀況，而結果並不如預期，你的主題的績效就不理想。

關於主題投資，詳見 www.motif.com/

Chapter **15**

經濟和政治的
整體情勢

即使覺得政治很無趣，也無法忽視它的存在。重點不在是否贊成某位候選人，而是你是否贊成他們的政策和立法議程。你不是因為候選人是德蕾莎修女或阿提拉而投票，換言之，你投票不僅是為了最終主宰你生活（職業、事業等）的政策，也為了哪些政策能為經濟帶來最大好處，為持股營造成功的環境。

請記住

大家必須了解（特別是政府的政策制訂者），新的租稅、法律、規定或政府作為，對股票、行業、產業甚至整個經濟體系有「總體」影響，而一家普通的公司對經濟體有「個體」影響。以下讓你快速了解這些影響：

政治→政策→經濟體→產業→行業→企業→股票→股
票投資人

本章不從道德的角度談論政治，也不是擁護某個政治觀點，

畢竟這是一本關於股票投資的書。一般來說，政策有好有壞，無論對經濟體的影響，有些政策的執行是達到更大目的，即使會讓你的荷包受傷。但是本章從因果的觀點看待政治，也就是政治如何影響整體社會的繁榮以及個別的股票投資。

請記住

老練的股票投資人不能也絕不可以把股票看作是獨立存在的個體。我最喜歡舉的例子是池中魚，你可以在一個美好的池子裡（經濟狀況），從一群魚（股票市場）中找到一條很好的魚（你的股票），但如果池子被汙染（不良政策）呢？魚會怎麼樣？政治控制池子，可能使池子成為容易生存或危險的地方，這樣你就懂了。這個例子或許有過度簡化之嫌，但其實許多人，包括政治委員會、公司管理者、官僚和政治人物，依然一而再、再而三沒弄清楚情況，而危害到經濟和股票投資人。我不介意他們因此損失他們自己的錢，但他們的行為讓你的荷包受傷。

雖然政治和經濟密不可分，但我盡可能把政治和經濟視為兩個不同的議題。

政治和股票的關係

選舉如火如荼。民主黨、共和黨和各小黨爭取你的注意和選票，保守派、自由派、社會主義派、中間派和古典自由派各自主張自己的理念。但說和做了許多，最後決定的還是選民。在選舉日把新當選的政治人物送進辦公室，由他們在立法殿堂中，各自就新的規定和計畫抒發主張和辯論。無論選舉前後，投資者都必須密切關注過程的進行，接下來，解釋幾個和股票投資有關的基本政治概念。

了解政治對股票投資的普遍影響

對股票投資人來說，政治是投資決策過程中的重要因素，如
表 15-1：

請記住

當表 15-1 的許多因素同時發生作用，影響力將會放大，對投資持
股帶來巨大後果。當立法機構開始運作，警覺心強的投資人會持
續警戒，根據情況調整持股。

表 15-1 政治與投資

可能的立法	對投資的影響
租稅	新租稅是否影響特定股票（行業、產業或經濟體）？一般而言，租稅愈多或愈高終究不利股票投資；所得稅和資本利得稅就是好例子。
法律	國會（某些情況是州立法機構）是否通過不利股票、行業、產業或經濟體的法律？例如對產品、服務或大宗商品設定價格的法律。本章稍後將詳細探討價格控制。
規定	新（或現有）法規是否不利（或有利）你選擇的股票？一般而言，愈多或愈嚴格的規定對股票不利。
政府支出和舉債	如果政府機構耗費太多資源或資源配置不當，可能對社會製造更大的負擔，而不利經濟和股市發展。
貨幣供給	美國的貨幣供給由聯邦準備控制，也就是美國的中央銀行。它如何影響股票？增加或減少貨幣供給造成通膨或通縮，可能幫助或傷害經濟體、特定的產業和行業以及股價。當貨幣供給流入商品和服務時，消費物價跟著上漲，當它流入資產（例如股票），會造成資產通貨膨脹，之後是資產泡沫。
利率	聯邦準備在此有關鍵影響力，調升或降低關鍵利率而影響整個經濟體和股市。當利率上升，企業融資成本變高；利率下降，企業取得較便宜的融資，可能有利於獲利。
政府紓困	紓困是政府直接介入市場，利用租金或借來的錢援救受困的企業；通常不是件好事，因為資金被以外力從健康的私人經濟體移轉到有問題的企業。

釐清政治氛圍

重點是，你忽視政治現實，要自負（經濟的）風險。為了時時對政治保持覺察，要對你持股的公司問以下問題：

» 哪些法律會直接對我的股票投資產生負面影響？
» 是否有任何法律，會影響公司的行業以及／或產業？
» 是否有任何目前或未來的法律，會影響公司的收入來源？
» 是否有任何目前或未來的法律，會影響公司的費用或用品？
» 我是否知悉可能對持股不利的政治和經濟議題？
» 過度規範、價格控制或新的租稅等，是否不利持股的行業？

無論有利或不利，投資人一定要從經濟的因果關係觀察，判斷哪些公司及其股票受到正面或負面影響。

區分非系統性與系統性的影響

政治可能在非系統性與系統性兩方面影響投資。

» 非系統性意謂系統不受影響，但特定的參與者受影響。
» 系統性意謂系統中的成員全部受到影響。法律通常不只影響一家公司或一群公司，而是影響整個行業、產業或經濟體，換言之，影響更多經濟系統中的成員。

在這情況下，最大的系統是整個經濟體，其次是整個行業或產業。政治透過租稅、法律、規定等強加人民身上，可能對系統的所有（或大部分）成員造成不當影響。

非系統性效應

假設你決定買一家叫做「高球車無限公司」（Golf Carts Unlimited Inc.，GCU）的股票，你認為高爾夫球車的市場極具潛力，GCU 勢必能永續成長。政治如何影響這家公司？

萬一政治人物認為 GCU 的規模太大，對高爾夫球車業的控制力太強，於是把 GCU 視為獨占事業，希望聯邦政府介入，約束 GCU 的影響範圍和影響力以活絡競爭，造福消費者。或許政府相信 GCU 從事不公平競爭或掠奪性的商業作為，違反了反托拉斯（或反獨占）法，如果政府做出不利 GCU 的舉動，這種行為屬於非系統性議題，行為是針對個別參與者（也就是 GCU），而不是整個高爾夫球車的行業。

萬一你是 GCU 的投資人，是否會因為政府做出不利這家公司的事，而影響你持有的股票？假設股價反轉，最後陷入泥淖而無法自拔。

系統性效應

假設政治人物盯上高爾夫球業，堅持認為高爾夫球應該免費或近乎免費，應該立法讓每個人都能參與，特別是那些打不起高爾夫球的人。為了改變現況，於是法律規定：「法律第 67590305598002 號宣布從即日起，所有高爾夫球場只能向從事高爾夫球運動的人收取 1 美元。」

政治橫衝直撞──於是投訴滿天飛

近年來，我們目睹國內外政府的權力，導致政治和政府環境對企業、顧客和投資人造成不利影響。現今加州和伊利諾等州的租稅和法律危害經濟環境，以致企業和納稅人（與投資者）必須外遷移到較友善的地方；至於海外，社會主義的委

內瑞拉實施集權主義，使人民和企業大舉出走。

這些異類地方對股票投資人帶來什麼啟示？當一個州或國家的作為導致企業無法生存，當塵埃落定之際，到頭來損失的是投資人。過於嚴苛的法令規定和沉重的租稅負擔危害業務發展，導致投資人損失。

重點是對法律的變動以及對經濟行為的影響保持清楚覺察。許多企業看著社會主義政府將財產國有化（沒收），導致工廠設施變得不值錢而蒙受巨大損失，之後是股價下跌（如果是上市公司），務必留心並警覺政府走上極端的中央集權之路，以免應變不及。附錄 A 有些專門關注政治和政府的參考資源，提供投資人早期警示。

對所有打高爾夫球的人來說，這個法律聽起來很不錯，但是當這樣的法律成真，會帶來哪些意想不到的效應？許多人或許會認同這個法律的用心良苦，但是它造成的因果效應呢？很顯然地，在所有條件均等的情況下，高爾夫球場會被迫關閉。如果成本高於收入，繼續做生意是不符合經濟效益的，如果他們只能收取 1 美元的費用，怎麼撐得下去呢？到頭來諷刺的是，大家都沒有高爾夫球可打，這項法律變成了三輸！

對 GCU 的投資人呢？如果高爾夫球市場縮水，對高爾夫球車的需求也跟著下降，GCU 的股票價值當然會掉進沙坑。

請記住

政治造成系統性問題的例子還有很多，企業終究是系統的一分子，控制或提出規定的系統監管機構，可能造成無遠弗屆的效應。每位投資人都要警覺對持股的系統性效應。

了解價格控制

股票投資人應該高度警覺有關價格控制的規定；價格控制是政府規定對特定產品、大宗商品或服務採取固定價格。

警告

價格控制在歷史上一再被施行，也因為弊多於利而一再被取消。原因很容易理解（除非你是過度狂熱的政治人物或等不及要施行的官僚），想像你經營生產椅子的事業，法律規定從即日起，椅子只能賣 10 美元，如果你的總成本維持在 9 美元以內，這項規定不會造成傷害，但是價格控制帶來兩個動態的改變：

» 人為降低價格鼓勵消費，於是買椅子的人變多了。
» 生產減少。如果只能賺取微薄（或至少不虧本）的利潤，誰會想生產椅子？

售價固定加上成本上升，導致生產者的利潤縮水，在價格控制期間承受損失，最終被迫歇業；製椅業縮水使椅子短缺，獲利（和工作機會）立刻消失。如果你持有製椅公司的股票，結果會如何？我只能說如果我告訴你股價會跌得多慘，你最好把皮繃緊一點。

觀察中央銀行的角色

中央銀行是政府機構，負責管理貨幣供給；問題在於中央銀行傾向印太多鈔票，貨幣的過度供給導致錢太多而造成通貨膨脹。如果太多貨幣（例如美元或日圓）追逐供給有限的商品和服務，消費者就得多花錢來取得商品和服務，這是當中央銀行（美國則是聯邦準備）製造太多通貨時，發生的真實狀況。

探聽政治資源

　　無視政治情勢就像在大峽谷夢遊，摔下去可不是鬧著玩的！你必須眼觀四面耳聽八方，政府資料、報告和政治耳語，都在暗示經濟體和金融市場將面臨的環境。利用以下資源做好該做的功課，就能在選股策略中洞燭先機。

小提示　本段充滿經濟術語，但請不要害怕！花點時間研究術語和概念，許多很好的網站提供易懂的定義和解釋。找到本章的專門用語（或本書），上 Investopdia（www.investopedia.com）和 Investor Words（www.investorwords.com）了解詳細內容。附錄 A 有更多資源。

政府和其他值得留意的報告

　　一流分析師會閱讀私人和政府單位的報告，以下列出幾篇值得注意的報告 / 統計數字。關於其他私部門的經濟報告和評論，投資人可以上 Mish's Global Economic Trend Analysis（mishtalk.com），Mises Institute（www.mises.org）和穆迪（www.economy.com）。一般的參考資源如市場觀察（MarketWatch, www.marketwatch.com）、彭博（www.bloomberg.com）、Shadow Statistics（www.shadowstats.com）和雅虎理財（http：//yahoo.com/finance）也都很好。

新冠肺炎侵襲股市

政府管理不當加上致命病毒，使新冠病毒席捲全球，也造成 2020 年 2 月的恐慌性大拋售。新冠病毒（官方名稱是COVID-19）從中國大陸武漢開始蔓延，而中國共產黨對於疫情蔓延極度管理失當，對全世界來說是件不幸的事，結果快

速傳到中國各地，並且在幾星期內越過邊界傳到六十多國，成爲全球流行病，從而使裝配線以及在中國及相關工業區的數千家企業被迫關閉。

健康的恐慌立刻成爲國際性的金融恐慌，也爲全球各大股市帶來急劇且大規模的損失。道瓊工業平均指數在 2 月 24 至 28 日的那一週大跌超過 3,500 點，這次的拉回修正令荷包失血慘重（跌掉至少 10%）；基本面良好的績優股還能從谷底反彈，但是體質較弱的公司和過度曝險的公司變得不堪一擊而跌得更深。投資人從這次教訓中，學會把至少八成的持股放在財務健全的公司，而且一定要把資金分散到股市以外的地方，例如銀行存款、優質債券等其他非股票的資產。

關於這個議題的更多健康資訊，請上疾病控制及預防中心（Centers for Disease Control and Prevention，www.cdc.gov）。有關這個議題等的財經新聞和資訊，詳見附錄 A。

國內生產毛額

　　國內生產毛額（GDP）衡量國家一季的商品和服務總產出，被認爲是包含內容最廣的經濟活動衡量標準。雖然美國的 GDP 是以美元來衡量（截至 2018 年，年 GDP 大約爲 20.5 兆美元），但引述時通常以百分比表示。你會聽到新聞報導說：「上一季的經濟成長爲 2.5%。」由於 GDP 是整體經濟的重要溫度計，因此數字應該要是正的。美國商務部（www.doc.gov）每季會公布 GDP 報告。（編按：台灣的主計處於 2、5、8、11 月的 15 ～ 20 日公布，可上「中華民國統計資訊網」〔https://www.stat.gov.tw〕；經濟部統計處〔https://www.moea.gov.tw〕查詢。）

請記住

你應該定時關注 GDP 以及和持股直接相關的經濟資料；以下列表提供評估 GDP 的概括性原則。

» **超過 3%**：代表成長強勁，對股票是個好兆頭。5% 或更高代表經濟強強滾！

» **1 至 3%**：代表成長穩健，可能發生在景氣從衰退中反彈，或是從之前的強勁期放緩。

» **0% 或負數（最低 -3%）**：代表經濟不成長或微幅萎縮。負的 GDP 被視為衰退（意思是經濟在倒退）。

» **低於 -3%**：這麼低的 GDP 代表經濟艱困期，GDP 低於 -3%，尤其是持續兩季或更久時間，代表嚴重衰退或可能蕭條。

小提示

光看一季的數字不太有用，應連續追蹤幾季的 GDP，觀察整體經濟的走向。當你看一年當中某一季的 GDP，問你自己是否比前一季好還是壞，如果比較好（或壞），好（壞）多少？是否比前一季好（或壞）很多？經濟是否展現穩定成長，還是速度放緩？如果幾季下來顯示成長穩定，整體經濟景氣大致是多頭的。

較高的經濟成長通常等於企業的營業收入和獲利增加，因而對股票有利（當然也有利於持有這些股票的投資人）。

傳統上，連續兩季或更久的時間顯示經濟負成長（代表經濟產出正在萎縮），被認為處在經濟衰退期。衰退是必要之痛，通常發生在生產過剩，以致經濟體無法吸收所有產出，股票熊市通常伴隨經濟衰退。

請記住

GDP 頂多也只是大略估計，不可能把經濟成長的所有因素都計算在內，例如犯罪對經濟成長產生負面影響，但沒有反映在 GDP 上。儘管如此，大部分的經濟學家都同意，透過 GDP 足以快速了解整體經濟進步的大致狀況。

失業

美國勞工統計局（Bureau of Labor Statistics, www.bls.gov）提供全國失業報告（National Unemployment Report），讓投資人快速了解經濟生產力的狀況。如果工作機會數（特別是全職工作）能滿足或超過勞動人口的就業需求，代表經濟正在成長，對經濟體和股市來說都是好事。

近年來（2017 ～ 2020 年）各行業的失業率普遍較低，從而投資資金（透過退休計畫如 401k）較為充裕，這也是同期股市多頭表現的因素之一。關於就業資料，請詳見本章最後提到的網站。（編按：台灣失業率可上經濟部統計處〔https://www.moea.gov.tw〕；「中華民國統計資訊網」〔https://www.stat.gov.tw〕）

消費者物價指數（Consumer Price Index, CPI）

消費者物價指數（CPI）每個月追蹤一籃子具代表性的商品和服務價格；這項統計數字也是由勞工統計局計算（編按：台灣由主計處公布），目的是追蹤物價的通貨膨脹。通貨膨脹是貨幣供給的擴張，又被稱為貨幣的通貨膨脹（monetary inflation），通常導致價格膨脹（price inflation），也就是商品和服務的價格上漲。因此通貨膨脹通常不是商品和服務的價格上漲，其實是貨幣的價格或價值下跌。投資人應該關注 CPI，因為低通膨環境通常有利股票（以及債券），而高通膨通常對大宗物資和貴金屬等部門較為有利。

領先經濟指標（Leading Economic Indicators, LEI）

全稱為「領先指標複合性指數」（Composite Index of Leading Indicators）。領先經濟指標（LEI）是最廣為被追蹤的經濟統計數據之一，因為它是由十項經濟要素組成，通常會在整體經濟狀況改變前產生變化。投資人和分析師仔細關注這個指標，從中發現經濟體的重大趨勢，判斷該趨勢是正向抑或負向。該指標由世界

大型企業聯合會（Conference Board）（www.conference-board.org）出版公布。

世界大型企業聯合會也公布「落後指標」和「同步指標」，但投資人比較關心未來，因此比較密切關注 LEI。

生產者物價指數（Producer Price Index, PPI）

生產者物價指數追蹤製造業等生產者支付的批發價，投資人關注這個指數，因為如果生產者支付較多錢來購買大宗商品等原材料，之後就會轉嫁到消費者身上。勞工統計局每個月計算 PPI。（編按：台灣可上經濟部統計處〔https://www.moea.gov.tw〕查詢）

消費者信心指數（Consumer Confidence Index, CCI）

消費者信心指數（CCI）由世界大型企業聯合會公布（編按：台灣由中央大學台灣經濟研究發展中心每月定期公布），調查五千位消費者和企業家對經濟狀況的看法。消費者信心上升通常對投資人是件好事，代表大家比較積極正向，傾向花較多錢或比較願意做大筆消費，對整個經濟體和股市是好兆頭。

幾個可以逛的網站

想了解近期通過或提案的法律，請上美國眾議院（www.house.gov）和美國參議院（www.senate.gov）網站。關於總統的資訊和提議，請上白宮網站 www.whitehouse.gov。

小提示

你也可以上進階的立法搜尋引擎，網址是 www.congress.gov/，用法案編號或關鍵字搜尋法案，這個搜尋引擎能找到某個行業是否成為加強管控或放鬆限制的目標。1980 年代末，政府通過新的規定和租稅法，嚴重打擊不動產業者（類股應聲下跌）；1990 年代中，當電信產業的限制鬆綁，該行業大幅成長（類股上漲）。

經濟資料的網站如下：

- » 勞工統計局（投資人資訊網頁）http：//www.bls.gov/audience/investors.htm。
- » 美國普查局（Census Bureau）的經濟指數（Economic Indicators）網頁：http：//www.census.gov/economic-indicators/
- » 祖父經濟報告（Grandfather Economic Report）：www.grandfather-economic-report.com
- » Investing.com：www.investing.com
- » 聯邦準備局：www.federalreserve.gov
- » 美國商務部（US Department of Commerce）：www.doc.gov

小提示

附錄 A 有更多參考資源。愈了解政治與政府行動如何幫助（或傷害）投資，就愈有能力增長（和保護）財富。

4

投資策略和戰術

在本部中……

利用強有力的股票篩選工具發掘好股票

如何透過經紀商的委託方式使財富極大化、損失極小化

了解不為人知的國際股票投資機會

了解如何花 50 美元買到頂級股票（而且不用付經紀商佣金）

了解內部人如何交易，使你在股市中擁有優勢

了解如何把租稅對獲利的影響降到最低，特別是新的稅法

Chapter 16

發現篩選工具

　　當你一腳跨進股票投資的世界，看見上千種股票可選，不免有點卻步，而這還只是美國股市；全球各地的股市還有成千上萬種股票，投資人（特別是新手投資人）該從何開始著手？

　　把本書作為起點，代表你做對了，像這樣的書給你一些參數和指引，幫助你明智選擇對的股票。就像我經常強調的，你可能是買了一支股票，其實是在投資一家公司；你可以查看那家公司的財務等資訊，並且根據幾個明確（且可搜尋）的標準來縮小搜尋範圍。

　　因此我喜歡股票篩選工具！許多財經網站和經紀商網站都有提供股票篩選工具這種線上程式，根據你設定的參數，從成千上萬的股票與相關資料（獲利、營業收入等）中篩選；它就像搜尋引擎，只是在一個龐大的封閉式資料庫中，而且定期更新資料庫中的上市公司資料。你會找到符合設定參數的一或多支股票。

　　本章提供股票和 ETF 篩選工具最常用的參數。首先，我要給你關於這些工具的基本概念。請記住，你是根據你的搜尋標準，透過這些工具尋找公司。你可以根據自己定義和設定的重要標準和尺度，來尋找股票和 ETF。

以下網站提供股票篩選工具（特別是基本分析）：

» Investing.com（www.investing.com）

» 市場觀察（MarketWatch，www.marketwtch.com）

» 那斯達克（Nasdaq，www.nasdaq.com）

» TradingView（www.tradingview.com）

» 雅虎理財（Yahoo！Finance，finance.yahoo.com）

篩選工具的基本概念

一旦熟悉了股票篩選工具的組成和應用，你會愛上它，會希望應該早點使用。接下來，分別說明要點。

選擇類別

首先是類別。也就是產業或行業（詳見第十三章行業的介紹），許多篩選工具（例如雅虎理財）到達次類別。你可以在雅虎理財權益篩選工具的首頁篩選股票，共同基金篩選工具和 ETF 篩選工具也很有用。

舉例來說，如果想投資科技公司，只要點權益篩選工具（equity screener link）的連結，在產業別的選項中選擇科技（Technology）然後進入。行業的選擇（撰寫本文當時我找到十二個）從資訊科技服務和電子零件乃至太陽能都有。

區分最小 vs 最大

最小值和最大值是股票篩選的陰和陽；設定篩選參數時，需要設一個最小值和最大值。有些網站使用大於、小於和等於之類

的說法，或者讓你在兩個特定數字間設定明確的範圍。如果某個股票篩選工具使用「可獲利的股票」，表示你需要設定一個最小獲利的參數。股票投資人把眼光放遠，耐著性子聚焦在成功的價值投資標的上（關於價值投資請詳見第八章）。

有些股票篩選工具採用小於和大於，但本質上都能滿足你的搜尋需求。

設定價值的區間

某些情況可能需要選擇一個區間。假設你正在尋找某個價格區間的股票，股票篩選工具可能提供類似 0-10，10-20，20-30，30-40，40-50 以及 50 以上的選擇；其他常見的區間還包括市值（公司股票的總市場價值）以及股息收益率（股息金額除以股價）。

無論輸入的搜尋

大部分的篩選工具，不管你輸入一個或多個數值或參數都可以搜尋。假設你只輸入股息收益率不低於 2，不高於 999，在所有類別中搜尋，結果會有上百支股票。

但是，如果輸入多個參數，會出現極少股票（或完全沒有）。如果你要求具備 ABCDE 特點的股票，不會得到很多搜尋結果。要挑選——這也是使用股票篩選工具的用意——但也別想找到完美的股票，因為可能不存在。

接近完美就可以了，更重要的是避開不良的選擇；例如收入太少、有淨損失或負債過多的公司。

示範一個股票篩選工具

大部分的股票篩選工具都具備幾個基本元素，幫助縮小搜尋範圍，找到適合的持股。圖 16-1 顯示雅虎理財（http：//finance.yahoo.com/screener）典型的股票篩選工具；接下來，帶大家看看這個工具的主要欄位。

圖 16-1　典型的股票篩選工具

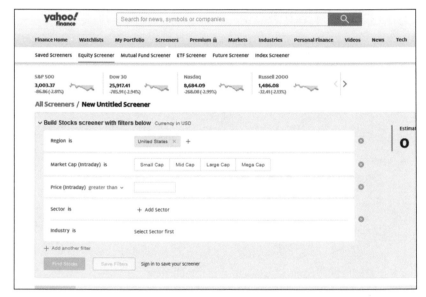

請記住

接下來的最小值和最大值會有些變化；此外，有些市場分析師和理財顧問對這些數字比我多少寬容些，別擔心。自己做搜尋，找到讓你安心的類似數字。

開始之前：挑選你的股票篩選工具

雅虎理財的股票篩選工具網頁（https：//finance.yahoo.com/ screener）頂端，會出現如下連結：

» **儲存的篩選工具**（Saved screeners）：當你設計自己篩選工具，可以儲存起來供未來使用。這個選項在你熟悉篩選工具之後會很方便。

» **股票篩選工具**（Equity screener）：用來尋找與分析股票。接下來會說明這個篩選工具。

» **共同基金和 ETF 的篩選工具**（Mutual fund and ETF screeners）：幫助你尋找對的共同基金或 ETF。（關於 ETF 的介紹請詳見第五章。）

» **期貨和指數篩選工具**（Future and index screeners）：這幾類比較適合期貨和指數的投機者和操盤手，因此本章（和本書）不探討這部分。

首先：最主要的類別

在雅虎理財選擇了權益（股票）篩選工具後，要先經過幾個主要的分類，才能進入股票篩選的核心（參考圖 16-1）：

» **地區**：輸入選定的國家，縮小搜尋範圍。如果你在物色美國股票，選擇當然就是美國。選單上會有從阿根廷乃至越南，所有有股票公開上市的國家。

» **市值**（Market cap）：在市值（一天內）類別下，可以指定搜尋標準爲小型股、中型股、大型股、超大型股。

如果想找成長股,就到小型股或中型股;如果想找安全的股票,就到大型股或超大型股。關於市值請詳見第一章。

» **股價(Price)**:在價格(一天內)欄輸入股價,例如大於或小於你選定的價格。也有等於和介於兩者之間的選項。

» **產業和行業(Sector and industry)**:產業是一組相關的行業,如醫療產業包含醫院、醫療器材製造商、製藥、藥品零售業者等行業。選擇行業才可以縮小選擇範圍,如前面「選擇類別」所寫的。跳到第十三章了解更多產業和行業的資訊。

重頭戲:特定的篩選工具

在主要類別中做好選擇後,進一步透過各種篩選工具,找到符合要求的股票。篩選尺度過多,無法一一盡數,接下來簡單說明最常用的次分類供進一步了解。想找到雅虎理財篩選工具中的篩選工具,只要如圖 16-1 點選「增加篩選工具」(Add Another Filter)即可。

分享統計數字

雅虎理財篩選工具的分享統計數字(Share Statistics)選單上,有超過四十個與股票相關的篩選標準,從股價活動(五十二週高點或低點)到總資產或總負債的基本面都是。我喜歡聚焦在本益比(P/E ratio),這是最普遍遵循的比率之一,我認為也是最重要的評價比率(也可以視為獲利能力比率),將公司目前的股價與淨獲利連結。淨獲利是公司的靈魂,你一定要查看這個比率。

考慮所有因素的情況下,我通常喜歡低本益比(低於 15 是好的,低於 25 是可接受)。如果我考慮投資成長股,絕對會希望本益比低於 40(除非有情有可原的狀況,而且沒有反映在本益比上)。

警告

新手投資人通常應該遠離本益比高於 40 的股票，本益比三位數（或更高）的股票絕對要遠離。高本益比是危險的，因為這些股票受到高度期待，非常禁不起大幅修正。此外，絕對要遠離沒有本益比或本益比為負數的股票，代表公司正在虧損（淨虧損）；買虧錢公司的股票不是在投資，而是投機。

請記住

搜尋參數務必包括一個最小本益比，例如 1，和一個最大本益比，介於 15（大型股，穩定，發放股息的股票）和 40（成長股）之間，就可以提供一點安全性！

如果你想投機，找幾支股票來做融券交易（或者買進賣權），可以採用兩種方式：

> » 輸入最小本益比如 100，以及無上限的最大本益比（如果需要輸入數字，就輸入 9,999），尋找最貴而且最禁不起股價修正的股票。
> » 第二種做法是輸入最大本益比 0，代表你在尋找虧損的公司（獲利低於零）。

收入

雅虎理財篩選工具的收入選單上，有幾個重要的尺度是跟營業收入和獲利有關。請記住營業收入和獲利是最重要的篩選標準。

營業收入（在雅虎理財工具被稱為總收入〔Total Revenue〕）可能有絕對數字或百分比。有些股票篩選工具可能設定範圍，例如「營業收入低於 100 萬美元」，到「營業收入超過 10 億美元」。至於用百分比篩選，有些股票篩選工具可能有最小和最大值。例如，你想找營業收入成長至少 10% 的公司，可以在最小百分比輸入 10，將最大百分比留白，或者輸入像是 999 之類較高的數字。

另一種方式是可以找一個股票篩選工具，顯示三或五年期間營業收入的平均百分比，就可以從一段較長的時間看到一致性。

利潤率（在雅虎理財稱為淨利率〔Net Income Margin〕）是公司淨利占營業收入的百分比。如果營業收入為 100 萬美元，淨利為 20 萬美元，利潤率為 20%（200,000 美元 ÷ 1,000,000 美元），你輸入最低 20%，最高 100%，也是利潤率的上限。

請記住

可以篩選的資料不光是最近一年；有些股票篩選工具提供三年或更久的摘要，例如公司三年間的利潤率，就可以更清楚獲利能力的一致性。年復一年有獲利（連續三年或更久），更勝當年度的獲利。

評價的衡量

對價值投資人來說（擁護基本分析），以下參數對鎖定正確的價值來說很重要（有關比率請詳見附錄 B）：

» **股價營收比**（**Price-to-sales ratio**）：股價營收比（PSR）接近 1 是好的。當市值大幅超過營業收入，股價傾向上漲。建議在股票篩選工具的 PSR 欄位輸入最小值 0，或留空，最大數值 3。

» **PEG 比率**：把股票本益比除以每年獲利成長率，就得到 PEG 比（股價／獲利對成長比）。PEG 愈低，股票通常愈有價值；PEG 比率超過 1，表示股票價值被高估；低於 1 被認為價值被低估。當你在股票篩選工具中使用 PEG 比率，把最小值留白，最大值輸入 1。

» **其他評價比率**：有些股票篩選工具可能包含其他比率，例如五年的平均投資報酬率（retrun on investment）就是個不錯的比率，讓你知道股票長期的財務實力，其他也有三年的平均投資報酬率。

由於這是五年平均值（以百分比表示），搜尋最低 10% 和最高無上限（或輸入 999），如果真的出現接近百分之 999 的股票，打電話告訴我！

用技術分析篩選股票

本章使用篩選標準和財務資料（基本面），但許多股票篩選工具能利用技術指標做技術分析（詳見第十章）。技術分析對以短期為目標的人比較重要，像是股票操盤手和短期投機者。以下是幾個常見的技術指標：

- **移動平均值**：你正在尋找成交價超過五十日移動平均值或跌到五十日移動平均值以下的股票嗎？兩百天的移動平均呢？這可能會是代表股票近期強勢或弱勢的可靠指標。

- **相對強度指數**（**Relative Strength Index, RSI**）：RSI 是我偏愛的技術性指標之一，追蹤近期超買或超賣的股票，RSI 超過 70 代表超買，這支股票近期的未來很可能會下跌；RSI 低於 30 被認為超賣，也是近期大漲的潛在機會。

  不要用 RSI 來判斷買什麼股票，但要用它考慮何時買進（或賣出），換言之，如果你有興趣買進某支股票，可以在超賣的時候介入，就有機會用有利的價格買到想買的股票。

  當你用 RSI 作為選股標準之一，考慮設定最大 RSI 為 50，基本上屬於中等範圍，最低 RSI 為 0。如果你打算放空投機，確保最低的 RSI 為 70，最高無上限。

以下是網路上技術分析常用的幾個篩選工具：

- StockCharts（www.stockcharts.com）
- StockFetcher（www.stockfetcher.com）
- MarketInOut（www.marketinout.com）

股息與股票分割（splits）

在乎股息收入的投資人，請上雅虎理財篩選工具的股息與股票分割（Dividend and Splits）選單，輸入每股股息（Dividend Per Share，DPS）和股息收益率（Dividend Yield %）。關於股息詳見第九章。

ESG 分數

近年來，愈來愈多投資人重視非金融和非市場面的企業統治管理。你可以在雅虎理財篩選工具中的「環境、社會和統治管理」（environment, social and governance，ESG）分數項下，輸入希望或避免考慮的投資標的企業行為。

ETF 篩選工具

除了股票篩選工具，還有債券、共同基金以及現在的 ETF（指數股票型基金，詳見第五章）篩選工具，圖 16-2 是典型的 ETF 篩選工具。

ETF 篩選工具不像股票篩選工具，沒有設定極小和極大值，有較多類別以及績效標準可供篩選。以下探討主要的類別。

圖 16-2　典型的 ETF 篩選工具

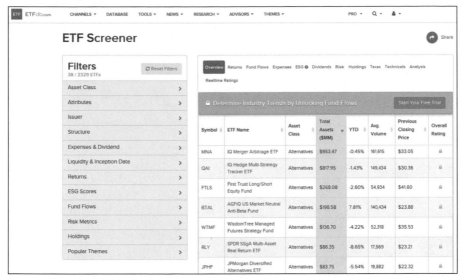

Courtesy of ETFdb.com

小提示

請記住，大部分常用的理財網站（例如雅虎理財和市場觀察），都有很好的 ETF 篩選工具（以及股票篩選工具）；大部分的股票經紀商網站也有搜尋和篩選工具。其他幾個有 ETF 篩選工具的常用網站包括：

» ETF.com（www.etf.com）

» ETF Database（www.etfdb.com/screener），圖 16-2 的畫面就是這個篩選工具

» ETF Screen（www.etfscreen.com）

資產等級

第一個搜尋標準是選擇資產等級，本書的焦點在股票（權益）。但是，這個類別說明 ETF 可供選擇的範圍；有以債券為主的 ETF，也有以貨幣、貴金屬、不動產、基礎大宗物資或多種資產投資組合的 ETF。此外，還有反向 ETF，投資組合中有像是賣權和買權的衍生性投機商品（被歸類在另類資產中）。

屬性

小提示

ETF 資料庫工具的屬性分類中（參考圖 16-2），可以挑選積極、消極或任何 ETF；其中以消極 ETF 占大多數，也就是投資組合不像典型的共同基金投資組合那樣被積極管理。但是，近年來有些 ETF 的投資組合愈來愈積極（也就是投資組合內的部位買賣更多）。如果你不確定，就挑選「任何」。

發行者

尋找由 iShares、State Street SPDR 或 VanEck 等金融機構發行的 ETF 嗎？如果發行單位是重要考量，可以去金融機構的清單中，查看有哪些發行並且贊助 ETF 的機構。

結構

雖然你極可能尋找傳統的 ETF，但你可以找到其他結構，如商品池或指數投資證券（exchange-traded notes, ETN）。標準 ETF 對大多數的新手投資人來說就已足夠。

費用和股息

ETF 資料庫篩選工具中的費用和股息（Expenses & Dividend）項下，可以利用費用比率以及／或股息收益率來做自己的搜尋。如果想要一個費用比率相對低的 ETF，例如低於 2%，可以用這個標準來調整搜尋，於是所有費用比率高於 2% 的 ETF 會被排除。

也可以根據自己的偏好調整股息收益，如果希望 ETF 的最低收益為 2.5%，篩選工具會排除所有股息收益率低於 2.5% 的 ETF。

流動性和開始

小提示

流動性和開始資料的典型內容如圖 16-2：

» **資產（SMM）**：衡量 ETF 的市值，確知買到大型 ETF，而不是市值較低的小型 ETF。新手投資人最好選擇市值較高的 ETF（資產規模較大）。

» **每日均量（Average Daily Volume）**：是指某個 ETF 在典型交易日的市場買賣股數。新手 ETF 投資人最好選擇交易量大的 ETF，代表流動性較大，也比較容易買賣。

» **股價（Share Price）**：是指你是否對股價設限。如果你最多只買得起每股 50 美元的 ETF，就設定這個標準。

» **開始日（Inception Date）**：你可以設定 ETF 在市場交易了多久。在其他條件相同的情況下，交易十五年或更久的 ETF，比去年才開始的 ETF 更安全。

報酬

圖 16-2 的報酬，讓你根據 ETF 在一年或更久期間的績效來選擇；你可以設定一個期間，像是到今天為止或更久的如一年，三年或五年。

小提示

我很認真看待一句忠告：「以往的績效不代表未來的成績。」但還是要請你查看報酬紀錄，以確認把 ETF 納入投資組合是對的。所有條件相等的情況下，當你選擇一支過去三年上漲 87% 的 ETF，以及同一期間下跌 12% 的 ETF，答案應該不用想都知道。

ESG 得分

社會或其他非財務考量對你來說是否重要？或許你擔心企業活動對環境的影響。或許道德考量是重要的，因為你希望投資的企業是個好公民，或者不做你無法認同的事，因此圖 16-2 的 ESG 分數會是搜尋的主要考量。

在 ETF 資料庫的篩選工具中，有一個 ESG 的複合得分從 0 到 10，10 是最優，分數愈高愈好。

資金流動

ETF 資料庫篩選工具中的資金流動追蹤特定期間有多少錢流入 ETF，例如一星期、一年或五年。資金流動基本上是指當你計算進出各種財務資產的金錢時，可以判斷資產受歡迎或不受歡迎的程度。如果某項資產為現金淨流入，有那項資產的 ETF 處在多頭部位（對 ETF 的股價是件好事）。

風險

圖 16-2 的風險指標涉及特定 ETF 的波動性和 β 特質，也包括本益比。你可以得知某個 ETF 的波動性（相較整個市場）較高還是較低。

較高的波動性終究等於較大風險，例如科技股 ETF 的波動性大於公用事業股的 ETF。本益比較高的 ETF 投資組合，可能比本益比較低的 ETF 風險高。重點是如果你在意風險，就挑選低本益比與低波動性的 ETF。請翻到第四章了解風險。

持股

持股是指 ETF 內有哪些資產。ETF 有一項資產，還是五十項？此外，這個類別包括 ETF 相對同行的平衡度和深度。換言之，這個 ETF 的持股，在同類的 ETF 中排名前 10%，15% 還是 50%？

主題

圖 16-2 最後的類別中，用受歡迎的主題替 ETF 排名。撰寫本文之際，最受歡迎的主題是人工智慧、區塊鏈（blockchain）、大麻和 FAANG（臉書、蘋果、亞馬遜、Netflix 和谷歌縮寫）。

此處的問題在於今天受歡迎的主題，明年可能表現不佳；因此新手投資人應該聚焦在長期獲利能力和基本面，才禁得起時間考驗。

最後要記在心裡的

聽清楚：不要因為想找到完美的股票，而被這些參數和搜尋的標準弄昏頭（如果你真的找到，請告訴我）。使用的標準，最好是以關鍵基本面為焦點：

- » **前景看好的產業／行業**：確保產業／行業歷久不衰且成長，這也是我為何鎖定食品飲料、公共事業等人類需求的原因。
- » **市場領導地位**：這家公司在所屬產業中是否數一數二？
- » **獲利**：確保公司一直有獲利。
- » **營業收入**：確保公司的營收成長。
- » **漂亮的資產負債表**：確保資產大於負債（換言之，公司為低債務）。
- » **股息**：盡可能確保公司發放股息。

以上標準暫時夠你用了，開始搜尋吧！

Chapter **17**

了解經紀商委託指令和交易技術

投資要成功，不光是選「什麼」股，也包括「如何」選股。投資人往往以為，選對股就是先做功課然後買（或賣），但是你可以往前一步，使獲利達到最大（或使損失降到最低）。

2008 年，數百萬投資人遭到混亂市場的無情打擊，許多人原本可以利用幾個簡單的技術和指令，使他們少受點罪。在那段令人驚嚇的日子，使用停損委託（stop-loss order）的投資人逃過股市兆元屠殺；你可以透過標準的經紀商戶頭，利用停損委託等可用的技術（詳見第七章）。本章教你在買賣股票時使用幾個有效的技術。

委託指令的種類

向經紀商下的交易委託指令，明確區分為三類：

» 時間相關的交易委託
» 條件相關的交易委託
» 進階交易委託（組合前面兩者）

最少要熟悉前面兩類交易委託，因為它們容易執行，而且是累積財富更是保護財富的寶貴工具！

小提示

利用交易委託的組合來微調策略，以便更能掌控投資標的。向經紀商詢問可以用哪些交易委託使股票投資獲利最大（或使損失最小）。你也可以上經紀商網站，了解對股票交易委託的政策。

倒數計時中：時間相關的交易委託

時間相關的交易委託很簡單，委託有時間限制，投資人通常會把這類委託與條件相關的交易委託並用，稍後將說明。兩種最常見的時間相關交易委託，為當日有效指令（day orders）和取消前有效指令（good til canceled orders GTC）。

當日有效指令

當日有效指令是股票的委買或委賣，會在當個交易日結束時失效。如果你跟經紀商說：「買入 BYOB，37.5 美元，當日有效。」意思是希望用 37.5 美元買進股票，如果股價沒有達到，你的指令會在交易日結束時失效。

為何要下這種指令？假設 BYOB 的成交價在 39 美元，但你不想用那個價位買，因為你不認為那支股票值那個價錢，因此當天

沒買到，對你來說並不是問題。

　　何時使用當日有效指令？要看你的偏好和個人狀況。我很少使用當日有效指令，因為很少情況會讓我想在今天交易結束前買或賣股票，但或許你不想把某個交易指令拖到今天市場結束後，又或許你想測試某個價格（「我想用 $39 出脫 A 股票，目前成交價是 37.5 美元，但是明天我可能改變心意。」）在這種情況，當日有效指令是最佳策略。

請記住

如果你進行交易但沒有指定時效，大部分的經紀商會自動將之視為當日有效指令。

取消前有效指令

　　取消前有效指令（GTC）是投資人最常下的交易指令，也是我經常使用且推薦的。GTC 指令如其名稱，在成交或投資人取消指令之前有效，雖然 GTC 指令與時間相關，但一定與條件連結，例如股票達到某個價位。

　　雖然該指令暗示無限期有效，大部分的經紀商會設定三十或六十天（或更長）的期限，我曾經看過期限長達一百二十天，時間到時經紀商取消指令或聯絡你（通常透過電郵），看你是否想延長委託，請向你的往來經紀商洽詢它們的做法。

　　GTC 指令總是與條件相關的委託指令並用（詳見下一段），例如你想買 ASAP 公司的股票，但你不想用現價 48 美元買進，你做過這支股票的研究，包括它的本益比、股價淨值比等（詳見附錄 B），你認為這支股票不值每股 48 美元，想等到 36 美元再買進（換言之，根據你的分析，這支股票的價格或價值被高估），最好的做法是向經紀商下一筆 36 美元的 GTC 指令，如果股價來到 36 美元，經紀商將買進股票（除非你取消指令）。要確定你的帳戶有足夠的錢來完成這筆交易。

請記住

GTC 指令很有用，你應該熟知往來經紀商對這個指令的政策，詢問使用時是否收取任何費用。許多經紀商不針對 GTC 收費，因為成交時可以像所有股票交易一樣收取正常的佣金，有些經紀商可能收取小額費用（但屬於極少數）。

請記住

要成功使用 GTC 指令，需要了解以下各點：

» **何時想買**：近年來，許多人往往搶著買進某支股票，卻沒有想想可以怎麼做，讓他們的錢賺更多錢。有些投資人沒有理解到股市可以是撿便宜的地方，如果你打算在百貨公司買一雙 16 美元的高檔襪子，但售貨員說同樣的襪子明天會打對折（只賣 8 美元），如果你是個精打細算的消費者，會怎麼做呢？除非你目前打赤腳，否則應該會等一下。股票也是同樣道理。假設你想用 26 美元買 SOX, Inc，但目前成交價在 30 美元，你覺得 30 美元太貴，但你願意用 26 美元或更低的價位買進這支股票，由於你不曉得股價何時會到達想要的價位，這時就適合使用 GTC。

» **你何時想賣**：如果你在百貨公司買了幾雙襪子，結果發現襪子上有洞，你難道不想把襪子扔了嗎？如果股價開始鬆動，你也會想趕緊脫手。

或許你已經用 25 美元買進 SOX 的股票，但是擔心市場的狀況可能使股價下跌，你不確定接下來幾天和幾個禮拜的股價走勢，這時用指定價格賣出股票的 GTC 指令會是合適的策略。由於買進的股價是 25 美元，你可以下 GTC 的委託指令，在跌到 22.5 美元時賣出，以防止進一步損失。在這個例子中，GTC 是期間，同時伴隨某個條件（股價來到 22.5 美元時賣出）。

任君指揮：條件相關的交易指令

條件相關的交易指令（又稱為條件式交易指令），是在滿足特定條件時才執行的交易指令。條件式交易指令使你用較低價格買進股票，用較好的價格賣出，或者使潛在損失降到最低。當股市變得空頭或不確定，高度推薦採用條件式交易指令。

限價指令（limit order）是條件式指令的好例子。例如用 45 美元買進 Mojeski Corp 的股票，如果 Mojeski Corp 的股票不是 45 美元（價格是條件），指令就不會被執行。接下來，將探討限價指令以及市場委託指令和停損指令。

市場委託指令（market order）

市場委託指令是買股票時最簡單的指令型態，也就是用市場目前最佳價格買賣股票的指令，就這麼簡單。例如，Kowalski, Inc. 的市價為 10 美元，當你指示經紀商用市價買進 100 股，經紀商為你完成交易，你付 1,000 美元加佣金。

警告

我說「目前最佳的成交價」，是因為股價不停變動；是否抓住最佳價格，要看經紀商處理股票買進的能力。交易最熱絡的股票，價格變動可能在數秒之內發生；三位營業員同時對同一支股票下單，卻因為經紀商的能力不同而取得三種價格。這種例子並不是沒有，差異可能只是幾美分，但畢竟還是有差（有些電腦的速度比較快）。

市場委託指令的好處，在於交易立即被處理，無須擔心股票是否到達特定價位。例如你用市場委託指令買進 Kowalski, Inc 的股票，你知道當你掛下電話（或下完單），一定可以買到股票。市場委託指令的缺點在於無法控制用多少錢買進股票，可能無法用你期待的價格買賣股票（特別是買賣波動性極大的股票）。

市場委託指令會根據下單時間的先後排序，可能會因為排在前面的委託指令受到最新消息導致的股價變動，而改變你的價格。

停損委託（stop-loss orders）

停損委託又稱為停止委託（stop orders），是條件相關的委託，指示經紀商唯在股票到達特定價格才賣。這種委託就像扳機，於是停止委託變身成市場委託，立即將股票賣出。

停損委託設計的目的不是利用股價短期的微幅變動，是為了在市場突然不利你的股票投資時，保護你的大筆金錢。

例如你持有的 K 公司股票，股價漲到每股 20 美元，你想保護你的投資，免於遭受未來市場下跌的風險。這時 18 美元的停損委託會在股價跌到 18 美元時驅動經紀商立刻將股票賣出，如果股價突然跌到 17 美元還是會啟動停損委託，但最後的賣出價格為 17 美元。在波動的市場中，你可能無法按照停損委託的價格賣出股票，但是由於這個指令會自動轉換成市場委託，你還是可以出售股票，免於股票的進一步下跌。

停損委託的主要優點，在於避免持股重大損失，這是使潛在損失降到最低的一種投資紀律。投資人可能覺得認賠殺出是件痛苦的事，但如果不賣，股價往往會繼續下跌，投資人只好續抱股票，同時祈禱股價反彈。

大部分的投資人會把停損金額設在約低於股票市值的 10%，這個百分比提供股價一些變動空間，而大部分的股票往往天天變動 10%，如果你特別緊張，可以把停損委託設定在 5% 或更低。

請記住這種委託只是驅動賣出，不能保證是以指定的價格成交，因為實際的買賣是在交易啟動後立即發生。如果實際交易當時的市場波動激烈，最後的成交價可能差異很大。

接下來我說明某種類型的停損委託（稱為追蹤停損委託〔trailing stop〕），我會談論把 β 值用在停損委託上。

追蹤停損委託（trailing stops）

追蹤停損委託是老練的投資人保住財富所用的重要技術，也可以成為使用停損委託的一大關鍵策略。追蹤停損是一種停損委託，投資人跟隨股票的市場價格移動委託價，進行主動式管理。停損委託「追蹤」股價向上；當停損價上漲，保護更多股票價值不致下跌。

想像你用每股 30 美元買進 P 公司股票，你把追蹤停損設在 10%，委託指令為 GTC（假設這家經紀商對 GTC 的時間限制為九十天），因此當每股 30 美元時，追蹤停損價為 27 美元。如果 P 公司漲到 40 美元，追蹤停損會自動上升到 36 美元。如果 P 公司繼續上漲到 50 美元，你的追蹤停損會來到 45 美元。假設 P 公司的股價開始反轉下跌，如果股價來到 45 美元，追蹤停損保持在 45 美元，並且啟動賣出指令。

在上面的例子，我用追蹤停損的百分比，但追蹤停損也可以使用金額來表示。例如假設 P 公司的股價為 30 美元，我把追蹤停損的委託設在 3 美元，如果 P 公司股價上漲到 50 美元，追蹤停損價會來到 47 美元。如果 P 後來從最高 50 美元下跌，當股價來到美元 47 時會啟動賣出指令。追蹤停損幫助你晚上安眠，特別是在股市激烈震盪的時期。

請記住

《投資者商業日報》（*Investor's Business Daily*）的創辦人兼發行人威廉 · 歐尼爾（William O'Neill），主張將追蹤停損設定在買入價格以下的 8%，那是他個人的喜好。有些投資人投資波動極大的股票，可能會把追蹤停損設定在 20 ～ 25%。但是，停損委託並非適用所有情況，要看你的經驗、投資目標和市場環境，但是停損委託（追蹤停損包括在內）依然適用許多情況，特別是在市場（或你）的情況不明時。

小提示

追蹤停損委託是你主動管理的停損委託。停損委託是取消前有效的委託（GTC），持續追蹤股價的上漲，想要成功實行停損委託（包括追蹤停損委託），你應該：

» **了解經紀商通常不會自動幫你下追蹤停損委託**：其實經紀商不會（也不應該）在未經許可下做出任何型態的委託，你有責任決定要做何種型態的委託。你可以依照自己的意願提高、降低或取消追蹤停損委託，但是在發生顯著變動時，你需要監控投資標的，以便對變動做出適當反應。

» **當股價大幅變動時，改變停損委託**：希望你不會每次股價變動 0.5 元就打電話給經紀商。當股價變動幅度約 10% 時，就更改停損委託。例如，如果你最初以每股 90 美元買進某支股票，請經紀商下停損委託在 81 美元。當股價來到 100 美元，取消 81 美元的停損委託，改為 90 美元。當股價漲到 110 美元，把停損委託價改為 99 美元，依此類推。

» **了解往來經紀商對 GTC 委託的政策**：如果往來經紀商通常將 GTC 的效期設定在三十或六十天，你應該有所覺察；你不希望在沒有停損委託的保護下，冒著股價暴跌的風險。記下經紀商的時間限制，才會記得更新委託，爭取更多時間。

» **監控你的持股**：追蹤停損不是設定了就不管。監控持股非常重要，如果投資失利，停損委託能防止進一步損失；萬一股價大幅上漲，記得調整追蹤停損的金額。當股價持續上漲，要持續提高安全網。監控持股的一部分在了解 β 值，接下來進一步說明。

β 值

為了成為成功的投資人，要了解持股的波動性。在股市的專門術語中，波動性又稱為 β 值。β 值是將特定股票（共同基金和

投資組合等）相對整體市場（通常為標準普爾 500 指數）的波動性加以量化（關於標準普爾 500 請詳見第五章）。β 值衡量標準普爾上下變動 1% 時，股票績效的變動：超過 1 代表比市場整體的波動性大，小於 1 表示波動較小。有些股票的價格變動相對穩定，有些則是劇烈起伏。

由於 β 衡量股價波動或不穩定的程度，因此往往被與風險畫上等號，認為波動性愈高代表風險愈大，而波動性愈低往往代表風險較小。（第四章詳細說明風險和波動性的話題）。

小提示

你可以在提供許多企業財經資訊的網站上找到公司的 β 值，例如那斯達克（www.nasdaq.com）或雅虎理財（finance.yahoo.com）。

用停損委託來實踐紀律

我有一疊幾年來的投資新聞通訊，投資專家透過這些通訊，針對某家公司、行業或整體經濟的前景提出各種呼籲；有些預測得完全正確，有些錯得離譜，然而即使是幾位投資贏家，也因為缺乏紀律而傷得不輕，鉅額獲利瞬間煙消雲散。

在不動產泡沫的巔峰期（2007 年），許多不動產和抵押貸款公司的股價來到破紀錄的天價，其中尤以聯邦國民抵押貸款協會（「房利美」〔Fannie Mae〕，股票代號 FNMA）為甚。FNMA 是一家上市公司，但技術上是政府資助的個體。許多人以為這家公司有聯邦政府當靠山（真實或想像的），因此是個安全的投資標的。2007 年股價約在 75 美元，當時我很擔心房地產泡沫，我覺得所有跟這個危險市場有關的股票都暴露在風險中，但是還是有分析師將這支股票評為「強烈建議買進」以及／或「買進」。

每當你開始擔心不知道該不該賣掉某支股票（或 ETF，詳見

第五章），可以採取停損委託。如果當初對 FNMA 下停損委託，即使將價位定在低很多的 50 美元，都可以挽救投資人大筆錢財。2008 年末，FNMA 的股價跌到每股 1 美元以下。不到一年，FNMA 的股價跌了近 99%。

β 值在停損委託很有用，讓你對股票交易價的範圍有通盤概念。如果某支股票目前價格 50 美元，而交易價通常介於 48 美元至 52 美元之間，追蹤停損在 49 美元就不合理，股票大概會在你啟動停損委託的同一天被賣掉。如果是波動劇烈的成長股，可能上下震盪 10%，應該把停損設在低於當日價格的 15% 以下才合理。

請記住　成熟產業的大型股往往 β 值較低，接近整體市場；新興產業的小型和中型股每天價格的震盪幅度往往較大，因此 β 值較高。（關於大、中、小型股請詳見第一章，關於 β 值詳見第四章。）

限制委託（Limit orders）

限制委託是極精確的條件相關委託，暗示在交易的買方或賣方存在限制，最好是要指定的價格買（或賣）股票。限制委託對買入股票很有用，對賣股票來說不見得很好。以下說明限制委託在買和賣股票時的運作方式：

» **當你買股票時**：只因為你喜歡某家公司而想買它的股票，不代表你就願意用當下的市場價格買入。假設你想買 K 公司的股票，但無法接受目前每股市價 20 美元，你認為 16 美元才反映它真正的市場價值，於是你告訴經紀商：「買進 K 公司，限制委託 16 美元。」（你也可以在經紀商網站輸入限制委託），你必須指明是當日委託還是取消前有效委託，本章稍早曾經說明。

萬一這支股票劇烈波動，跌到 16.01 美元，之後馬上又跌到

15.95 美元，結果你還是沒有買成 K 公司的股票，因爲你的委託限制在 16 美元，只能在 16 美元成交，多一點、少一點都不行。這筆交易發生的唯一方法，是如果股價回升到 16 美元。但是如果股價持續往下跌，你的限制委託還是沒有成交，最後可能失效或者被取消。

警告

» **當你賣股票時**：唯有當股票來到特定價格，才會啓動限制委託。如果你用 20 美元買進 K 公司股票，你擔心股價會下跌，可能會設定 18 美元限制委託，如果你看到新聞，得知 K 公司的股價正在下跌，你會鬆了一口氣，想著：「還好我把限制委託定在 18 美元！」，但是在震盪的市場中，股價可能跳空到你指定的價格之下，從 18.01 美元掉到 17.99 美元，然後一路向下。由於股價從未觸及 18 美元，因此你的股票沒有被賣掉，結果你可能坐在家中，誤以爲自己做了聰明的事，在此同時你的股票跌到 15 美元、10 美元，甚至更低！採取停損委託才是最佳做法。

不急著成交的投資人決定賣股時，可以利用限制委託取得較好的價格。例如你持有一支股票的價格爲 50 美元，你想賣掉它，但你認爲這支股票卽將會有短期行情可期，這時可以利用限制委託，例如限制委託 55 美元賣出股票，保持委託 30 天。

當你在買賣股票時，大部分的經紀商會把限制委託解釋成「用指定價或更優的價格買進或賣出股票。」例如，假設你的限制委託是在 10 美元買進股票，如果經紀商用 9.95 美元買進，你會很開心。因此，如果因為股價大幅波動而沒有用 10 美元成交，你還是用較低的價格取得這支股票。向經紀商洽詢，釐清限制委託的定義。

技術的美好：進階委託（advanced orders）

　　經紀商添加幾種複雜的功能到目前股票投資人可使用的各種委託當中，其中一個例子是進階委託，投資人可以利用各種委託的組合，來進行比較複雜的交易。例如：「賣B股票，當它賣掉時，用得到的款項來買D股。」我的經紀商在網站上有以下幾種選擇，我相信有更多經紀商也在做同樣的事。向你的經紀商詢問，了解使用如以下進階委託的好處：

» **「一筆委託取消另一筆委託」**：你同時輸入兩筆委託，外加條件如果一筆委託被執行，第二筆委託自動被取消。

» **「一筆委託啟動另一筆委託」**：你提出一筆委託，如果那筆委託成交，另一筆委託自動被提出。許多經紀商對這類委託有不同的稱呼，請詢問是否能提供類似的委託。

小提示

　　還有其他類型的進階委託和委託策略，你可以舉一反三。詢問往來經紀商，了解你的帳戶可以使用哪些進階委託。投資人要了解今天的技術使他們擁有更大的權力和控制力來完成買賣的交易。

融資買進

　　融資意謂著用你向經紀商借來的錢買證券（例如股票）。股票融資買進類似用貸款買房子，如果你花100,000美元買一間房子，並且付10%的頭款，你的權益（也就是你擁有的部分）為10,000美元，剩餘的90,000美元是抵押借款。如果房子增值到120,000美元而你把它賣掉（為了簡化，不包含交易成本），你賺了200%。覺得如何？不動產獲利20,000美元是買價100,000美元的20%，但由於你真正的投資金額是10,000美元（訂金），因此獲利

是 200%（獲利 20,000 美元除以最初投資的 10,000 美元）。

警告

融資買股是利用槓桿，趁價格上漲時使獲利極大化；槓桿就是用借來的錢購買資產以提高潛在獲利。這種類型的槓桿，在多頭市場時很好，但是在行情看空的熊市就會不利於你。例如你用 90,000 美元抵押貸款買的 100,000 美元房子跌到 80,000 美元（景氣不佳的時期，不動產的價值可能下跌），你尚未清償的債款 90,000 美元超過不動產價值。因為你的負債高於你擁有的資產，結果淨值變成負數。

請記住

槓桿是個雙面刃。別忘了融資購買股票前，需要取得往來經紀商的同意。保證金買股通常是填寫經紀商提供的表格，等待許可，美國經紀商通常會要求帳戶內不得少於 2,000 美元，才同意投資人使用保證金買股；各家經紀商的要求不同，請向往來經紀商查詢。

接下來，說明融資買股可能的結果，解釋如何維持平衡，並提供幾個成功的要訣。

檢視結果

假設 M 公司的股票目前每股 40 美元，你認為會上漲。你想買進 100 股，但你只有 2,000 美元。如果你想買 100 股（而不是用你擁有的現金買進 50 股），你可以向經紀商借那不夠的 2,000 美元。這時可能會發生哪些結果？

如果股價上漲

結果對你最有利。如果 M 公司的股票每股上漲到 50 美元，你的投資值 5,000 美元，而你尚未清償的保證金貸款為 2,000 美元；如果你賣出股票，所得款項將可清償債務，還剩餘 3,000 美元。由於最初的投資額為 2,000 美元，因此獲利足足有 50%，因為 2,000

美元的本金產生了 1,000 美元的獲利（這個例子省略所有費用，包括佣金和保證金貸款的利息）。但是，如果你付現 4,000 美元而不使用保證金貸款，4,000 美元投資產生獲利 1,000 美元相當於 25%。利用保證金使你的獲利加倍。

使用得當的槓桿能帶來極大獲利；但是槓桿依舊是負債，無論股票的表現如何，終究是要清償的。

如果股價沒能上漲

如果股票表現不如預期，你還是得支付保證金貸款利息。如果這支股票會配息，股息可以用來支付一部分保證金貸款的成本。換言之，用股息償還從經紀商借來的錢。（第三章提供股息的介紹，第九章探討股息投資和其他收入的策略）

當手上的持股不漲不跌，或許看似持平狀態，但每過一天，你就要為保證金貸款支付利息；如果股票支付高額股息，保證金交易或許對於保守的投資人來說，是個不錯的報酬。很多時候價值 4,000 美元的股票的高股息，可能等於或超過你必須為買進股票，向經紀商借來 2,000 美元所支付的保證金利息。

如果股價下跌，融資買股票可能不利於你。假設 M 公司的股價跌到每股 38 美元，於是 100 股的市場價值成為 3,800 美元，但你的權益縮水到 1,800 美元，因為你必須支付 2,000 美元保證金貸款。到此你還不至於有大災難，但你最好小心點。因為保證金貸款超過股票投資的 50%。如果股價繼續下跌，你可能會接到駭人的追繳保證金（margin call）通知，經紀商會跟你聯絡，請你使保證金貸款和證券價值的比率維持在原來的狀態。詳見接下來有關適當的負債與權益比。

維持平衡

融資買股票時，必須使保證金債務對權益的比率維持在至少50%。（編按：在台灣，維持率須維持在130%以上，若低於130%，券商就會發出追繳保證金通知。）如果債務超過這個限制，必須存入更多股票或更多現金到證券戶，以回復原本的比率，你多存的股票可以是從另一個戶頭轉過去的。

繼續前一段的例子：如果M公司的每股股價來到28美元，保證金貸款的部分超過權益價值的50%，由於股票的市場價值為2,800美元，但保證金貸款仍然是2,000美元，因此保證金貸款成為市值的71%（2,000美元除以2,800美元等於71%），就等著經紀商打電話來，請你把更多證券或現金存入戶頭，以回復到50%的餘額。

如果你籌不出更多股票、證券或現金，下一步是把戶頭裡的股票賣掉，用得到的款項來償還保證金貸款；這對你來說代表實現資本損失，也就是你的投資虧損。

小提示

聯邦準備局透過T條例（Regulation T）來管理經紀商對保證金的要求。和往來經紀商討論這個規定，完整了解你（和經紀商）的風險與義務。T條例規定經紀商要對顧客訂定保證金的要求，大部分的美股上市公司訂在50%。（編按：台股的融資維持率在130%以上。）

努力靠保證金交易賺錢

前面提到在你賺錢時，保證金交易可以提高獲利，但虧錢時會放大損失；如果股票大跌，保證金的貸款可能超過股票市值。2008年，保證金貸款來到非常高的水準，造成股價慘跌。2015年中，保證金債務的總額再度創歷史新高，2015年底至2016年初的賣壓，導致投資人被迫拋售用保證金貸款購買的股票（因遭到追

繳保證金）而造成股市下跌。2018 年 12 月，近年來最糟的月份之一，保證金債務的過度曝險，導致許多投資人被迫賣股來償還保證金債務，因而加重損失金額。

警告

融資買股票，要嚴守紀律。在使用保證金貸款等槓桿時要特別謹慎，因為可能事與願違。記住以下幾點：

» **帳戶裡要保留足夠現金或可做為保證的證券**：盡量把保證金比率維持在最高 40%，使追繳保證金的機率降到最低。（編按：台股的融資維持率計算：股票現值／融資金額。）

» **如果你是新手，考慮融資買進股價相對穩定且高配息的大公司股票。**
有些人會買進股息收益超過保證金利息的定存概念股，讓股票支付它自己的保證金貸款。但要記住本章稍早談到的停損委託。

» **持續監控你的持股**：如果股市走向不利於你，融資買股的結果會非常不好。

» **替保證金債務擬定還款計畫**：融資來投資，表示你要付利息；你最終的目標是賺錢，而付利息會侵蝕獲利。

放空並且從中獲利

絕大多數的股票投資人，都曾經買進股票後持有一陣子，希望價格上漲，這種思維稱為建立多頭部位（going long），而這樣的投資人被認為是對股票做多。做多本質上表示你看多，希望從股價上漲獲利，但是精明的投資人也會趁股價下跌時賺錢。對股票做空（也稱為放空股票、融券或賣空）是利用股價下跌賺錢的常用技巧，投資人曾經在空頭市場靠著放空賺大錢。賣空是賭某支股票會下跌。

大部分的人都很容易了解透過作多賺錢，也就是買低賣高的概念；而做空表示賣高然後買低，雖然倒著想不是很容易，但其實放空的機制很簡單。就以一家虛構的 D 公司為例，D 公司的股票（每股 50 美元）看起來很不正常；這家公司債務龐大，營收和獲利雙雙大幅下降，加上新聞報導說 D 公司所屬的產業在可預見的未來將面臨不景氣，使這支股票成為絕佳的放空標的。或許 D 公司的未來一片黯淡，但對聰明的投資人來說卻是一片光明。以下提供放空的完整獨家內容。

想放空股票，你必須被（你的往來經紀商）認為債信良好。當你獲准進行保證金交易，你大概也會打算做空；向往來經紀商（或上經紀商網站了解）詢問你的帳戶做空要受哪些限制。

放空之前，一定要了解經紀商的規定。你的經紀商必須許可你放空（關於和經紀商往來，詳見第七章），你也必須符合最低抵押規定，通常是 2,000 美元或被放空股票的市值 50%（取其較高者）。如果這支股票發放股息，股息會被付給股票所有人，而不是借錢放空的人，向經紀商詢問完整細節並參考附錄 A。

由於放空股票的風險大於做多，我強烈建議新手投資人避免做空股票，直到比較熟練為止。

設定放空交易

本段說明如何做空。假設你認為 D 公司的股票很適合做空，你很確定它的股價會下跌，於是你指示經紀商在 D 股票 50 美元的價位，放空 100 股（不必一定要是 100 股，這只是例子）。於是發生以下情形：

1. 經紀商借 100 股 D 股票，可能是從自己的庫存，或是從另一位客戶或經紀商。

沒錯。股票可以是從客戶借來，無須對方允許。經紀商保證該筆交易，而客戶／股票擁有者無須被通知，因為他從不曾失去對股票的法律和利益的權利。你借來 100 股，你會在交易結束時返還 100 股。

2. 你的經紀商於是賣出股票，把錢存進你的戶頭。

你的帳戶有現金 5,000 美元進帳（100 股乘以 50 美元），這是出售借來的股票獲得的錢。這筆現金就像貸款，接下來你必須為此支付利息。

3. 你把股票買回，還給合法的所有者。

到了結束交易的時候（因為你想結束這筆交易，或者股票的所有者想賣股票，你必須返還），你必須把借來的股票如數返還（本例為 100 股）。如果你用每股 40 美元買回 100 股（還記得你放空這支股票是因為你有把握股價將下跌），並且把這 100 股還給所有者，你獲利 1,000 美元（為了簡化，不含經紀商佣金）。

糟了！放空結果股價上漲怎麼辦？

靠放空賺錢也有不如意的時候。假設你對 D 公司股票的看法失準，股價從 50 美元一路飆到 87 美元，你還是必須返還借來的 100 股。在股價 87 美元的情況下，表示你必須花 8,700 美元買股票。這下可怎麼付呢！你的戶頭有最初放空獲得的 5,000 美元，但剩下的 3,700 美元（$8,700 － $5,000），只能從自己的口袋掏出來，以填補差額。如果股票繼續上漲可會很痛。

如果股價來到 100 美元甚至更高，你會虧得很慘。事實上，你的虧損會無上限，因此放空會比做多風險還高，做多時你頂多是損失全部的錢，但是當你放空，失去的金錢可能比投資的金額還要多。（編按：在台灣，因為有漲跌停限制為 10％，當股價鎖漲停，券商會要你借券回補。）

由於放空股票時，潛在損失可能無上限，我建議你採用停損委託（又稱為買進停損委託），使災害降到最低。更好的做法是取消前有效委託（GTC），本章稍早曾經討論。你可以設定某個停損價，如果股票來到那個價位就把股票買回，在股票漲到更高之前把股票還給所有者。你還是虧錢，但限制了損失的金額。買進停損委託就像停損委託一樣，有效替損失設限。

報升規則（Uptick Rule）平盤以上放空

多年來，美國股市有一種叫做報升規則的東西；這個規定是說，只有當股票高於前成交價時，才能進行賣空交易。跳動點（Tick）在此是指被放空的股票實際上漲的幅度。以剛才還只是 9.95 美元而目前 10 美元的股票來說，這 5 美分的差異就代表一個報升。如果之前 10.10 美元的股票目前 10 美元，這 10 美分的差異就是報跌；至於跳動點的金額則不是重點。因此，如果你用 40 美元放空一支股票，在此之前一刻的股價一定是 39.99 美元或更低。這個規定的原因（聯邦準備的法規）在於，在快速下跌的市場，放空可能加速股價下跌。實務上，對已經在下跌的股票放空，可能使股價跌得更兇，過度空頭可能導致股票震盪更加劇烈。

但是 2007 年，報升規則被取消。此舉導致 2007 ～ 2008 年間的美股波動加劇，投資人必須採取應變措施，習慣在交易量大的日子裡，股價上下巨幅震盪。

感受被「軋」

如果你放空某支股票，遲早必須把股票買回來還給所有者。當很多人都對某一支股票放空，而股價開始上漲呢？所有做空的人搶著買回股票，才能在損失太多錢之前結束交易。一大群人搶著買股票，加速股價上漲，壓榨放空股票的人（稱為軋空〔short squeeze〕）。

在前面「設定放空交易」中提到經紀商可以向另一位客戶借股票，好讓你對它放空。當那位客戶想賣掉戶頭的股票，也就是被你借去而不在他戶頭的股票，這時你的經紀商會請你把借來的股票還回去，你感覺被軋，必須用現價買回股票。

警告

放空在熊市或下跌的市場可能是很好的操作方式，但如果股價上漲可能會很慘烈。新手要遠離放空，直到有足夠的經驗（和金錢）來冒險。

Chapter **18**

國際股票投資機會

　　我偏心，因為我認為美國股市是全世界最棒的。但你可不能忽視其他國家，特別是如果有很棒的投資機會，可以使你的國內投資更臻完美。因此本章探討國際投資的獲利機會，讓你的投資組合不斷成長。

　　本章聚焦幾個投資國際股市的最簡單做法，以及 2020 ～ 2021 年乃至未來值得注意的區域，以及該考慮（或避免）投資的國家。

清楚了解國際股票投資的基本事項

　　國際股票的審視標準一如美國股票要看基本面，包括公司獲利、營業收入、資產、市場占有等（詳見第三部關於挑選好股票）。但最大的差異在於公司的經營環境。投資環境可能是友善且類似美國因此值得考慮，也可能充滿敵意且風險過高而不宜列入考慮。以下探討美國存託憑證（American Depositary Receipts）這種國際投資的便利方式，以及在你一頭鑽進去之前的注意事項。

你可以直接投資在歐洲或亞洲營運的公司股票，但需要熟悉跟那個國家或地區有關的規定。有些國家希望你向該國的稅務機關申報獲利以及／或股息，還有其他要注意的規定。但本書（以及我個人觀點）不推薦直接投資，尤其是如果有更好且更方便的方法。

最簡單的投資方式：美國存託憑證（ADR）

美國的投資人購買國外股票，最好、最方便的做法是投資美國存託憑證（ADR）。ADR 是透過美國經紀商發行的證券，美國經紀商購買國外公司的股票，再轉成存託憑證，投資人只要透過證券交易帳戶就能輕鬆購買，就像所有一般的普通股。關於和經紀商往來詳見第七章。

全球性的消費商品巨擘雀巢（Nestle），就是個 ADR 的好例子。你可以在瑞士的證券交易所直接購買該公司股票，也可以買它在那斯達克的 ADR，名稱為 Nestle SA（代號 NSRGY）。ADR 的股份就和一般股票相同。

截至本文撰寫之時，美國有超過三千檔 ADR 在交易，選擇性很多。這些 ADR 代表主要的國際公司，它們的股票在各個知名交易所中交易，範圍橫跨全球財經版圖。你可以透過 ADR 輕鬆投資歐洲、亞洲或世界各地的上市公司，以下探討 ADR 的主要特徵。

ADR 是投資國外股票的很好方式，但要記住匯兌風險和轉換費用與可能的外國租稅，都是潛在的負面因素。本章最後以及附錄 A，幫助你研究國際投資。

便利性

便利性是美國股票投資人利用 ADR 的首要理由,因為可以像美國股票般輕鬆購買(如前面解釋的)。記住購買 ADR 通常附帶些許費用,這是當你買賣股票時,證券商收取的標準佣金的一部分。向往來證券商的客服詢問你想買的 ADR 收取的費用,費用可能因國家而異。

匯兌

當你直接投資外國股票時,匯兌成為議題。如果你投資某家日本公司,對方當然是用日圓支付股息。對美國的投資人來說,定期把日圓的股息轉換成美元會是件麻煩的事。

幸好,發行 ADR 的銀行會替你處理匯兌。在日本上市公司的例子中,銀行收到日圓的股息後會轉成美元,之後發放給 ADR 的投資人。買進 ADR 也是如此,ADR 用該國貨幣支付,但你的 ADR 是以美元計價。

股數

雖然 ADR 跟普通股的比率可能是 1 比 1(換言之,假設 100 股的某德國公司股票等於 100 股 ADR),有時因為 ADR 的結構方式而使比率不同。有些 ADR 的比率是 1.5 股比 1,甚至是 2 或 5 或其他比率。這對美國投資人不應該是問題,但你應該留意到這點,才知道證券交易戶頭裡的 ADR 股數最終是怎麼來的。

舉例來說,截至撰寫本文為止,英國石油(British Petroleum, BP)的比率為 6 股對 1 股的 ADR,如果買 20 股 ADR,就相當於 120 股的普通股(20 × 6),股息也受這個比率影響,收到的股息會是相同比率。

租稅

請記住

ADR 股息當然如同美國的股息要課稅,但是有一點不同,許多國家的股息收入有扣繳稅金(通常為 15% 或 20%)。根據美國國稅局,你可能符合適用租稅扣抵,完整詳情在美國國稅局出版品第 514 號(IRS Publication 514)。由於不同的國家有不同的稅法和稅率,購買 ADR 前請洽股票經紀商客服部或租稅顧問尋求指導,並且詢問當年股息發放的日期。

買入之前:政治考量

評估想投資的公司並沒那麼難,因為你用的資訊通常跟國內公司一樣(詳見第六、八和十一章有關可應用的資訊)。

小提示

但是,你一定要研究國家本身,你可能不需要親自去那個國家(但親身體驗會有幫助),但是必須閱讀關於那個國家的資訊,並且向有經驗的投資人和網路部落格尋求專業意見。請記住以下幾個問題:

» 這個國家是不是對美國友善的貿易夥伴?
» 這個國家是不是採取英國普通法系統,具穩定的民主制度?
» 這個國家是否有歷史悠久且正式的股市交易?
» 共同基金是否在那個國家普遍被交易?
» 是否有充分的資訊源(部落格、網站、新聞通信),報導那個國家的新聞、資料和觀點?

你獲得愈多滿意的答案、可取得的資訊和新聞愈多,就愈能替國際股票投資計畫做出愈妥適的決策。關於進一步指導,請詳見本章最後和附錄 A 的參考資料。

重要的區別：已開發市場 vs. 新興市場

你考慮國際投資的國家，通常被歸類為「已開發市場」或「已開發經濟體」（例如德國和加拿大），或者努力提高開發程度的國家又叫「新興市場」，如撒哈拉以南非洲（sub-Saharan Africa）或亞洲。

請記住

這兩類的區別，簡單講跟投資和投機的差異同調：

» 購買已開發成熟經濟體的股票（或 ADR）是投資。
» 買新興市場中的公司股票其實是投機，因為新興市場可能帶來高額利益，但也附帶較高的風險和波動性。由於新興經濟體尚未獲得穩定、持久的統治程序以及基礎穩固的普通法架構，存在著固有的不確定性和潛在不穩定，可能對投資帶來負面影響。

警告

為了使內容完整起見，應該提一提第三類市場，我將之稱為「避免投資的市場」；這是指已知對投資不友善或投資環境完全負面的國家，北韓和委內瑞拉這種極權社會主義／共產主義國家就是好例子。另一個暫時避免的問題國家是伊朗；當然政府可能會變，投資機會可能改善，但最好避免這些地方，直到改變真的發生。

有個變好的例子是越南；這個過去的共產主義國家，是腦袋清楚的投資人都不會考慮的，但是共產主義倒台，以一個更市場基礎的經濟體之姿崛起，而後對投資人愈來愈友善，投資的錢也不斷進來。關於被認為已開發或新興市場國家的更多資訊，請詳見本章最後的參考資料。

約翰 · 坦伯頓的外國股票賭局

約翰 · 坦伯頓（John Templeton）成立的坦伯頓基金，是投資史上最成功的故事之一。1999 年，《錢》雜誌稱他是「本世紀最偉大的操盤手」。他的投資生涯從大蕭條時期靠著投機低價股賺大錢開始，但是他用自己的基金投資國際股市而得到惡名（之後經過合併，於 1996 年成為富蘭克林坦伯頓基金的一部分。）

1950 年代，他是在二次世界大戰後第一批買進日本公司股票的全球投資人。他認為日本的人民和機構已經準備好從戰禍中重生並成長，對日本公司的投機性投資相當成功，幾十年來，他成功管理國際股票投資基金，把它推向規模數十億美元、績效頂尖的共同基金。

若想進一步了解坦伯頓和他的投資經歷（至今依舊是新手國際投資人的寶貴資訊），請直接上他的基金會網站：www.templeton.org。

透過 ETF 進行國際股票投資

第五章大致探討指數股票型基金（ETF），這一段進一步鑽研透過 ETF 進行國際投資的特別話題。我認為 ETF 是新手投資人（以及對投資個股感到不安的人）很好的投資方式，具備股票投資所有的便利性和特徵，又能分散風險，因此成為國際股票投資的一流工具。

全球 ETF

誰說國際投資必須在特定地方或只能投資特定國家或地區？全球型投資 ETF 最棒的是跟全球投資沒兩樣，全球型 ETF 投資全球各地的各類證券，可說是地理分散的最極致。

以下是幾個交易最廣／最廣泛被持有的 ETF：

» Schwab International Equity ETF (SCHF)
» SPDR Global Dow ETF (DGT)
» iShares Core MSCI Total International Stock ETF (IXUS)

警告

ETF 的投資組合是固定的（也是其優點），問題是 ETF 挑選的投資標的不能隨便更改，也是全球型 ETF 對我來說的最大問題。如果世界其他地方的股票上漲，其他地方的股票下跌，一部分的獲利被虧損抵銷，而你卻無法從績效不佳的國家或地區脫身。全球型基金的高分散度，往往限制了成長。

小提示

因此，我偏好全球型共同基金。全球型基金受積極管理，經理人可以自由把錢從問題區（發生時）轉走，把較多資金分配到位置比較好的地區。大部分的主要共同基金公司像是富達（Fidelity）、貝萊德（BlackRock）和領航投資（Vanguard），都有全球型共同基金。

近年來，共同基金公司開發一種稱為全球配置（global allocation）基金的變體。這類基金尋求全球分散，但通常聚焦在美國、日本、西歐等成熟經濟體，且利用幾種不同的投資工具，像是股票（權益）、債券（固定收益）以及現金。

特定地區的 ETF

或許你有個靈感，覺得世界某個地區在接下來的幾個月和幾年會有很好的表現。當然你就像許多新手投資人一樣，對整體情勢很有把握，但卻不敢挑選個股，因此特定地區的 ETF 會是正確選擇。接下來說明各個地區及其 ETF。

請記住

當你面對全球或區域的國際 ETF，看哪些國家被排除在外；例如有些 ETF 把美國排除在外，是為了那些基於投資、政治或社會偏好等考量，而偏好將某個國家除外的投資人。

非洲

非洲被視為新興市場，在這裡要發掘特定的好股票會很困難，但是如果基於成長前景而想投資這裡，ETF 是很好的選擇。可以考慮 VanEck Vectors Africa Index ETF（AFK）。

亞洲／環太平洋

涵蓋亞洲經濟體（如中國）以及／或環太平洋的 ETF，通常投資涉足亞洲大陸國家市場的公司股票；有的 ETF 投資大陸經濟體如中國、俄羅斯與印度，或是如南韓、台灣、日本和菲律賓等亞洲沿海國家。這個區域也會包括鄰近市場如澳洲、紐西蘭。iShares Core MSCI Pacific ETF（IPAC）就是個不錯的例子。

歐洲

有整個歐洲大陸或個別國家持股成分的諸多選擇，iShares Europe ETF（IEV）是歐陸為主的 ETF。上 www.etfdb.com 網站，了解個別國家的 ETF。

西歐 vs. 東歐？

不久之前，西歐和東歐還是兩個涇渭分明的地區，當時「鐵幕」將歐洲分為自由國家（非共產主義），和被當時蘇聯共產主義主導的東歐國家聯盟。蘇聯於 1989 年解體，1990 年代的歐洲成為一整個大陸，東歐國家從共產主義的支配與摧殘中漸漸興起，加入歐洲國家共同體的主流。

投資界把西歐各國稱為已開發國家，而東歐國家則是新興國家，因為東歐各國需要將經濟體升級並現代化，才趕得上西歐諸國。投資西歐國家被認為比較安全穩定，市場上有針對西歐國家的 ETF，也有各種聚焦在東歐新興經濟體成長潛力的 ETF。

截至 2020 年，東歐已經急起直追，但還是有些共同基金和 ETF 標示為已開發和新興。德國和法國為已開發，而波蘭等國則被稱為新興國家。關於以上分類及參考資料，詳見本章最後。

拉丁美洲

拉丁美洲的 ETF 聚焦在中南美洲較有制度的經濟體，典型的投資範圍包括巴西、哥倫比亞、墨西哥、智利等國家。iShares Latin America 40 ETF（ILF）就是個好例子。

北美

關於北美，基本上是指美國或加拿大；因此你通常不會在這兩個國家找到國際投資的 ETF，但是有許多 ETF 涵蓋美國，以及許多次分類與產業。

關於美國股市，以標準普爾 500 為基礎的 ETF，如 SPDR S&P

500 ETF（SPY）或 Vanguard S&P 500 ETF（VOO）就能滿足需求。至於加拿大的 ETF，投資人最普遍投資的是 iShares MSCI Canada ETF（EWC）。

投資特定國家的 ETF

我最喜歡透過特定國家的 ETF 來投資特定國家。世界上大部分主要經濟體都有一個或多個 ETF 可供選擇；市面上有超過兩千個投資特定國家的 ETF ！當然沒有兩千個國家，但不同投資公司有許多 ETF 鎖定同一個國家。假設你如果鎖定法國，可以考慮從交易量最大的兩、三個 ETF 當中選擇。

小提示

有機會可以上 ETF 資料庫（ETF Database）www.etfdb.com，那裏有好用的免費工具供你使用，叫做「ETF 國家曝險工具」（ETF Country Exposure），網址：https：//etfdb.com/tool/etf-country-exposure-tool。你可以輸入國家名稱，他們的工具會顯示有曝險的 ETF。它會根據曝險的程度排名，當然，國家 ETF 顯示的是單一特定國家曝險。

如果你輸入「南韓」，會看到 298 種 ETF（截至本文撰寫），其中的首選是 Franklin FTSE South Korea ETF，這是單一國家的 ETF，曝險百分百。同時當你之後看同樣的搜尋，會發現 iShares S&P Asia ETF，曝險南韓 22%。

創造性國際 ETF

以下資訊希望使你發揮投資的創造力放眼國際市場，並且提供可能性供你去調查：

警告

» **全球股息 ETF**：這些基金有幾檔穩定配息的全球股票。

» **反向 ETF**：如果你覺得某個國家的股市會下跌，或許因為你看到政治或經濟問題造成嚴重打擊，你可以選擇反向 ETF，在那個國家的股市下跌時價值上漲（就像賣權）。只是要記住反向 ETF（就像賣權）是一種投機，不是投資！

» **國際債券 ETF**：這類 ETF 為收入取向基金，主要投資在特定國家或地區的債券。

查看國際投資的參考資料

小提示

只要謹慎並且做好功課，國際股票投資會是投資收入和增值的絕佳機會，因此下一步是深入探究，以下幾個可供利用：

» 富蘭克林坦伯頓新興市場部落格

（http：//emergingmarkets.blog.franklintempleton.com/）。

» 市場觀察的世界市場網頁

（www.marketwatch.com/markets）

» 頂尖外國股票（Top Foreign Stocks）

（www.topforeignstocks.com）

Chapter **19**

掌握 DPP、DRP、DCA 等 PDQ

　　誰規定一次只能買 100 股？誰說只能透過經紀商買股票？可以直接買股嗎？萬一剛開始只想小試一下，買個 1 股呢？買股票可以不負擔佣金等額外的交易成本嗎？

　　以上答案是，可以直接買股票（不透過經紀商），省掉過程中的花費，也是本章的主要內容。本章將說明直接購買計畫（direct purchase programs, DPP）和股息再投資計畫（dividend reinvestment plans, DRP）為何非常適合股票的長期投資人，以及如何不透過經紀商，自己投資。我也告訴你如何使用平均成本法（DCA）買股票，這種技術對股息再投資計畫（DRP）特別有用，這些計畫都很適合想小額投資，並且長時間持續投資同一支股票的人。

請記住

不要只因為一家公司有 DPP 或 DRP 就投資。DPP 和 DRP 只是用小錢買股的手段，不應該取代對特定股票的勤做功課和分析。

直接進入直接購買計畫

如果你無論如何都要買某支股票，何不直接向公司購買，完全略過經紀商（和佣金）？目前有幾百家公司提供直接購買計畫，也稱為直接投資計畫（direct investment plans，DIP），讓投資人有機會直接向這些公司買股票。接下來解釋投資 DPP 的步驟，DPP 的替代方案，並且提醒幾個 DPP 的小缺點。

請記住

DPP 使投資人有機會用小額頭期款買股票（通常是足以用來購買 1 股的金額），而且通常沒有佣金。為什麼企業要給投資人這樣的機會？他們想提高投資人的關注和參與，但是從你的角度來說，DPP 給你最需要的，也就是低成本加入公司的股息再投資計畫，也稱為 DRP（詳見稍後的「深入探究股息再投資計畫」）。

投資 DPP

如果你想買某家公司的股票，而你只有一點錢，DPP 會是做出第一筆投資的最佳方式。以下步驟指引你利用 DPP，完成第一次股票購買：

1. **決定你想投資什麼股票（第二和第三部解釋如何做），並且了解公司的聯絡資訊。**

假設你做了功課，決定投資 Y 公司（YYC），你可以透過證券交易所（也可以在公司網站）取得 Y 公司的聯絡資訊。

2. **了解公司是否有 DPP**

打電話給 Y 公司的股務部門，詢問是否有 DPP。如果有，很棒！如果沒有，問是否計畫開設。至少有可能有 DPP。你也可以上公司網站查詢，因為大部分的公司網站有許多關於股

票購買計畫的資訊。

3. 申請加入

公司會提供申請表格（透過電郵、下載或直接在網站提供），
連同公開說明書也就是該計畫的小手冊，回答基本問題。目
前通常在網路完成申請加入的程序，可能是公司網站，或是
該計畫管理單位的網站。

尋找 DPP 的替代方案

雖然許多公司提供 DPP（近六百家且還在增加），但不是所
有公司都有，如果你想直接投資的公司沒有 DPP，以下提出幾個
替代方案。

透過經紀商買第一股，取得 DRP 的資格

透過經紀商買進第一股，確實要支付佣金，但是買了以後就
可以聯繫該公司的股務部門，詢問 DRP。成為股東後，取得 DRP
的資格就是小菜一碟。

請記住

想取得 DRP 的資格，必須在過戶代理機構留下記錄。記錄簿是公
司的資料庫，追蹤每一股發行在外的股票以及股票的所有者。過
戶代理機構是負責維護資料庫的單位，每當股票被買賣時，過戶
代理機構必須完成過戶並更新記錄。許多時候，在你擁有股票後，
必須請經紀商發一張載有你姓名的股票憑證；取得股票憑證是將
姓名記載於記錄簿的常見方式，因而取得 DRP 的資格。

小提示

有時，光是買股票還不足以使你的名字進入股東名冊。雖然技術
上與邏輯上擁有股票，但經紀商為了交易方便起見，經常會把你
帳戶中的股票，用所謂行號代名（street name）存放（例如假設

你的名字是珍史密斯，行號代名可能是經紀商的公司名稱，例如 Jones & co. 只是為了便於行政管理。）

在你想取得該公司 DRP 的資格前，使用行號代名存放股票並沒有關係，務必向往來經紀商提到這點。（請翻閱第七章有關經紀商的詳情）

透過經紀商直接開始 DRP

這些日子，愈來愈多經紀商的證券交易帳戶有提供 DRP 的功能（如複利），比直接向公司申請加入 DRP 省事許多。這項服務很可能是因應愈來愈多長期投資人離開傳統證券交易帳戶，以獲取 DPP 和 DRP 提供的直接投資好處。

警告

經紀商經營的 DRP，主要缺點是通常不允許透過選擇性的無佣金現金支付來購買股票（一大缺點！）。請見稍後「用選擇性現金支付來累積財富」。

透過另類購買服務購買股票

有些機構提供一些服務，幫助小額投資人花小錢買股票。這些中介機構的主要缺點，在於交易成本可能高於直接跟公司接洽。以下是幾個最知名的服務：

» Direct Investing (www.directinvesting.com)
» DRIP Database (www.dripdatabase.com)
» First Share atwww.firstshare.com
» National Association of Investors Corporation（業務類似 BetterInvesting），網址 www.betterinvesting.org
» DRIP Investing Resource Center，網址 www.dripinvesting. org

認識缺點

警告

DPP 固然有優點，但也有一些小的缺點。在你考慮將 DPP 納入股票投資組合時，請記住以下幾點：

» 雖然愈來愈多公司開始提供 DPP，但數目仍相對少（約六百家）。

» 有些 DPP 要求高額的首次投資金額（高達 250 美元甚至更多）或每月投資金額。詢問計畫管理單位有關投資的要求。

» 愈來愈多 DPP 收取某種服務費，這個費用通常非常微薄，低於普通的經紀商佣金。詢問加入和退出計畫等情況可能發生的服務費。

深入探究股息再投資計畫

有時股息再投資計畫（DRP）被稱為 DRIP，不禁讓我納悶，再投資（Reinvestiment）究竟是一個字還是兩個字，那個 I 到底從哪兒來的？我說岔了。無論你稱為 DRIP 還是 DRP，它們非常適合小額投資人以及真正的長期投資者。公司可能提供 DRP 容許投資者累積更多股而無須支付佣金，有超過一千六百家公司有 DRP（截至 2019 年）。

DRP 有兩大好處：

» **利滾利**：股息（付給股東的現金）被再投資，使你有機會買更多股票。

» **選擇性的現金支付（Optional cash payment, OCP）**：大部分的 DRP 讓參與者透過計畫買更多股票，而且通常無須佣金，某些 DRP 的最低 OCP 只有 25 美元（甚至免費）。

請記住

以下為加入 DRP 的要求：

» 必須已經是該股票的股東。
» 股票必須支付股息

接下來，進一步說明利滾利和 OCP，解釋使用 DRP 的成本優勢，並提醒幾個缺點。

請記住

由於科技進步，如今大多數經紀商讓使用證券交易帳戶來參與 DRP 變得更容易。

關於利滾利的提示

股息再投資為小額投資人帶來某種形式的利滾利，股息買入更多股，從而產生更多股息；股息通常不會買整數股，而是零星股份。

例如，你擁有 F 公司 20 股股票，每股 10 美元，總金額 200 美元，F 公司的年股息為 1 美元，換言之，每三個月發放季股息 25 美分。如果這個股票在 DRP，這 20 股在第一季產生 5 美元股息（20 股乘以 25 美分），當它一進入 DRP 帳戶，就用來買股票（替你買入半股）。假設股價不變，DRP 共有 20.5 股，價值 205 美元（20.5 股乘以每股 10 美元）。發放的股息不夠買一整股，因此買了畸零股存入該帳戶。

現在假設經過三個月，從你上一次收到股息後沒有買股，F 公司又支付每股 25 美分的季股息，於是：

» 原始的 20 股產生 5 美元股息。
» 帳戶裡的 0.5 股產生 12.5 美分股息（0.5 股乘以 25 美分）。
» 收到的股息總額為 5.125 美元（四捨五入為 5.13 美元），帳

戶裡的總股數成為 21.01 股（之前的 20.5 股加上股息買的 0.513 股並四捨五入，0.513 股來自現金股息）。總股數乘以每股股息，等於獲得的總股息。

為了便於說明，之前的例子假設股價不變，現實生活中，DRP 的股票跟任何股票一樣，股價不斷變動；每當 DRP 買股票時，無論是每月還是每季，購買價格可能不同。

利用選擇性現金支付來累積財富

大部分的 DRP（除非是經紀商經營）讓參與者有機會做「選擇性現金支付」（OCP），也就是把錢存入 DRP 買更多股。DRP 通常規定最低和最高的支付額，最低通常很低，例如 25 美元或 50 美元。有些計畫甚至沒有下限。這個設計使得定期小額投資變得容易，並且在短期間累積一定規模的股數，又不用負擔佣金。

DRP 也有最高額的投資限制，例如規定 DRP 的參與者每年不能投資超過 10,000 美元。最高額對多數投資人來說不是個問題，因為通常很少人會投資那麼多錢，但最好還是諮詢計畫的管理單位，因為每個計畫都略有不同。

OCP 可說是 DRP 最有利的地方，如果你可以每個月定期投資 25 美元或 50 美元，年復一年，而且沒有（或很少）成本，這將會是累積財富的絕佳方法。

OCP 很適合配合平均成本（DCA）。「平均成本法與 DRP」有更進一步介紹。

了解成本優勢

　　儘管愈來愈多 DRP 收取服務費，DRP 依舊是划算的投資方式，特別對小額投資人，省最多的在於不必支付佣金。雖然許多 DPP 和 DRP 要收取費用，但往往相對小額（還是要了解最新規定，因為費用可能愈來愈多）。

小提示

有些 DRP 會對透過該計畫買股提供 2～5% 的折扣（有些更高）；有些則針對公司的產品和服務提供特別的計畫和折扣；有些公司提供從支票存款帳戶或薪資帳戶扣款投資 DRP 的服務；有家公司的股東可享有該公司餐廳子公司的大折扣。總之，請詢問計畫管理者，多一個優惠總是好過沒有。

權衡優缺點

　　加入 DRP 就獲得所有股票投資的好處；你會拿到年度報告書，有資格參加股票分割，股息增加等。但必須留意風險和責任。

警告

在你開始垂涎 DRP 的所有好處前，也要睜亮眼睛了解種種不利，包括：

> » **你需要先買進第一股**：你必須先買一股才能開始進入 DRP。
> » **連小額費用也會侵蝕獲利**：愈來愈多 DRP 的管理單位增加小額費用，來支付管理成本。了解費用的金額以及怎麼做使 DRP 的成本降到最低，你支付愈多成本，久而久之，淨利就會被侵蝕。
> » **許多 DRP 可能沒有提供你需要的服務**：例如，你可能需要讓 DRP 加入個人退休帳戶（IRA，詳見第二十一章）。許多投資人都知道 DRP 是長期的承諾，因此納入 IRA 會是正確的做

法。有些管理單位能把你的 DRP 設定成 IRA，但有些不能，因此你需要詢問。

» **DRP 的目的在長期投資**：雖然加入和退出該計畫很容易，但交易可能需要花數星期，因爲股票買賣通常是在一個月（或一季）的某一天一次完成。

從 DRP 提錢來償債

DRP 是一段期間累積大額持股的好方法，想想你可以怎麼處理你的股票。假設你的 DRP 內累積了 110 股，每股價值 50 美元，你可以取出價值 5,000 美元的股票（100 股乘以 50 美元），把這 100 股存入證券交易帳戶，剩下的 10 股留在 DRP 的戶頭繼續股息再投資，使財富成長。爲何把股票取走？在所有條件相等的情況下，最好把股票留在 DRP，但如果你有 2,500 美元的信用卡債，沒有多餘的現金來償還，這時證券交易帳戶仍然有許多好處，以這個例子是使用保證金（第十七章詳細介紹），如果情況許可，你可以借 5,000 美元的 50% 也就是 2,500 美元的保證金貸款，用它來償還信用卡債，因爲是用擔保負債來取代無擔保負債（信用卡債可能收取 15% 甚至高達 18% 的利息），你可以省下一大筆錢（用證券交易帳戶的股票來借款，通常比信用卡債便宜）。另一個好處是，向往來經紀商借保證金貸款，無須像信用卡債那樣每月還款。此外，請向你的租稅顧問詢問適用的租稅優惠，投資利息費用可以租稅抵減，但信用卡的消費貸款不能。

» **需要閱讀公開說明書**：或許你不覺得這是缺點，但對有些人來說，閱讀公開說明書就如同利用螞蝗來捐血。即使那是

你的意見，但你需要閱讀公開說明書以避免任何料想不到的事，例如隱藏的費用或不合理的條款。

» **你必須了解租稅的問題**：無論股息是否發生在 DRP，通常都是要課稅的（除非 DRP 在 IRA 內，這又是另一回事）。第二十一章將詳細探討租稅議題。

» **你需要做好記錄**：如果你打算做很多 DRP 投資，請把所有的報表蒐集起來，並且使用好的試算表程式或會計程式，當你報稅時必須申報任何後續的股票獲利或損失時，這些記錄特別有用。資本利得稅很複雜，因為你必須把短期投資相對長期投資的獲利分開，但是計畫管理者提供方便記錄的最新科技，會使 DRP 的計算變得容易許多。

平均成本法（Dollar Cost Averaging）與 DRP

平均成本法是降低買股成本的絕佳方法。表 19-1 的例子說明，總成本反映市場價值的折價並不罕見。DCA 尤其跟 DRP 配合得很好，曾多次幫助小額投資人用較低的每股平均價格買進股票。

表 19-1　平均成本法（Acme Elevator, Inc.）

月份	投資額	買價	買進股數	累積股數
1	25	25	1	1
2	25	20	1.25	2.25
3	25	17.5	1.43	3.68
4	25	15	1.67	5.35
5	25	17.5	1.43	6.78
6	25	20	1.25	8.03
合計	$150	N/A	8.03	8.03

請記住

DCA 是取得股票的簡單方法，概念在於你長時間定期（通常是每個月）定額投資某支股票。由於固定金額（例如每個月 50 美元）投入有波動性的投資標的，當股價上漲時買到的股數較少，下跌買到較多，每股平均成本通常會低於單次購買。

舉個最容易懂的例子。假設你決定加入 A 公司（AE）的 DRP。就在你加入 DRP 的第一天，AE 的股價為 25 美元，計畫容許你透過選擇性現金購買計畫，投資至少投資 25 美元。你決定每個月投資 25 美元，然後評估從現在起的六個月後賺多少。表 19-1 說明運作方式。

為了評估投入 DRP 是否明智，問你自己以下問題：

» **在這整個半年期間，你投資多少錢**？你的總投資金額為 150 美元。

» **第一次購買 AE 的股價多少，最後一次的股價多少**？第一次的股價為 25 美元，最後一次的股價為 20 美元。

» **六個月結束，投資市值是多少**？你可以很容易算出投資價值。只要把現在擁有的股數（8.03 股）乘以最近的股價（20 美元），計算出投資的總價值為 160.60 美元。

» **你買的平均股價是多少**？平均股價也很容易計算。把總購買金額（150 美元）除以取得的股數（8.03 股），平均每股成本為 18.68 美元。

務必注意以下幾點：

» 即使最後一次購入的股價（20 美元）低於原始購入的股價（25 美元），總投資的市場價值仍然高於購買金額（160.60 美元相較 150 美元），而這一切都要感謝平均成本法。你的紀律（利用平均成本法）克服了股價波動，在股價較低時的 17.5

美元和 15 美元時，買到較多股數。

» 你的每股平均成本只有 18.68 美元，平均成本法幫助你用較
低成本買較多股，當股價微幅反彈時幫助你賺錢。

平均成本法不只幫助你用小額投資，也幫助你緩和股價波動。在
長期的財富累積計畫中賺錢，平均成本法對股票的長期投資人來
說是個可靠的技術，DRP 是累積財富的絕佳投資工具。你能想像
無憂無慮的退休生活了嗎？

平均成本法在多頭市場是個很棒的技巧，在股價走勢平緩或小幅
橫向波動的市場還可以，但是在空頭市場就不是很好的投資方
式，因為你買的股票正在跌價，而市值很容易就低於你的總投資
金額。如果你計畫長期持有股票，平均成本法幫助你在空頭期間
股價較低時累積較多股數；當然有些擔心空頭市場的膽小投資人
可以乾脆暫停平均成本法，直到時機對股票（以及產業和經濟）
比較有利。

本章教你：

≫ 用文件追蹤內線交易
≫ 檢視內部人的買賣
≫ 了解公司買回
≫ 拆解股票分拆
≫ 密切觀察國會

Chapter 20

公司和政府的欺騙：內線交易

　　想像你即將登上遊艇，準備享受辛苦賺來的假期，當你快活走上木板，發現船長和船員衝出船艙，用力搖著手臂，尖聲嘶喊，有些人甚至跳進水裡。請問：你還會上那艘船嗎？假如你同時解釋原因，得分兩倍。

　　這個情節跟股票投資有什麼關係？關係可大了。人在船上跑，給你重要的線索，表示這艘船短期的展望。同樣道理，公司內部人的行為，提供公司短期展望的重要線索。

　　企業內部人是指公司的關鍵管理者或投資人，內部人包括公司總裁、財務長等管理高階，也可以是持有公司大量股票或是董事會的成員；無論何者，內部人通常能綜觀公司發生的事，也清楚公司經營的好壞。

　　本章說明各種不同的內部人活動，例如內部人買股、內部人賣股，企業股票回購和股票分拆；也說明如何藉助幾個參考資源，來追蹤這些活動。

請記住

監控內部人的舉動，因為他們的買賣交易確實跟公司股票的短期變動有強烈關聯性，但是不要只因為聽說某個內部人買賣股票就跟著做，而是利用內部人交易的資訊，來確認你對股票買賣的判斷力。內部人交易有時會是一個大動作的前兆，如果你知道未來會發生什麼事，就可能從中獲利。許多精明的投資人就是透過追蹤內部人的活動賺錢（或避免虧錢）。

追蹤內部人的交易

幸好，我們活在透明的網路時代。買賣股票的內部人必須向證交會申報，因此申報的文件公諸於世。你可以在當地的證交會辦公室或網站閱讀這些文件，那裏有 EDGAR 的資料庫（www.sec.gov/edgar.shtml），只要點「搜尋公司申報資料」（search for company filing）即可。以下是該資料庫可供閱讀的幾個最有的文件：

» **表格 3**：內部人提供的第一份報表。取得內部人身分十天內必須申報表格 3，即使還沒有買股票，這份報告確立內部人的身分。

» **表格 4**：說明內部人活動，例如改變內部人作為股東的地位，這個人買賣多少股或其他重大的改變。任何活動發生必須在次月 10 日前以表格 4 申報。

» **表格 5**：這份年度報告包含金額小且不需要提出表格 4 申報的交易，例如不重要、內部的股票轉讓。

» **表格 144**：這個表格是意圖出售限制性股票（restricted stock）—公司給予內部人的報酬，或是根據受雇條件買入的股票—的內部人對外公布用。內部人必須持有限制性股票至少一年才能出售，決定出售股票後要申報表格 144，之後必須在九十天內出售，否則就要重新申報一份表格 144。內部

人必須在股票出售日前或是當天申報該表格，確定出售時，必須申報表格 4。

關於更完整的內部人表格（特別是公開上市公司申報的表格），請上 www.sec.gov/info/edgar/forms/edgform.pdf。

企業必須公布交易活動的記錄文件。證交會網站能有限度取得這些文件，但許多網站有報導內部人交易的資料，包括像是 www.marketwatch.com 和 www.bloomberg.com。

小提示

證交會實施短線交易獲利規定（short-swing profit rule），來保護投資大眾。該規定防止內部人立即買進不久前才出售獲利的股票，內部人必須至少等六個月才能再度買進。證交會創造該規定，防止內部人利用他們的資訊優勢，趁著投資大眾還來不及反應前，快速賺取不當得利；該規則也對內部人出售股票也適用，六個月內不得以更高價格出售。

技術性內容

擊敗會計舞弊：薩班斯奧克斯利法案

當市場到達瘋狂階段，濫用的程度往往也到達極點；內部人濫用就是個好例子。1997~2000 年股市狂熱期間，濫用不僅限於內部人買賣股票，也包括相關的會計舞弊（例如 2001 年的恩隆〔Enron〕和 2008 年的房利美）。幾家知名公司的最高管理階層欺騙投資人有關公司的財務狀況，以提高股票在大家心目中的價值，就可以用高於市場價值的價格，將股票出售。

國會留意到這些活動，2002 年通過薩班斯奧克斯利法案（Sarbanes-oxley Act，SOX），目的是為了保護投資人不受企業的會計舞弊傷害。SOX 成立公共會計監管委員會，將

企業財務報告的規定變得更嚴格。想了解這項法案，可以上 www.congress.gov 查詢，或是上 www.sox-online.com 和 www.findlaw.com 了解詳情。

內部人交易

有句名言：「聽其言不如觀其行。」大概是為內部人交易而發明的。內部人熟知內情，關注他們的交易提供非常有用的投資資訊，包括買賣公司股票在內。但是內部人的買與賣可能天差地別，內部人買股很簡單，內部人賣股可就複雜了。接下來將提出內部人的買股與賣股交易。

拆解內部人買股

內部人買股的意涵通常代表對公司的明確看法。每位投資人買股票的主要理由，是期待股價會上漲。如果某位內部人買進股票，通常不是重大事件，但如果幾位或更多內部人正在買進股票，肯定會引起你注意。

內部人買股通常是好預兆，而且有利股價。而且，當內部人買股票時，大眾能買的股票變少，當供給變少而需求變大，股價就會上漲。在分析內部人買股時，請記住這些因素：

» **釐清是誰在買股票**：執行長買 5,000 股，這個理由是否夠使你跳進去？或許吧。畢竟，執行長當然知道公司的情況，但是萬一那位執行長才剛到任呢？萬一在這筆買入之前，她完全沒有公司的股票呢？或許這些股票是整套雇用條件的一部分。

新公司的高階主管買第一筆股票，不如擔任多時的執行長將持股倍增，能夠促使你跟進。如果有許多內部人正在買進公司股票，所發出的信號比單獨一位內部人買股更強。

» **看看有多少股正在被買進**：在前面的例子，執行長買了 5,000 股，無論怎麼說都是一筆大數字，但是這足以使你決定投資嗎？或許吧。但是仔細一瞧可能還有蹊蹺。如果她在買進的時候已經持有 100 萬股，加碼 5,000 股或許不足以暗示接下來股票會上漲。在這個例子中，5,000 股只是多了一點，沒什麼好讓人興奮的。

但是，如果這位內部人士過去三年只持有 5,000 股，如今買了 100 萬股呢？這下子應該會引起你的興趣了！通常大筆買進說明那位內部人對公司前景相當有把握而增加持有。然而執行長買入 100 萬股，倒不如有十位內部人各買 10 萬股，暗示的意味還比較濃厚些。如果只有一個人買進股票，不見得是強烈暗示股價即將上漲，但是如果很多人在買進，就可以將之視爲很不錯的信號了。

任何一種形式的內部人買進，都是正向的信號，只是當很多內部人都在買，暗示的意味永遠比較濃厚。「多多益善」可用來判斷內部人買股；這些人對於公司的觀點和前景，都有自己獨特的看法，大批人買進公司股票，暗示多數人對公司未來抱持樂觀。如果財務長、總裁、業務副總裁和其他幾位公司的重要人物願意冒險投資一家自己很了解的公司上，對你的股票投資是個好的信號。

» **注意買進的時機**：內部人買股的時機也很重要。如果我跟你說，去年有五位內部人在不同的時間點買進股票，你會說「哦。」但是如果我告訴你，這五個人在同時間買進大量股票，而且是在旺季到來之前，這下你會說：「哦～～！」。

從內部人賣股中尋找蛛絲馬跡

內部人買股很少是壞事，要嘛是股價上漲的前兆，最糟也是不好不壞，但是內部人賣股就可能是不好不壞，要不就是負面信號。內部人賣股通常比內部人買股難以參透，因為內部人可能有各種不同的賣股動機，與公司前景無關。光是因為公司總裁賣掉5,000 股個人持股，不見得表示你也該跟進。

內部人可能基於幾個理由賣股票。他們可能認為公司在近期的未來不看好，這對你來說是個不好的信號，或者單純只是基於各種個人理由而需要現金，跟公司的潛力無關。以下是幾個內部人可能賣股的常見理由：

» **分散持股**：如果某位內部人的持股太偏重一家公司的股票，理財顧問可能會建議她賣掉一些該公司的股票，買進其他證券，以平衡投資組合。
» **資助個人的急用**：有時候內部人因為醫療、法律或家庭因素而需要現金。
» **買房或大筆金額的購買**：內部人可能需要一筆錢做為不動產的頭期款、資助孩子的大學學費，或者付現購買車子或奢華旅遊。

請記住

如何得知內部人賣股的詳情？雖然內部人必須將買賣股票的相關資料申報給證交會，但資訊不是都揭露真相。一般而言，分析內部人賣股時，請思考以下問題：

» **有幾位內部人在賣股票**？如果只有一位，那筆交易不足以使你採取行動，但是如果多位內部人在賣股票，就應該視為警訊。 上 www.marketwatch.com, www.sec.gov 和 finance.yahoo.com（以及附錄 A），看有沒有相關的新聞或資訊。

» **賣股是否呈現某種模式或不尋常的活動**：如果有一位內部人上個月賣了一些股票，光是那筆交易不算是顯著事件，但是如果有十位內部人過去幾個月各自賣了幾筆，這可就讓人擔心了。看看公司是否有任何新的發展具潛在的不利，如果近來許多內部人不明原因賣股，請考慮立即對股票下停損委託。第十七章有完整介紹停損委託。

» **有多少股票被賣掉**：如果執行長賣掉 5,000 股後仍有 10 萬股，沒什麼大不了，但是如果執行長賣掉全部或大部分的持股，就可能不妙。看看是否公司的其他高階主管也賣股票。

» **外部事件或分析師報告是否跟股票出售交易有些巧合**？有時某位重量級分析師可能發出報告警告某家公司的前景，如果公司的管理階層對這份報告嗤之以鼻，但大部分的人還是選擇落跑（出售股票），或許你應該跟進。當內部人知道即將爆出某個具破壞性的消息，他們往往會在東窗事發之前賣股票。

類似情況，如果管理階層做出樂觀的陳述或報告，而且與他們的行為矛盾（他們正在出售手中持股），證交會可能會調查這家公司是否涉及違法行為（證交會會定期追蹤內部人售股）。

思考企業的股票回購

報紙的財經版或電視的財經節目，有時會報導某家公司將買回自家股票。這項宣布會像這樣：「S 公司宣布將花 20 億美元買回自家股票。」公司為何這麼做，如果你擁有該公司股票或正考慮買進，這代表什麼意義？

當企業買回自己的股票，通常表示他們相信自家股票的價值被低估，股價有上漲的潛力。如果公司展現強勁的基本面（例如

財務狀況良好，營業收入和獲利上升；詳見第八章和第十一章。）且買進更多自己的股票，代表公司的股票值得投資，持有該公司股票會為你的投資加分。

請記住

光是因為宣布股票回購，不見得公司就會這麼做；宣布本身是為了激起大家對股票的興趣，使股價上揚。股票回購或許只是讓內部人有機會賣股票，或者公司需要股票作為高階主管的獎金，雇用和留住有能力的管理階層都是要花錢的。

　　以下提出幾個公司向投資人買回股票的常見理由，以及股票回購的幾個不利影響。

警告

如果某公司即將買回自己的股票，而大部分的內部人正在賣出手中持股，那可不是好事。不見得是負面信號，但不是好信號。保守一點，改投資其他標的。

了解公司爲何買回股票

　　你買這本書，是因為你正在考慮買股票，但是會買股票的不光是個人。我指的不光是共同基金、退休金和其他單位會買股票，發行股票的公司也是買家（和賣家）。上市公司為何會買股票，尤其是買自家的股票？

拉抬每股盈餘

　　只要從股東買回自家股票，就能提高每股盈餘，又不必賺更多錢（關於每股盈餘請詳見第八章和第十一章以及附錄 B），聽起來像魔術？的確有點像。企業的股票回購是一種花招，投資人應該要留意。

　　以下是運作方式：N 公司（代號 NEI）發行在外的股數有 1,000 萬股，第四季預估淨利 1,000 萬美元，因此 NEI 的每股盈餘會是 1

美元。但是如果 NEI 買回 200 萬股自家股票，總發行在外的股數減少為 800 萬股，於是每股盈餘成為 1.25 美元；換言之，股票回購以人為方式將每股盈餘拉抬了 25%！

關於股票回購要記住的重點是，公司實際的盈餘並未改變，因為公司管理階層或營運的基本面沒有變，因此每股盈餘提高有誤導之嫌。但是市場過度迷信獲利數字，而由於獲利是公司的命脈，因此哪怕只是表面，盈餘上升也可能拉高股價。

觀察一家公司的本益比（詳見第八章、第十一章和附錄 B），知道獲利提高通常代表股價最終會上漲，而且股票回購會影響供需；由於市場上可供交易的股票減少，需求必然會導致股價上漲。

每當一家公司大筆購入股票，如買回自家股票，思考一下公司如何支付買股票的錢，以及是否看起來有善用公司的購買力。公司買股票的理由通常跟一般投資人買股票沒有兩樣，也就是相信股票是個好的投資標的，並且會隨時間增值。支付股票回購的價金通常有兩種基本方式，一是用營運來的錢，或者用借來的錢。兩種方法都有缺點。詳情請閱讀接下來「探索回購的缺點」。

反擊收購的出價

假設你讀財經版，看到 X 公司正在對 Z 公司進行惡意併購，惡意併購並不表示 X 公司派遣配備錘矛的風暴兵到 Z 公司的總部去攻打它的管理階層，而是 X 想買進 Z 公司的股數，多到足以有效控制 Z 公司（而 Z 公司不想被 X 公司擁有或控制）。由於買賣股票發生在公開市場或股票交易，公司之間可以買彼此的股票。有時被鎖定的公司寧可不被收購，這時可以買回自家股票作為保護措施，以免有興趣的公司做出不樂見的行動。

有時候，企圖併購的公司已經買進一些目標公司的股票，這時被鎖定的公司可以提議用比較高的價格，向侵略者買回這

些股票，來阻撓併購的企圖。這類的條件往往被稱為溢價回購（greenmail）。

併購的疑慮通常會激起投資大眾興趣，將股價推高而使目前的股東獲利。

探索股票回購的缺點

股票回購儘管有好處，但必須付出一筆錢，而這筆費用會產生後果。當公司利用營運的資金來支付股票回購的錢，就比較沒有錢來升級或改善技術，或者從事研發。公司舉債支付股票回購面臨的危險更大，不僅使它在其他方面的借款能力變弱，也必須連本帶利還債，因而降低獲利。

通常只要是金錢的不當使用，包括舉債來買回自家股票，都會影響公司營業收入和獲利成長的能力，而這兩個衡量標準，是使股票維持上漲的動能所需。

假設 NEI 公司通常每股每年支付股息 25 美分，它希望用借來的錢買回自家股票，借款利息 9%，目前每股股價 10 美元。如果 NEI 買回 200 萬股，就可以省去股息 50 萬美元（200 萬乘以 25 美分），但是 NEI 必須對借款支付利息，利息總額為 180 萬美元（2,000 萬的 9%），結果 NEI 的現金淨流出 130 萬美元（付出的利息與省下的股息之差）。

舉債支付股票回購的錢，需要有點經濟的概念，因為這麼做需要強化公司的財務狀況，或許 NEI 可以把用來股票回購的錢花在更好的地方；例如設備現代化或支付新的行銷活動。由於舉債利息最終會使獲利降低，因此公司在舉債買回股票時，務必三思。

股票分割（stock splits）：別抓狂

管理團隊經常會決定進行股票分割。股票分割是用新的股票換取公司現有的股票，股票分割並不增減公司的市值，只是改變市場上可供交易的股數和每股價格。

公司一般會宣布進行一拆二的股票分割，舉例來說，某公司發行在外的股數 1,000 萬股，每股市價 40 美元，一拆二的股票分割，公司就會有 2,000 萬股（總股數加倍），市價也調整為 20 美元（市價減半）。企業也會進行如二拆三、一拆四等不同的股票分割，只是一拆二為最常見的分割方式。

接下來，介紹兩種基本型態的分割：普通股分割和反向股票分割。

符合股票分割資格，就類似符合配息資格，你必須在股權登記日時被列在股東名冊上。詳實記錄股票分割，以備報稅時計算資本利得之需。（關於股權登記日，詳見第六章，關於租稅資訊，請詳見第二十一章）。

普通股股票分割

普通股的股票分割時會使股數增加，也是投資人通常聽到的。如果擁有 100 股 D 公司的股票（每股 60 美元），公司宣布股票分割，而且如果你擁有的是該公司的股票憑證（目前很少見），你會收到郵寄一張 100 股的憑證。在你還來不及歡呼你的錢加倍之前，看看股價。每股調整成 30 美元。

不是所有股票都是憑證形式，證券交易戶的股票被記錄在存摺中。其實大部分的股票都記錄在帳冊，公司只有在必要的時候或是應投資人要求，才會發行股票憑證；如果你把股票存在證券交易帳

戶，向你的往來券商查詢股票總數，確認股票分割後的股數有進入帳戶中。

請記住

普通股的股票分割無所謂好壞，那公司為何要費事這麼做？最常見的理由是，管理階層相信股票太貴，希望降低股價使更多人買得起，因而吸引更多新的投資人。研究顯示股票分割經常出現在股價上漲之前，雖然股票分割本身被認為是白忙一場，但許多股票專家認為股票分割會引起投資大眾興趣，因此將之視為多頭的象徵。

反向股票分割

反向股票分割（reverse stock split）通常是當公司的管理階層希望提高股價時發生，一般的分割是管理階層認為股價太高，而反向股票分割則是公司覺得股價太便宜。如果股價看起來太低，可能導致個人或機構投資者興趣缺缺（例如共同基金），為了股東利益，管理階層希望激發大家對股票的興趣。

公司也可能透過反向分割來降低成本。當你必須定期寄送年度報告等資料給所有股東，郵寄費可能會有點貴，尤其如果很多投資人只擁有幾股。反向分割幫助整合股票，降低整體的管理成本。

反向分割的說明如下。TCI 公司的股票在那斯達克上市每股 2 美元，股價這麼低，投資大眾可能根本不會注意到這家公司的股票，於是 TCI 宣布 10 股換 1 股的反向股票分割，如果股東持有 100 股，每股 2 美元，現在股東擁有 10 股，每股 20 美元。

警告

技術上，反向分割被認為無所謂好壞。但是一如投資人可能會從正常的股票分割聯想到股價上漲，他們也可能從反向分割聯想到股價下跌，因為反向分割往往基於不好的理由才發生，其中一個

確定的負面理由，在於如果公司股票有下市危險。如果在某大證券交易所上市的某支股票股價掉到 1 美元以下，股票將面臨下市（基本上就是被從證券交易所移走）。反向分割可以被用來防止類似事情發生。基本上，反向分割最終不是件好事，投資人應該遠離這種股票。

技術性內容

如果發生股票分割後，你的持股變成了畸零股，公司不會針對不滿一股發行股票，而是寄一張金額相當於股數的支票給你。例如，如果你持有 51 股，公司宣布 2 股換 1 股的反向分割，你有可能拿到 25 股加上相當於剩餘不滿 1 股的現金。

密切關注國會的一舉一動

最近有關內部人交易的轟動事件，是美國兩黨的國會議員做了對你我來說非法的事而獲得大筆財富，然而，對他們而言卻是合法！若是不曉得為何有人會花數百萬美元只為了獲得「公僕」的工作，之後又以數百萬美元的身家退休，現在你有個線索，那就是國會的內部人交易。

國會議員通過各項法律。他們知道哪家公司注定會虧錢，哪些會因此得利；於是就投資那些得利的公司並且／或避免（或放空）那些失意的公司。（當你放空一支股票時，可以藉由賣高買低來賺錢，關於放空的運作方式，詳見第十七章。）許多人就是仗著這種特權，輕易就數百萬美元的獲利進帳。

2008 年崩盤期間，有些國會的人早在大眾（和大部分的投資人）之前，就知道金融界即將發生的事，靠著放空策略賺進大筆鈔票，為這群政客賺取（合法！）獲利；這些事換作是你我，只會落得被關進監獄的下場，想到就讓人火冒三丈！

2011 年末，難以置信的腐敗引起的眾怒，因而新的法律

於 2012 年 誕 生 ── 國 會 知 識 停 止 交 易 法 案（Stop Trading on Congressional Knowledge（STOCK）Act（公法 112-105））── 這項法律是個很好的開始；但是到了 2013 年悄悄被修改，於是重要的強制規定條款遭到灌水。想了解詳情，可以上政府道德辦公室（Office of Government Ethics）的網站（www.oge.gov），並透過搜尋引擎找到其他參考資料。

小提示　數位時代更容易發現企業的內部人及其重大交易，但是還是難以掌握政府官員的內部人交易。因此，有必要透過本章提到的財經和監控網站以及附錄 A，對政治人物舉動提高警覺。

Chapter 21

爲自己多省點稅

　　了解如何靠股票賺錢後，現在又有個關卡，就是保住辛苦賺來的錢！有些人說，課稅是一件粗魯、複雜又違反生產力的事。有些人則說，課稅是一種合法盜竊的形式，甚至還有人會說，課稅是必要之惡。還有些悲觀論者。無論如何，本章要說明如何留住更多辛苦的果實。

請記住

　　請記住本章並非全面性的介紹，如果希望更完整處理個人租稅，應該向個人稅務顧問詢問，並且上美國國稅局網站（www.irs.gov）或打電話給美國國稅局的出版品部門，電話是 800-829-3676，以取得本章提到的出版品。

　　但是，本章將探討與股票投資人最相關的內容，例如股息、資本利得和損失的租稅處理、投資人的共同租稅抵減、幾個簡單的減稅策略，並提出退休投資的要點。順帶一提，我是從最近租稅法修改的觀點探討以上各點。

小提示

　　稅法可能令人不快且難以理解，動輒讓人覺得自己像隻走迷宮的老鼠，努力想找到乳酪（退稅），至少把辛苦賺來的乳酪多留點下來。較高（且較複雜）的租稅通常不利股票投資人或整體經濟，

但幸好最近的租稅法有幾個對多數投資人有利的規定。但是無論租稅環境友善與否，你應該透過稅務顧問、線上租稅資訊和納稅義務人的支持團體如全國納稅人聯盟（National Taxpayers Union）（www.ntu.org）等，獲得最新的租稅資訊。

小提示 www.taxchanges.us 讓你輕鬆得知租稅改革的改變。這是美國國稅局納稅義務人權益保護局（https：//taxoateradvocate.irs.gov/）的服務項目，提供 2018、2019 年以及後續課稅年度的稅法更動。可以從表格 1040 的實際項目或是主題和次主題，得知有哪些改變；這裡也提供計算薪資扣繳的方法，使扣繳的薪資更貼近新的可能稅率，避免過度扣繳或扣繳不足。

付出昂貴代價：稅法對不同投資標的的課稅方式

接下來，說明開始投資美國股票時須面對的租稅議題。你需要預先了解一般收入、資本利得和資本損失的基本觀念，因為這些可能影響你的投資策略和長期財富累積計畫。

了解一般所得和資本利得

股票投資獲利可能以兩種方式之一課稅，端看獲利的種類：

» **一般所得**：獲利可以比照工資或利息的稅率，也就是一般稅率。如果你的租稅級距為 28%，你的一般收入投資獲利也適用該稅率。有兩類投資獲利會被當成一般收入來課稅（詳見美國國稅局出版品 550：投資收入和費用）。

● **股息**：收到股息時（無論是現金還是股票），會被當作一

般收入課稅，包含股息再投資計畫內的股息（詳見第十九章）。但是，如果股息發生在避稅計畫中，例如 IRA 或 401（k）計畫，只要股息在計畫中就可免稅。（退休計畫在後面的「利用租稅優惠退休投資」。）

請記住符合資格的股息所適用的稅率，會低於不符合資格的股息。符合資格的股息，是指獲得租稅優惠待遇的股息，通常如果股息是由美國公司發放（或是在美國證券交易所交易的外國公司），且持有股票六十天以上就符合資格。不符合資格的普通股息，像是貨幣市場基金發放的股息，或債券相關的指數交易基金（因為股息在技術上屬於利息）。

- 短期資本利得：出售持有一年或未滿一年的股票時，獲利被認定為一般所得，日子的計算是以交易日為準（執行日），也就是你執行下單的日子，不是交割日（關於幾個重要的日子，請詳見第六章）。但是，如果利得發生在租稅庇護的計畫，如 401（k）或 IRA，就無須課稅。

» 長期資本利得：從課稅的角度，通常比普通收入或短期利得好很多。租稅法對有耐性的投資人比較好，當你持有股票至少一年加上一天（差一天就差很多！），那筆獲利所適用的稅率可能較低（下一段會針對可能節省的稅金做更明確介紹）。關於資本利得請詳見 IRS 出版品 550 號，好消息是你可以算準賣股的時機，所以你一定要推遲賣股的日子（盡可能），以享受較低的資本利得稅。

請記住

你可以控制如何管理投資獲利的租稅負擔。只有當實際出售股票時的利得才會被課稅（換句話說，只有在實現利得時）。如果 G 公司股票從每股 5 美元上漲到 87 美元，增值的 82 美元不會被課稅，除非你真正把股票賣掉。直到你賣掉股票前，利得都屬未實現，

小心算準售股時機，持有股票至少一年又一天（好讓利得成為長期），使稅額降到最低。

小提示

買股票時，請記錄購買日期以及成本基礎（也就是股票的買入價格，加上所有相關費用如佣金），在你決定賣股票時，會是非常重要的課稅資訊。買入日期（又叫做執行日）幫助計算持有期間（你擁有股票多久時間），從而判斷利得會被認定為短期還是長期。

　　假設你買 G 公司的股票 100 股，每股 5 美元加上佣金 8 美元，成本基礎為 508 美元（100 股乘以 5 美元加 8 美元佣金）。如果你以每股 87 美元賣掉股票，並且支付 12 美元佣金，總售股金額為 8,688 美元（100 股乘以 87 美元減去 12 美元佣金），如果這筆交易發生在買入後不滿一年，就是短期利得，由於你的適用稅率為 28%，短期利得 8,180 美元（$8,688 － $508）也適用 28% 稅率課稅。閱讀接下來的段落，看看如果利得為長期時，對租稅負擔的影響。

　　放空的利得（或損失），無論持有部位多久，都被認定為短期。關於放空的機制，詳見第十七章。

使資本利得稅減到最低

　　長期資本利得的稅率優於一般所得。為了符合長期資本利得的課稅規定，一定要持有投資標的超過一年（換言之，至少一年又一天）。

　　還記得前一段 G 公司的例子，在短期交易適用的 28% 稅率下，稅金為 2,290 美元（8,180 美元乘以 28%），在你恢復生機後，會倒抽一口氣，說道：「實在好痛！我最好持有久一點。」於是你持有股票超過一年，以取得長期資本利得的身分，這麼做對稅金有什麼影響？對於所有適用 28% 稅率甚至更高的人來說，長期資本

利得適用 15% 的稅率。於是稅金成為 1,227 美元（8,180 美元乘以 15%），省了 1,063 美元（$2,290 － $1,227）的稅金，金額不大，但是跟原本的稅金還是差很多。畢竟成功的股票投資不光是賺多少錢，也包括留下多少錢。

　　資本利得稅可能低於一般所得的稅率，但不會比較高，如果你的一般所得適用 15% 稅率，你有長期資本利得，正常情況會使你的稅率級距提高到 28%，但利得會以你的較低稅率 15% 課徵，而不是較高的資本利得稅率。定期詢問稅務顧問，因為這條規定可能因為新的稅法而改變。

請記住

不要只因為符合長期資本利得的課稅條件，就把股票賣掉，哪怕賣掉股票能減輕租稅負擔。如果股票的績效良好且符合你的投資標準，就繼續持有。

債務和租稅：另一個角度

如果你真的需要現金，但因為股票的績效良好所以不想賣股票，而你又想避免支付資本利得稅，可以考慮用股票來借錢。如果是上市公司的股票（例如在紐約證交所），而且存在可享用保證金交易的證券交易戶，你可以用比較優惠的利率，最多借到這支可使用保證金交易股票的 50% 的價值（上市公司股票都是可使用保證金交易的證券）。你借來的錢被認為保證金貸款（詳見第十七章），而你付的利息又低（相較於信用卡借款或個人貸款），因為它被視為有擔保借款（股票作為抵押品）。我在少數幾次使用保證金貸款時，通常會確保我使用高股息的股票，如此股票本身可以用來償還保證金貸款。此外如果籌到的錢被用來投資，保證金利息就適用租稅減免。詳見 IRS 出版品 550 號。

處理資本損失

你是否曾經想過，股票的價值降低可能會是件好事？投資持股的損失唯一的好處在於可以減輕稅負，資本損失表示投資虧錢。這筆金額在報稅時通常可以扣除，你可以申報長期或短期持股虧損，這筆損失的金額可以從其他收入扣掉，降低整體的稅金。

假設你共花了 3,500 美元買了 W 公司的股票，後來以 800 美元賣出，可租稅減免的資本損失為 2,700 美元。

請記住

租稅申報書上扣除投資虧損有個附帶條件，那就是單一年度最多只能申報 3,000 美元。從好處想，任何多出來的虧損其實不是虧損，因為你可以把它帶到下一年。假如你在 2019 年有淨投資虧損 4,500 美元，可以在 2019 年扣除 3,000 美元，把剩餘的 1,500 美元虧損遞延到 2020 年，從當年度的申報書中扣除，那筆 1,500 美元的虧損，可以用來抵銷 2020 年實現的所有利得。

扣除虧損之前，首先必須用它來抵銷資本利得，如果你在 A 股票實現長期資本利得 7,000 美元，B 股票的長期資本損失 6,000 美元，你就有長期資本淨利得 1,000 美元。（7,000 美元的利得減去 6,000 美元虧損）如果可能，看看你持股中的虧損是否可以實現來抵銷資本利得以減輕稅負。關於投資人資本利得和損失的資訊，詳見 IRS 出版品 550 號。

小提示

以下是最佳策略：盡可能讓虧損成為短期，把利得推遲到長期資本利得。如果一筆交易無法免稅，至少盡可能延後租稅，讓錢繼續替你賺錢。

評估利得和虧損的情況

當然，凡是投資人都想得出幾百種可能發生利得和虧損的情況。例如，你想知道如果現在賣掉部分持股作為短期資本損失，之後再賣掉剩餘的作為長期資本利得，不知道好不好。你必須有系統地看每一筆股票出售（或可能出售）交易，來計算你會從中實現的利益或損失。釐清利益或損失並不是那麼複雜的事，以下幾個通則幫助你清理頭緒，如果把所有的利得和損失相加：

» **短期利得**：會被課以你的最高級距稅率（作為一般所得）。
» **長期利得**：如果你的稅率級距為 28% 或更高，會被課以 15%。向稅務顧問詢問關於這點是否有任何影響稅負的改變。
» **3,000 美元或更低的損失**：全額可用以扣抵其他所得。如果你採取夫妻分開申報，扣除額上限為 1,500 美元。
» **損失超過 3,000 美元**：你當年最多只能扣抵 3,000 美元，剩餘的遞延到未來年度。

和國稅局分享利得

當然，你不希望繳的稅金超過你該繳的，但就像俗話說的：「別讓投資被租稅牽著走」。買賣股票首先應該基於利益考量，其次再考慮對租稅的影響；畢竟租稅只吃掉利益的相對一小部分，只要你有淨利益（扣除所有交易成本後，包括租稅、經紀費和其他相關費用），把自己想成一個成功的投資者，即使必須拿出一些利得去繳稅。

小提示

盡量使租稅規畫成為日常活動的第二本能。你不需要成天埋首在文件堆和租稅預測中，但是在做股票交易時要保留收據和委託確

認，並且做好記錄，考慮大筆的股票買賣時，停一下，問自己這筆交易會對租稅造成正面還是負面影響。（參考前面的「付出昂貴代價：稅法對不同投資標的的課稅方式」。）事前跟租稅顧問討論可能的結果。

接下來，將說明你需要填寫的報稅單，以及幾個該遵守的規則。

填寫表格

大部分投資人會在個人租稅申報書上申報（表格 1040）投資相關活動，以下是你可能從經紀商等投資來源收到的報告：

> » **股票和銀行對帳單**：每個月收到的對帳單。
> » **交易確認**：確認買進或賣出股票的文件。
> » **1099-DIV**：報告付給你的股息。
> » **1099-INT**：報告付給你的利息。
> » **1099-B**：報告出售投資標的的總所得，例如股票和共同基金。

請記住

你可能會接到其他比較難懂的表格，沒有列在這裡。請保留所有和股票投資有關的文件。

大部分股票投資人需要留意的美國國稅局報表和表格以及／或附在表格 1040 的包括以下：

> » **B 報表**：申報利息和股息
> » **D 報表**：申報資本利得和損失
> » **表格 4952**：投資利息費用扣除
> » **出版品 17 號**：表格 1040 的指引

可以直接從美國國稅局（電話 800-829-3676）取得這些出版品，也可以從網站（www.irs.gov）下載。關於投資人應該了解並處理哪些記錄和文件，請參考 IRS 出版品 552 號，《個人的記帳》（Recordkeeping for individuals）。

小提示

如果打算自己報稅，可以考慮使用最新的報稅軟體，既便宜又好用。這些程式通常有問答的功能，幫助你一步一步報稅，且包含所有必要的表格，可以向當地的軟體業者或公司網站，購買像是 TurboTax （www.turbotax.com）或 H&R Block at Home （之前稱為 TaxCut, www.hrblock.com/tax-software），也可以在 www.taxact.com 上取得免費的報稅軟體。

照規矩來

警告

有些人自以為聰明的認為：「我幹嘛不乾脆在 12 月 31 日前賣掉虧錢的股票來實現短期損失，到 1 月 2 日再把這些股票買回來，就可以兩者兼得。」別高興太早。美國國稅局設了一條名為「假售回購」（wash-sale rule）的規則，來防堵類似的人為操縱。這條規定說，如果賣出股票而產生虧損，之後在三十天內又買回來，就無法承認損失，因為你的投資並未產生任何實質的改變。假售回購規則只適用虧損的情況，規避這條規則的方法很簡單，至少等三十一天，再把同樣的股票買回來。

有些人規避假售回購的方法，是買進兩倍的股數，而真正的目的是賣掉一半，因此美國國稅局規定三十天包含出售日的雙方，如此一來，投資人不能在出售前三十天內買相同股票，之後為了省稅而實現短期虧損。

發掘美國國稅局的溫柔面：投資人的租稅扣抵

你在管理股票和其他投資標的的期間，會產生可以租稅扣抵的費用。稅法准許把某些投資相關的費用，在報表 A 上列舉沖銷，報表 A 是 IRS 表格 1040 的附件。請記錄你的扣抵項目，並且保留一份清單，提醒自己通常使用哪些扣抵。IRS 出版品 550 號（「投資所得和費用」）提供更多詳細內容。

以下說明投資人的一般租稅扣抵，包括投資利息、雜項費用和慈善捐款，以及一些無法扣抵的項目。

警告

2018、2019 年及往後年度，個人的標準扣除大幅提高，因此你可能不需要列舉在報表 A 上，因為標準扣除提供更大的租稅優惠。2019 年，已婚夫妻共同申報的標準扣除額為 24,400 美元（2018 年為 24,000 美元），由於 2018 年的租稅法案大幅提高標準扣除額（2017 年共同申報的已婚夫妻只有 12,700 美元），（用表格 A）列舉扣除變得比較無利可圖，因為總列舉扣除需要高於標準扣除額，才有必要一一列舉。股票投資人的問題在於許多投資相關的可扣除費用，是以列舉費用（報表 A）來申報，因此會比較難以超過新的、較高的標準扣除額。

投資利息

支付利息給股票經紀商，例如保證金利息或為了取得應課稅的財務投資所支付的任何利息，都被視為投資利息且通常作為列舉費用全額扣除。

警告

並不是所有利息都可以扣除。消費借款的利息或是因為消費或個人因素而支付的利息就無法扣除，關於利息詳見 IRS 出版品 17 號。

雜項費用

大部分投資相關的扣除額，被申報為雜項費用。以下為幾個常見的扣除項目：

» 爲了記錄投資所得而產生的會計或簿記費用
» 所有和租稅服務、租稅程式或租稅教育相關的費用
» 電腦費用—如果你的電腦有至少一半的時間是用來管理投資，就可以將電腦的折舊作爲扣除額
» 投資管理或投資顧問費（爲了獲得免稅投資建議所支付的費用不可扣除）。
» 涉及股東問題的法律費用
» 存放證券的保險櫃租金或家用保險櫃，除非是用來存放個人財物或免稅證券。
» 代收利息和股息的服務費用
» 投資顧問服務的訂閱費用
» 爲了查看投資標的或是爲了和顧問洽談所得相關的投資標的，所發生的差旅費

請記住

能扣除的雜項費用，只限於超過調整後毛所得 2% 的部分。關於扣除雜項費用，詳見 IRS 出版品 529 號。

捐股票給慈善機構

如果捐股票給（美國國稅局核准的）慈善機構，由於是非現金的慈善捐款，你可以扣除股票的市價。

假設去年你花 2,000 美元購買股票，今年價值 4,000 美元。如果今年捐出這些股票，可以在捐獻時沖銷市場價值，在此是扣除

4,000 美元。利用報表 A 的附件 IRS 表格 8283，來申報超過 500 美元的非現金捐獻。

小提示

如果想就這個主題獲得更多美國國稅局的指引，可以參考出版品 526 號，《慈善捐贈》。

無法扣除的項目

警告

最後是幾個不能扣除的項目：

» 財務規畫或投資研討會
» 凡是跟參加股東大會有關的成本
» 爲管理投資標的的家庭辦公室費用

利用租稅優惠退休投資

如果你打算為長遠投資（例如退休），最好盡可能利用租稅庇護的退休計畫，市面上有許多不同型態的計畫，我只提最常見的幾個。雖然退休計畫對於直接買賣股票（相對於共同基金）的投資人來說，似乎沒那麼重要，有些所謂的自導式退休帳戶（self-directed retirement accounts），讓你可以直接投資。

個人退休帳戶 （IRA）

可以到銀行或共同基金公司等金融機構，開設個人退休帳戶（Individual Retirement Accounts, IRA），只要是有賺取所得的人幾乎都可以開 IRA，提撥一筆錢投資為退休存老本。開設 IRA 很容易，幾乎所有銀行或共同基金都可以指導你如何開設。IRA 有兩

種基本型態，即傳統 IRA 和羅斯 IRA。

傳統 IRA

傳統的個人退休帳戶（又稱為可扣除 IRA）於 1980 年代初期開始受歡迎。2020 年，你可以透過傳統 IRA 最多捐獻 6,000 美元可租稅扣抵的捐款（要受某些限制），個人年滿五十歲可以做 1,000 美元額外的「追趕式」（catch-up）投資。2020 年起，以上限制會隨通貨膨脹指數調整。

之後，IRA 帳戶內的錢可以不受目前租稅限制地成長，因為這筆錢要等到你提出來才會被課稅。由於 IRA 的目的是為了退休，你可以在五十九歲半的那一年開始把 IRA 裡的錢提出來（那些在五十八又四分之三歲就需要錢的人一定會失望），在那個時間點上提取的錢，被當作一般所得課稅。（幸好？）你應該會適用較低的稅率級距，所以稅金應該不成為負擔。

你在年滿七十歲半的時候，被要求開始把分配到帳戶裡的錢拿出來。在那個時間點後，你可以不再存錢進入傳統 IRA。請詢問稅務顧問，看看這個標準是否對你個人產生影響。

如果你太早提取 IRA 裡的錢，這筆錢會被算進應稅所得，而且可能會被課以 10% 的罰金，除非有充分理由避免這筆罰款。美國國稅局的出版品 590-B《從個人退休帳戶（IRA）提取金錢》提供一張理由清單。

若想把錢存入 IRA，所得必須不低於存入的金額，勞動所得（earned income）是受雇或自營的收入。雖然傳統 IRA 對投資人很有利，但最困難的在符合資格，IRA 的所得限制和其他資格限制，會根據你收入多高，而使 IRA 的可扣除金額減少。詳見 IRS 出版品 590-A《存入個人退休帳戶（IRA）》。

小提示

等等！如果 IRA 通常是跟共同基金或銀行投資有關，股票投資人如何利用？答案是：股票投資人可以到經紀商開一個自導式 IRA，用這個戶頭買賣股票，股息或資本利得不需課稅。帳戶的租稅遞延，因此你在開始提款之前，都不必擔心稅的問題，此外許多股息再投資計畫（DRP）也可以設定為 IRA。關於 DRP 詳見第十九章。

羅斯 IRA

羅斯 IRA 是個很棒的退休計畫，應該更早就存在才對。以下幾種方式區分羅斯 IRA 和傳統 IRA：

» 羅斯 IRA 的存入金額不提供租稅扣抵。

» 羅斯 IRA 帳戶的收益免稅，年滿五十九歲半提款免稅。

» 羅斯 IRA 提前提款有罰金（但有例外）。必須符合資格提款，才能夠免稅且免受罰，換言之，要確保提款必須遵守美國國稅局訂定的指導原則（詳見出版品 590-B）。

羅斯 IRA 每年最高取款金額與傳統 IRA 相同，你也可以到經紀商開立一個自導式帳戶，關於資格的規定，詳見 IRS 出版品 590-A。

401（k）計畫

企業贊助的 401（k）（是以准許設立該計畫的法條編號命名）被廣泛利用且非常受歡迎。在 401（k）計畫中，企業從員工的薪資提撥一筆錢，員工可以用這筆錢投資作為退休之用。通常來說，2020 年最高可以把 19,500 美元的稅前勞動所得拿來投資，且收益的租稅遞延。凡是年滿五十歲的人，最高可存入 6,500 美元作為「追補」存款。

通常這筆錢被用來購買共同基金，由基金公司或保險公司管理。雖然大部分的 401（k）計畫並非自導式，但我會在本書中提到，是有充分的理由。

由於錢存在可以投資股票的共同基金中，你可以主動尋找可以投資的共同基金。大部分的計畫都會提供幾種股票型基金，利用你對股票投資愈來愈豐富的知識，對 401（k）計畫選項做更適切的選擇。關於 401（k）和其他退休計畫，詳見 IRS 出版品 560 號。

如果你是受雇者，也可以上美國勞工部網站 www.dol.gov 了解更多退休計畫的詳情。

請記住

共同基金的績效取決於其投資標的。詢問計畫管理者有關基金的問題，以及該計畫投資哪幾類股票。股票是屬於防衛性還是週期性？是成長型股票還是收益型股票（支付高股息）？是大型股還是小型股？（詳見第一章有關這些股票類型）。如果沒有對計畫中的投資標的做適切選擇，別人會幫你做（例如計畫管理者），而那個人對於你的錢，大概不會跟你有相同的想法。

5

各種「十」

想知道你看到的標的是不是好股票嗎？發掘前十大指標。

當市場往下走，幫助你採取一些有利可圖的策略和戰術。

股票不是唯一的投資標的（也不該是），發現幾種很棒的投資標的，以分散風險。

洞悉下個十年（2020-2030 年）卽將到來的強大趨勢和崩潰，調整股票交易策略，使獲利極大（或損失極小）。

Chapter 22

好股票的十個指標

　　在這樣的一本書中，終極目標是要會辨識股票的聖杯——「那支」股票——如果股票是人，蘋果、亞馬遜、寶鹼以及微軟和平民相比就是國王了，那類股票會是你持股中的金雞母！不過，請先且慢。

　　那支股票目前可能是天價，你必須切合實際。如果你有一支股票具備以下所有特點，請買好、買滿、買到飽（而且要讓我知道，好讓我也這麼做！）。

　　說真格的，我懷疑你找得到符合本章描述所有十項特質的股票，但是即使是具備一半特質，都是超級可靠的選擇。找到一支具備最多特質的股票，你就可能會是贏家。

公司的獲利持續增加

　　成功的公司最重要是會賺錢。實際上，獲利是公司財務最重要的要素。我甚至主張獲利是經濟體成功的唯一最重要元素；沒有獲利，公司就活不下去。如果企業關門大吉，工作機會就變成零，政府也收不到稅，於是政府無法運作，付薪水給員工和仰賴

公家救助生活的人。抱歉扯遠了，但了解獲利的重要性是必不可少的。

請記住　獲利是營業收入減去費用後的餘額，當公司的費用管理得當，獲利就會成長。關於評估公司成功與否的數字，詳見第六章、第十一章和附錄 B。

公司的營業收入持續成長

看一家公司的總銷售金額，又稱為分析營業收入（top-line）。當然，那是因為當你看著淨收入（銷售總額減去總費用）時，你是在看利潤（bottom line）。

公司（或分析師）可以操縱損益表上的許多數字，看獲利的方式有十幾種。收益是一家公司的心臟也是靈魂，但是收入提供一個清晰無誤的數字來看待獲利。一家公司的銷貨收入總額（或銷售總額或收入總額）的數字比較難騙人。

小提示　投資人，特別是新手投資人，很容易看著某家公司某一年的營業收入，就知道比去年好還是壞。審視三年的營業收入，得以完整評估公司的績效。

當然，有幾年對每家公司來說都不好過，別期待公司營收每年都會創新高。有時成功是相對的；當同業的營收下降更多，營收下降 5% 的公司就算表現不錯。

不用說也知道，總營業收入上升是好現象，公司會更容易克服其他潛在問題（例如清償債務或突發性的費用），為長遠的成功鋪好康莊大道。

附錄 B 有各種觀察營業收入的方式，供你自己做營業收入分析。

公司的負債低

其他條件均等下，我寧可公司的債務相對較低。負債太多可能殺死一家本來很好的公司，債務會吞噬你，如今債務正在吞噬全球許多國家。

由於低負債的公司擁有舉債能力，就趁機會收購對手或者買下一家公司替自己的技術加分，推升目前或未來的獲利成長。

請注意我不是說無負債的公司。別誤會，零負債或幾乎沒有債務的公司是可靠的公司，但是在這個利率史上最低的環境，舉一點債做有效率的應用是值得的。換言之，如果能夠借到像 3% 的利率，把錢用來產生 5% 或更多的收益，何樂而不為？

請記住

其次，注意我在談負債，傳統的債務不見得會使一家公司破產，但是如果那家公司花的錢比賺進來的少呢？負債或「總負債」，考慮所有公司必須支付的金錢，包括長期債券（長期債務）、員工薪資，甚至水費。目前的費用應該遠小於目前的收入，但是不要累積長期債務，這會耗盡未來的收入。

此外，某些產業的負債，或許不是傳統債務或每月費用的形式。我最近讀到一篇產業報告，提到有些規模很大的銀行和股票經紀商有龐大的衍生性商品部位，這種複雜的金融商品，很容易就轉變成排山倒海而來的債務，足以讓一家銀行破產。

我的研究發現，有家華爾街的經紀商，竟然共有 35 兆美元的衍生性商品，即使資產負債表上的淨值只有 1,040 億美元。「美國通貨監理局」（Office of the Comptroller of the Currency，www.occ.gov）專門追蹤這類數字，考慮投資這類金融機構時，應該上網去查一查。

重點在於成功企業的特徵之一，是保持負債低且可管理。你可以在財務報表（如資產負債表）上看到公司的負債。關於債務詳見第十一章。

想了解公司的債務是否在可接受的水準，負債資產比會是很好的參數。詳細內容請參考附錄 B。

小提示

股價很划算

價格和價值是兩種不同的概念，而且不能互換。低價不等於撿到便宜，就好比希望用最少錢買到最多、最好的東西，股票投資也是如此。

看一家公司的價值可以有幾種方式，但首先我會看本益比（P/E）；這是把公司股價和每股淨獲利連結。如果一家公司的每股 15 美元，每股獲利 1 美元，本益比就是 15。

請記住

通常本益比 15 或低於 15 算是不錯，特別如果其他數字也很好（例如獲利和營收都在增加，如本章早先提到的）。當經濟處在谷底，股價下跌，本益比 10 或更低就更好；相反地，如果經濟繁榮，高一點的本益比是可以接受的。

我自認是價值投資者，因此本益比十幾甚至個位數，會讓我比較安心。不過，有些人可能不以為然，認為本益比 25 甚至 50 都是可接受。在此我要再說一次，這種水準（或更高）的本益比就談不上划算。請記住本益如 75、100 甚至更高的股票，表示股票投資人對公司獲利抱持高期待；如果獲利不如預期，股價很可能會暴跌，所以要小心高本益比的股票。

警告

太多投資人認為買進沒有本益比的股票不是問題，這類股票有本（股價），但是沒有益（獲利）。如果你投資一家虧損而非賺錢的公司，我認為你不是投資者，而是投機者。

投資虧錢的公司是在下賭注，更重要的是，根本不划算（但是當你發現一家公司正在虧錢，可能會是個放空的好機會。詳

見第十七章）。

如果股票市值等於或低於帳面價值，也可能是划算的。（公司淨資產真正的會計價值）。關於帳面價值請詳見第十一章。

股息逐年增加

對今日的投資人來說，長期投資才是利之所在；但是在你盯著日曆，夢想未來的獲利前，先看看企業目前的股息。

股息是長期投資者最好的朋友，如果持股幾年後，收到的股息總額竟然超過原始投資額，不是很棒嗎？而且比想像的還要常見！我曾經計算某支股票歷年來累積的股息，發現回本所需要的時間比你以為的還要短（計算累積的股息）。我知道有些人在空頭市場（當股價非常低時）期間買進配息的股票，在八至十年後賺回原始投資額（視股票及其股息成長而異）。

股息成長也伴隨股票本身的潛在成長。股息持續增加對股價是件好事；投資大眾認為股息成長，足以證明企業目前和未來的財務體質良好。

一家公司或許能捏造獲利和其他軟性或可塑性的數據，但是當發放股息時，就千真萬確證明公司有在賺錢。因此，光是看股息長期持續增加的股票線圖（假設五年甚至更久），99% 代表股價也會緩步朝類似模式向上。

第九章探討股息和股息成長的股票，第五章則是持股組合中有配息股票的 ETF。最後，股息投資策略請詳見附錄 A。

市場在成長

當我說市場在成長，意思是特定產品的消費者市場。如果愈來愈多人買某樣東西，而這樣東西的營業收入持續成長，對銷售（或服務）這樣東西的公司來說就是好兆頭。

花點時間觀察人口結構和市場資料，利用這些資訊進一步篩選投資選擇。你能經營一家很好的公司，但是如果你的財富來自有一百萬人向你買東西，但第二年掉到八十萬人，之後逐年遞減，你的財富會怎麼樣？

思考以下的例子：如果你有一家成功的公司，賣東西給年長者，而市場資料告訴你，年長者的人數在可預見的未來將不斷增加，而這股增加的浪潮（人口結構）將拉抬股票。利用附錄 A 了解更多有關市場成長。

公司的領域具高進入門檻

如果你經營一家公司，提供的產品或服務很容易遭到競爭，想建立強大成功的事業會是件難事；你會需要做點不同而且更好的事。

也許你有強大的技術，或專利系統，或高人一等的行銷本領，或有辦法用比競爭對手更便宜、更快的方式製造你賣的東西；也許你有個幾十年屹立不搖的品牌。

高進入門檻就是競爭對手很難超越你的優勢，因此你有力量成長，把競爭對手拋在腦後。

舉例來說，幾十年來，可口可樂以神祕配方穩坐汽水的龍頭寶座，儘管有人仿效競爭，但成立至今一百多年仍屹立不搖，它的汽水依舊在大家的飯桌上、在野餐籃裡，股東也仍然享有股票分割和股息增加的好處。

想知道有哪些資源幫助你發掘高進入門檻股票的優勢和特點，詳見附錄 A。

公司極少涉足政治

政治：光是想到都令我畏縮。在酒會談論政治或許不錯，看著親戚熱中政治或許挺有趣，但我認為公司還是少碰政治為妙。為什麼？

我們生活在政治敏感的時代（我不認為這是件好事），政治經常影響企業的命運，進而影響投資人的持股。有時政治可能獨惠某家公司（透過檯面下交易之類），但政治是雙面刃，也可能毀掉一家公司。

歷史告訴我們，被政治鎖定的公司可能會直接或連帶（處在不受歡迎的行業）受害。過去有一段時間，持有菸草類股相當於吸血鬼眼中的大蒜。

請記住

在所有條件均等下，我寧可持有受歡迎或無趣產業的股票，而不是一個引來無謂（負面）注意的行業股票。

股票可以做選擇權交易

可選擇權交易的股票（可以針對其進行買權和賣權交易）意思是你多了幾種獲利（或能使潛在損失降到最低）的方式。選擇權提供股東幾種提高獲利或產生更多收入的方式。

假設你真的發現完美股票，也真的盡可能買了很多股，但你沒有多餘的錢，來買其他股票。

幸好，你發現這支股票可以做選擇權交易，你知道你可以買進買權，用購買現股的一小部分錢做多 100 股；當股票大漲，你就能將買權變現賺取獲利，而且對股票部位毫無影響。

現在，你持有一大堆股票，開始擔心這支股票的股價恐怕無法維持在高檔，於是決定買一點賣權，來保護未實現獲利。當你的股票真的經歷修正，你就把賣權變現，將一大筆獲利入袋為安。

由於股價下跌，你決定把賣權實現的獲利，用更好的價錢買進更多股票。

小提示

選擇權（在此包括買權和賣權）使你從同一支好股票獲得更多利益。只是要記住，選擇權是一種投機工具，而且有期限。詳見我的著作《給傻瓜讀的高階投資術》。

股票是某個大趨勢的受益者

大趨勢是影響市場極大區塊的趨勢，可能對特定產品和服務的買賣方有額外的好處以及／或陷阱。美國的人口老化就是個大趨勢，美國有超過八千五百萬即將年滿六十五歲的屆齡退休人口（有人認為如果把五十歲以上的人口算在內就更多），提供服務和產品給中高齡者的公司業績看好，適合做為投資標的。

請記住

符合大趨勢甚至會使不怎麼樣的股票變成金雞母，在強力的大趨勢推升下，即使爛股票的股價都有可能大幅攀升，當然爛股票的漲勢不會持續強勁（如果這家公司虧錢或經營困難，股價終究會下跌），因此你要緊抓住優質股，才能真正享受大趨勢的長期好處。

問題在於當股票沒有實質內涵（公司虧錢、債務增加等），向上的力道只是一時，股價往往會毫不留情地反轉。你只要問曾經在 1999 ～ 2001 年間買網路股的人就知道。「水漲眾船高」的概念相當屬害，當你有一家很棒的公司會從這類情況中獲益，股價就會愈來愈高。

有關大趨勢與大環境中的其他因素，詳見第十三章和十五章。

Chapter **23**

在空頭市場獲利的
十種方法

空頭市場來襲時是很慘烈的。隨便問一位在 1973 ～ 1975 年、2000 ～ 2002 年、2008 年或是 2018 年短暫但慘烈的十二月期間滿手股票的投資人就知道。截至 2020 年 1 月，市場創新高，熊市似乎正在冬眠，殊不知可能在大家不注意時到來，對措手不及的投資人造成傷害。為了減輕大屠殺的痛苦，把下嘴唇死命拉到前額，遮住雙眼不想看到慘狀。幸好熊市往往比牛市短，只要適當分散風險，就能安然度過，而沒有太大傷害。

對機靈的投資人來說，熊市提供撿便宜的機會，也為長期的財富累積打好基礎。以下十種方法，讓熊市變得很「牛」（而且獲利多）。

找到好股票入手

在熊市中，好公司、壞公司的股票往往都會下跌；但是壞股票往往一蹶不振（如果公司破產就直接變成壁紙），好股票則是

恢復元氣，重回成長的正軌。長期投資者將熊市視為買進優質股的好時機。

請記住

投資人的策略很清楚，如果賺錢的好公司股價下跌，就是買進的機會。換言之，好東西正在降價拍賣！做點基本研究，就會發現璞玉！當你發現營收和獲利都很優，前景看好的公司（參考第八章的指引），接著利用幾個關鍵的財務比率（例如本益比和附錄B的其他比率），就可以發現一支價格划算的好股票。

許多人忘記有些史上最偉大的投資人（例如華倫・巴菲特和約翰・坦伯頓）曾經趁熊市股票跌到很划算的時候買進公司，為何不是你？

搜尋股息

股息來自公司的淨利，股價則是由股市的買賣決定。如果因為賣股票導致股價下跌，但公司依然健全，還是有獲利，也還在分配股息，對於尋找定存概念股的人來說，就是個很好的進場機會。

假設你有一支好公司的股票，每股 50 美元，每年配 2.5 美元股息。也就是說，股息的收益率為 5%（2.5 美元除以 50 美元）。假設現在是嚴峻的空頭市場，每股股價跌到 25 美元，這時股息的收益率就更高。如果股價 25 美元而股息 2.5 美元，股息的收益率為 10%，因為 25 美元的 10% 為 2.5 美元。

關於股息收入投資，詳見第九章。

用債券評等挖掘寶

當空頭情況明朗，艱困的經濟環境就像潮水從浪頭往後退，誰還帶著救生圈、誰沒有，一目了然。熊市通常發生在經濟艱困

期，顯示誰的債務多到無法處理，誰把債務管理得很好。

於是債券評等就很重要。債券評等被公認為公司債信的縮影，由獨立的債券評等機構評分（例如穆迪或標準普爾）。評等最高是 AAA，表示機構相信這家公司的債信為最高等級，投資風險最低（從購買債券的角度來說）。AAA、AA、A 評等都被視為投資級，較低的評等（如 B、C 或更低）則表示債信不良（有風險），有些人認為 BBB（或 Baa）也算投資等級。

小提示　如果經濟不佳（不景氣或更糟），股價遭受打擊，你看到有支股票的公司債券評等為 AAA，或許會是不錯的投資標的！關於債券評等請翻到第九章。

產業輪替

把 ETF（詳見第五章）用在股票上，會是提高分散度與採取產業輪替的好辦法；不同產業在景氣高低或企業循環時，會有不同的表現。

當經濟快速成長，生產銷售高價產品如汽車、機械、高科技、居家修繕和類似高額消費的企業往往績效良好，股票表現也是（這些被稱為循環性股票），代表循環性股票的產業，包括製造業和消費者決定（consumer discretionary）商品。基本上，銷售高額商品或慾望商品的公司，股票在經濟成長且景氣時會有好的表現。

但是，當經濟看似過熱且即將進入衰退時，就需要轉向與人類需求相關的防衛性股票，例如食物和飲料（在消費者日常必需品產業）、公共事業等。

在經濟衰退和熊市時，消費必需品和相關防衛性產業是膽小投資人的不二之選。喜歡反向操作的積極投資人，可能把疲弱不振的產業視為買進機會，期待這些股票會在經濟回歸成長，股市進入多頭之際大展身手。

重點在於，許多投資人會考慮轉而投資會下次景氣循環的受益產業。你覺得如何？詳見第十三章產業的獨家報導。

放空不良的股票

熊市對好股票來說可能很艱難，對不良股票就更艱難。當不良股票下跌，往往會持續下跌，使你有機會在持續下跌的過程中獲利。

當不良股票（發行股票的公司虧錢、債務過多等）下跌，往往會因為愈來愈多投資人發現這家公司的財務岌岌可危，而跌勢兇猛；當股價持續下探，許多人會放空獲利（第十七章探討放空的機制）。

警告

放空是賭股票下跌的一種高風險方式。如果賭錯、結果股票上漲，可能遭受無限損失。投機股票下跌的較好方法，是買進長天期的賣權（put option），如果賭對（股票下跌）就可以獲利，賭錯損失有上限。本章稍後將探討賣權。

慎用保證金

我通常不使用保證金，但如果巧妙運用，會是很有用的工具。利用保證金買進股價經修正後的配息股票，會是很好的策略，保證金是利用從經紀商借來的錢買入股票（也稱為保證金貸款）。要記住，當你使用保證金時，確實是增加了投機的成分。用 100% 自己的錢買進 100 股配息股是很好的投資方式，但是用保證金買相同股數的股票，就增添風險。第十七章詳細探討保證金的運用和風險。

警告

注意「在股價經過修正」以及「配息股」；兩者都是較好的保證金交易策略。你不會想在股價未經修正或下跌前使用保證金，因為經紀商會要你擁有足夠的「股票質押」。在不對的時間利用保證金（當股價處在高檔後下跌）可能是危險的，但是在股價大跌後利用保證金買股票，風險就小許多。

買入買權

買權是賭某個資產（如股票或 ETF）短期內會增值。買入買權是投機，不是投資；因為買權是衍生性商品，有契約到期日，一不小心可能過期而變得一文不值。

買權的好處在於價錢不貴，而且在股市觸底（熊市）時往往非常便宜；這時你可以反向操作，如果股價跌入谷底但公司狀況良好（營業收入、獲利等穩定），賭公司股票反彈將可能有利可圖。

假設 DEF 公司的股價為每股 23 美元，可以考慮以 25 美元履約價買入一年或更久的長天期買權（買權的履約價，是雙方同意的價格，買權的買方可以選擇買進股票或 ETF，但沒有買入的義務）。這麼做代表你賭股價會上漲，到達甚至超過 25 美元，如果 DEF 的股票來到每股 28 美元，選擇權很可能上漲一倍或者更多，為你帶來豐厚的利潤。如果 DEF 股票維持在低檔，沒有來到 25 美元，買權將失去價值，如果 DEF 的股價在買權的有效期間沒有來到 25 美元，買權將過期，價值歸零。幸好買權的成本不多，最糟也不會損失很多錢，買權的價格可能低到 100 美元以下，要看履約價和買權的契約有效期。

請記住

選擇權是一種投機，不是投資。投資的話，時間站在你這邊；但是選擇權的時間與你對立，因為選擇權有期限，可能過期而一文不值。關於利用選擇權累積財富，請參考我的著作《給傻瓜讀的高階投資術》。

賣出掩護性買權（covered call option）

當你擁有一支股票時，特別是選擇權的股票，你能夠從那個部位產生額外的所得，從股票產生（除了股息以外）所得，最明顯的方式是賣出掩護性買權。

賣出掩護性買權的意思是，你對你擁有的某支股票賣出買權。換言之，如果股價上漲，達到甚至超過履約價，你有義務用指定的價格，把股票賣給買權的買方（或持有者），而你則是收到一筆錢做為交換（被稱為選擇權的權利金。）如果股票在選擇權的存續期間沒有來到指定價格（選擇權的有效期會隨著接近到期日而縮短），你就能夠留住你的股票，加上賣出買權的價金。

賣出掩護性買權是相對安全的方式，將股票部位的收益提高 5%、7% 甚至超過 10%，要看市場狀況而定。但是要記住，賣出掩護性買權的缺點在於，你可能必須用選擇權指定的價格賣掉你的股票（被稱為履約價），因而沒有機會賺取超過指定價格以上的利益。但是只要做的正確，掩護性買權會是幾乎零風險的策略。關於掩護性賣權，詳見我的著作《給傻瓜讀的高階投資術》。

賣出賣權以賺取收入

賣出賣權代表你有義務（賣權的賣方）在選擇權的有效期間，用指定的價格買進 100 股的某支股票（或 ETF）。如果你想買的某支股票剛跌價，而你有興趣買進，考慮對那支股票賣一個賣權。

賣權提供你收入（權利金），同時也使你有義務用雙方同意的價格（稱為履約價）買進股票。但是由於你本來就想用選擇權的履約價買股票，所以這樣的約定沒有什麼大不了，況且你還可以得到一筆錢（權利金）。

小提示

賣出賣權是在熊市來到谷底時賺錢的好辦法；唯一的「風險」在於你可能必須買進你喜歡的股票。有關賣出賣權的詳情，請參考我的著作《給傻瓜讀的高階投資術》。

要有耐心

請記住

如果你打算在十年（或更久）後退休，不應該被熊市嚇到。好股票出自熊市，而且它們通常已經準備好在接下來的牛市大展身手，因此不要急著把股票脫手；只要持續監控攸關公司存活的財務數據（營業收入和獲利成長等），如果看起來沒問題，就按兵不動，持有股票等著收股息，看著它長線往上升趨勢走。

Chapter 24

與股票合拍的
十大投資與策略

我愛股票，我認為某種程度投資股票，對幾乎所有投資組合都是好的。但是你一定要記住，你的整個投資組合應該要有股票以外的標的和策略。為什麼？

風險分散的意思是，你除了股票以外還有其他資產，因此沒有跟股市一時波動和陰謀詭計完全連動。太多投資人往往投入股市太深，在股市強勁上漲時還好，但股市也可能往下跌；因此，你應該考慮與股票互補的投資標的和策略。請看下去。

掩護性買權

賣出掩護性買權是從目前投資組合的股票部位中產生收入的絕佳策略。買權是一種投資工具，買權的買方有權利（但非義務）在有限的期間（買權有到期日），用特定價格買特定股票。買方支付所謂權利金給買權的賣方，買權的賣方收到權利金，在買權存續期間，有義務應要求用雙方同意的價格（履約價）把股票賣

給買方。買權對於買入買權的一方是投機工具，但在此我所指的是賣出掩護性買權。

掩護性買權的賣出，是從持有超過 100 股的任何股票賺取外快的保守方式。無論股票是否配息，這麼做最少可能提高 5% 的收入。

想要了解賣出股票部位的買權，詳見《給傻瓜讀的高階投資術》，有幾章詳細說明選擇權的基本知識及優缺點。第九章也討論賣出掩護性買權。

賣權

賣權是賭一支股票或 ETF 的價格下跌。如果你看到某家公司前途看淡，賣權是藉由猜測股價下跌來獲利的好方法。很多人利用賣權投機獲利，更有人把賣權做為避險工具，或是一種「投資組合保險」（portfolio insurance）。

如果你長期持有某支股票，但又擔心它的短期走勢，可以考慮把賣權用在這支股票上；你並不希望股價下跌，你只是用它來保護持股。如果股價下跌，賣權的價值上升，有些投資人會將賣權變現實現獲利，把款項用來加碼那支股票，因為股價較低，或許是個買進的好時機。

關於賣權，詳見我的著作《給傻瓜讀的高階投資術》

現金

存些錢在銀行或是證券投資帳戶，無論股市如何變動都很方便。萬一股市大跌，有閒錢趁機撿些便宜的好股票是件好事。

請記住

截至本文撰寫時，儲蓄存款帳戶和金融機構的利率低到不可想像，因此現金不是好的投資標的。但是現金是理財方法中不可或缺的一環，原因如下：

» 當股市起伏，出現進場機會時，會需要備用的現金（在銀行，或者在股票經紀帳戶或貨幣市場基金更方便）。

» 財務規畫中，需要現金作為應急基金。許多人沒有急用金，有幾百種不同的狀況（例如大筆醫療開銷、被資遣等）可能導致周轉不靈。如果你需要錢來應付意外的大筆支出，而你沒有儲蓄（或是你的枕頭下），很可能必須賣掉或變現一些投資標的（例如股票）。關於急用金詳見第二章。

» 當你執行名為賣出賣權的收入策略時可能需要現金，因為賣權意謂必須買進股票或 ETF。關於賣出賣權詳見第九章。

» 通貨緊縮時期值得持有現金。當價格低或即將下跌，現金的購買力會更強。

EE 儲蓄債券

　　EE 儲蓄債券由美國國庫發行，是個很好的工具，特別對小額投資人（可以只花 25 美元買到）。這是折價債券，換言之，用低於面額的價錢買到（買價為面額的 50%），之後變現拿回購買價格外加利息。

　　這種債券的利率，相當於五年期國庫券的平均利率，如果利率為 2%，你就得到 2%。如果想獲得這個利率，必須至少持有 EE 儲蓄債券五年，如果在一年（規定的最短持有期間）後、五年前變現，利率會比較低（相當於儲蓄存款利率）。

　　以下是 EE 儲蓄債券的好處：

> » 利率不是固定。由於利率釘住國庫券利率,會隨著該利率而升降。萬一利率上升(對 2020 年及往後是有可能的),EE 儲蓄債券將獲利。
> » 從 EE 儲蓄債券賺得的利息,通常高於傳統銀行帳戶的利息。
> » EE 儲蓄債券不需支付州稅和地方稅。如果把這筆錢用在教育上,大部分的利息可能免稅。

關於 EE 儲蓄債券,詳見美國國庫網站的儲蓄債券,網址是 www.savingsbonds.gov。

通膨連動債券(I Bonds)

在低利率負債投資的時代(例如一般的債券),通膨儲蓄債券(I 為通貨膨脹縮寫),是個完全不同的好主意;它就像 EE 儲蓄債券(見前一段)的姊妹,也是由美國國庫發行,不同的是利率與官方的通貨膨脹率連動(即消費者物價指數,CPI),如果 CPI 來到 3%,通膨連動債券的利率也來到 3%。利率每年調整。

在撰寫本文時,CPI 相對低檔,整體大環境是通貨緊縮(低物價期),因此通膨連結債券的利率一直低於 1.5%。

小提示 其實我覺得未來幾年適合投資通膨連結債券,因為通貨膨脹可能因為各種因素(貨幣供給增加等)而回來,通膨連結債券會是整體投資組合中可靠的一部分。關於通膨連結債券,詳見 www.savingsbond.gov。

產業共同基金

我認為產業投資是很好的理財方式;有時挑選個股並不容易,但你可以選擇一個有勝算的產業(或行業)。對許多投資人來說,

產業共同基金對投資組合是個加分。

共同基金是一筆集資，由投資公司管理（例如富達、領航投資或普信集團 T. Rowe Price）；這筆集資被用來投資各種證券（如股票或債券），以達成特定目標（如積極成長、收入或保本）。投資公司主動管理這筆資金，對基金的投資組合，定期做出買、賣、持有的決定。

產業共同基金的投資組合和投資決策限於特定產業，如公用事業、消費必需品或醫療。你的功課是選擇一個有勝算的產業，至於挑選個股的工作，就交給投資公司。（關於產業和行業，請參見第十三章）

主題式投資

只要幾百美元，就可以擁有主題式的投資組合，擴大投資組合。主題式投資是相對新的投資變化版（或投機，如果選擇高風險的主題），方便你投資事先設定的投資組合，目的是在某個預期的事件、趨勢或世界局勢發生時，有好的績效。

例如，如果你相信將會升息，可以投資有關這個主題的一籃子股票，這些股票將會因為升息而獲利。如果你相信通貨膨脹將會很嚴重，可以考慮投資會因為通膨而受益的主題。

小提示

主題的主要決定不見得是主題本身，而是你個人對世界局勢的看法或期待。你對未來幾個月或幾年的預期是如何？如果相當確定會出現一個正（或負）的趨勢，而你並不知道如何透過單一股票或基金獲利，請花點時間看看主題式投資，說不定會是你的菜。關於主題式投資，請詳見 www.motif.com/

看空的指數股票型基金

你可知道，2019 年有 77 檔看空的（又稱為反向）ETF 可供你玩？幸好，2019 年是美國股市相對好的一年，但是 2020~2021 年可能有大幅修正的危險。而正當你讀到這裡，由於股市近來突破兩萬九千點（道瓊工業指數），加上整體經濟疲弱、龐大的債務負擔、政治動盪和全球經濟與金融的困局使國內政局和地緣政治的動亂難平，2020~2021 年可能發生大幅修正，投資人該怎麼做？

投資人可以做很多事，包括在市場動盪前和期間。如果你投資優質股，就沒必要緊張，特別是如果你有長程展望；但是小程度的避險倒是不錯，何不考慮一個投資工具，會在股市反轉下跌時獲利？

ETF 是股票投資組合中的好夥伴，它的靈活度可以融入整體策略的一部分。如果你相信股市正在或很快進入困境，可以考慮看空股市的 ETF。看空（或反向）的股票 ETF 會在股票下跌時上漲；如果股票下跌 5%，看空的 ETF 上漲幅度會差不多（在此為 5%）。

小提示

有些投資人會在市場大跌時將看空的 ETF 變現，用那筆錢來買更多中意的股票（由於市場下跌，股價應該會比較低）。這樣的戰略表示你讓投資組合長期成長，同時在短期市場不看好的期間做好安全防護。關於 ETF 的整體資訊，請翻閱第五章。

股息收益的 ETF

有時股價的變動令人難以捉摸，由於股價受制於買賣單，它的變動不盡然有邏輯可循或可以預測，特別是短期。但是，股息卻極具邏輯性且可預測。

過去持續提高股息的績優企業，未來往往也將如此，許多公司年復一年，無論時機好壞都提高股息，至少會持續支付。股息

來自公司的淨收益（或淨利），往往象徵一家公司的財務健全度，而財務健全與否，基本上終歸於獲利的好壞。

小提示

發掘配息的好股票並不難，第九章有介紹。你也可以利用第十六章的股票篩選工具，但是透過股息收益 ETF 來投資一籃子配息的優質股，會是很好的做法，特別對於膽小不敢投資個股的投資人，股息收益 ETF 根據股息的標準挑選一籃子股票，包括分配股息的一致性以及股息提高的持續性。只要一筆交易就能輕鬆將配息股納入投資組合中。第五章詳細探討 ETF。

消費者必需品 ETF

請記住

你應該考慮把防衛性投資標的納入投資組合中，也就是投資標的連結到的產品和服務，無論經濟好壞都會持續購買的。當然，你可以想到高科技產品股，但這裡說的是提供食物、飲料、水、公用事業等的公司股票。然而，有時找到一支理想的防衛性股票並不是很容易，為何不乾脆買產業？

消費者必需品產業，包括股票投資中的「可靠的老股票」。消費者必需品 ETF 在多頭市場未必會漲翻天（但是個別會有好績效），但是在時機不好或不確定時會奮力前進。幸好 ETF 通常反映特定產業，可以輕鬆買到一籃子股票。第五章探討 ETF，第十三章探討產業。

Chapter 25

2020 － 2030 十大投資陷阱和挑戰

　　股票投資不可能一帆風順，股市可能面臨有利或不利的重大事件。有些事件帶來直接衝擊，有些輕輕掠過，但是巨大事件多半對股票帶來實質重大的影響。

　　本書強調長期投資配息的優質股，這麼做在過去曾經克服過偶發的危機或股市崩盤。本章讓你搶先得知未來十年股市可能面臨的挑戰。

兆元退休金短缺

　　股市投資最大的目的，是為往後提供堅實的財務保障。許多人對退休金也是同樣看法。大部分的退休基金會投資股票及相關的投資標的（如共同基金），問題是許多（大部分？）退休金的資金不足和或資本不足，因此短缺的風險（退休潮來臨時，發出

去的退休金高於進來的錢）是真實存在且迫在眉睫。

請記住

各種研究顯示，退休基金短缺 1 兆 5,000 億美元甚至更多（兩倍或三倍的數字），請和退休基金管理單位詢問退休基金的財務狀況。我個人認為，大家應該在退休計畫之外做些股票投資以分散風險，而且要以定存概念股為主（也就是配息的股票，請詳見第九章）。

歐洲危機

歐盟造就的官僚政治體系，儼然是風雨前的寧靜；許多國家決定開放門戶，接受數以百萬計的移民，導致犯罪大幅攀升，以及公共援助和國家安全成本的爆炸。暴力急遽升高和相關的社經問題拖垮觀光業，政府的成本和債務則創新高。

警告

基於上述理由，瑞典和希臘等國正走上金融危機以及重大的經濟困境。股票投資人不該等到危機才行動；現在就該降低對歐洲股市的曝險，因為這些股票會處在高風險中（如果你還對投資國際股市有興趣，請詳見第十八章尋求祕訣）。

債券和債務泡沫

近年，美國（和其他地方）的利率來到歷史低點。不幸的是，助長了歷史性的債券泡沫，情況更勝 2006~2007 年的債券泡沫（結果造成 2008~2009 年市場崩盤和景氣衰退）。

因此，目前的債券泡沫問題將更嚴重，因為金額大上數兆美元，而且是世界性的現象；問題不在泡沫會不會破而是何時破，以及會造成什麼後果。股市投資人能夠怎麼做？

小提示

首先，想想哪些公司和行業受創最重。債務或債權過多的公司風險會最大；因此，請檢視你選擇的股票，著手淘汰債務沉重的公司，減少對銀行股或抵押貸款公司股票的財務曝險。想了解更多財務比率以釐清對企業負債的憂慮，請詳見第六章和附錄 B。

人口結構的混亂

十至十五年前，人口結構要考量的是嬰兒潮世代及其需求和消費模式，但那個族群已經被千禧世代取代！千禧世代是截然不同的族群，有著截然不同的消費習慣和財務憂慮。他們對奢侈品和實體店面的零售消費較不感興趣，喜歡科技和網路購物。

這些改變代表新的隱憂和機會，股票投資人應該留意。因此，著手上網研究千禧世代及其財務習慣，以便調整投資組合。附錄 A 提供較多千禧世代的投資習慣。此外有三大投資主題和千禧世代相關（詳見第十四章主題式投資）。

聯邦赤字和債務

2019 年間，美國聯邦政府的國債突破 23 兆美元大關；競選期間政治人物對如此令人咋舌的債務感到憂心忡忡，選舉過後又恢復到大撒幣模式（增加國債）。巨大的債務幾十年來有增無減，許多人民和政治人物只好視而不見，或者三聲無奈。但是，往後數年的不平靜和里程碑會將這個沉寂的議題帶到電視螢幕上。

如今美國的總債務超過國內生產毛額（GDP）的 100%，換言之，我們已經承擔不了如此沉重的債務。此外，美國的債務多半是各國持有的債券，以及對美國不友善國家，這筆債務動不動就可能被要求返還。我們不確定會發生哪些危險，因為可能有其他

因素也來參一腳（戰爭、貿易禁運等），但這些發展可能造成股市大跌，並且因為投資人恐慌而加劇。

請記住

我不知道當上述的情況發生時，政治和經濟狀況會是如何，但大概可以說，擁有良好基本面，提供大家所需的產品與服務的績優公司將安度風暴，只要繼續把投資焦點放在企業的品質和獲利能力，應該不會有什麼問題。請詳見第三部有關研究公司基本面和挑選贏家股。

社會安全的省思

關於社會安全收支不平衡達數兆美元的問題，你已經聽了幾十年，但是近年似乎沒有具體化。這是怎麼回事？根據公共和私人的社會安全監控單位，社會安全的負債中，超過 50 兆美元完全沒有還款來源，我們進入一個現金流出（付給受益人的金錢）超過現金流入（社會安全稅）的時代。如果現在你已經加入社會安全，應該是沒事，但是隨著短缺問題惡化，2025~2035 年間的受益人會處在風險中。

小提示

每當我陪著大家做退休計畫時，會盡可能不把社會安全的數字算在收入裡。因為如果（或是讀者）不需要社會安全就能達到財務獨立，你收到的所有社會安全款項就是多的！因此，請開始把優質定存概念股作為整體財務規畫的一部分（詳見第九章），就能高枕無憂。

恐怖主義

就在我撰寫本書之時，每天儘管有各種議題、衝突和問題在磨難著人類，但世界整體來說是平靜的。不幸的是，一個重大的

恐怖主義事件就可以輕易引起股市恐慌，或者把混亂的經濟帶到衰退。

重大的恐怖主義事件絕非好事，但是單就股票投資領域，可能造成嚴重的損害。2001 年 9 月 11 日，恐怖主義帶來的股票大跌造成許多投資人不安，也使許多人的股票變得一文不值。恐怖事件過後的餘波，無論好股壞股都下跌，但好股票重新振作且回到正軌，壞股票則是暴露出弱點，不是一蹶不振，就是永遠不見天日（如破產）。

請記住

教訓很清楚：當世界看似一片大好，請參考第二部和第三部的內容，趁機會分析你的股票部位及早汰弱留強，使長期投資組合能持續緩步向上。

潛在的通貨危機

說真的，我大可以寫一本書叫做《給傻瓜讀的經濟崩壞》；但在此之前，我會在像這樣的書中，探討各種類型的崩壞，而最常見的是通貨崩壞。美國的通貨是全球儲備貨幣，而由於國際貿易要用到全球儲備貨幣，因此賦予它其他貨幣所沒有的力量，也使它與典型的貨幣問題絕緣，但這不表示世界上其他較次要的貨幣就不會發生危機。

貨幣危機通常是某國的央行印太多鈔票時發生；當生產太多貨幣，往往會貶低每單位的價值，導致商品和服務的價格提高，也就是通貨膨脹！當貨幣的價值持續往下掉，消費者的日子也更加艱難，如果情況沒有改善，貨幣會陷入危機，國家經濟會日益困難。

在撰寫本文之際，委內瑞拉和阿根廷的貨幣處在危機當中（超高通膨！），兩國人民深受其苦。如果歐元或人民幣氾濫，開始失去價值，結果會怎麼樣？

小提示

幸好，優質股在通膨時期往往有好的表現，配發的股息往往跟得上甚至超過通貨膨脹率。投資貴金屬和／或開採貴金屬的股票會是不錯的策略，這類投資標的在通膨時期往往會有優異表現。請詳見我的著作《給傻瓜讀的貴金屬投資術》（*Precious Metals Investing For Dummies*）。我相信未來幾年通貨膨脹非常可能發生，請現在做好準備。

衍生性商品的定時炸彈

過去二十至三十年間，衍生性商品的部位內爆造成多次危機，也帶來龐大的損失；像是權傾一時的恩隆、AIG 和貝爾斯登的潰敗都是。把影響範圍放大來說，衍生性商品在 2006~07 年間不動產泡沫以及 2008 年的市場崩盤都扮演主要角色。

根據美國貨幣監理署（Office of the Comptroller of the Currency, www.occ.gov）發行的 2019 年第二季公告，美國前 25 大銀行的衍生性商品總曝險已經超過 204 兆美元，由於許多衍生性商品的部位與債權市場密切相關，而債權市場逐年攀升且償債能力的問題比過去更為嚴重，下一次大規模危機到來只是時間問題。你該怎麼辦？

請記住

主要危機會發生在銀行產業，請降低銀行和金融股的曝險。如果目前你有投資這兩類股，請密切監控並考慮追蹤停損（請詳見第十七章）。

社會主義

我把最糟的擺在最後面。社會主義造成的經濟危機，勝過任何一套經濟政策的概念，共產主義和法西斯主義是這種欺騙人民

的危險意識形態比較合邏輯的極端。社會主義（全部或部分）是歷史上各種經濟危機的元兇，包括大蕭條、2008 年的大衰退，和蘇聯以及近期委內瑞拉、辛巴威，以及其他多處衰弱經濟體的崩壞瓦解，股票投資人應該了解哪些事？

股票投資人應該留意社會主義者何時接手經濟體（甚至只是行業），他們應該退出曝險的部位。幸運的是，美國整體來說是個自由市場資本主義經濟體，我們只能祈禱現況繼續下去，但近期一份調查顯示，眾多年輕人偏好社會主義，我們只能希望他們長點見識。

想了解經濟學和社會主義，請上 www.ravingcapitalist.com/socialism。

附錄

在本部中……

從我最常用的參考資源，幫助你成功投資股票和 ETF。到研究網站取得新聞頭條背後的股票和市場行為獨家消息，以及幫助你洞燭機先的參考資源，使你不再因為股市的波動而驚嚇。

發掘有哪些財務比率幫助你更正確的選股，並了解你想投資的股票的獲利狀況（和償債能力）。

Appendix **A**

股票投資人的
參考資源

接收新資訊是股票投資人的要務，附錄中的清單代表幾個目前的最佳資訊來源。

財務規畫參考資源

若想找到一位財務規畫師協助你滿足整體的財務需求，請聯絡以下組織：

認 證 理 財 規 畫 顧 問 標 準 委 員 會（Certified Financial Planner Board of Standards, CFP Board）
1425 K St. NW, Suite 500
Washington, DC 20005
電話 800-487-1497
www.cfp.net

索取 CFP 委員會的免費手冊——《選擇財務規畫顧問時要問的十個問題》（10 Questions to Ask When Choosing a Financial Planner）。務必要求一位專精投資的財務規畫顧問。

財務規畫協會（Financial Planning Association, FPA）

1290 Broadway, Suite, 1625

Denver, Co 80203

電話 800-322-4237

www.fpanet.org

這是財務規畫專業人士的最大組織。

美國個人財務顧問協會（National Association of Personal Financial Advisors, NAPFA）

8700 W. Bryn Mawr Ave., Suite 700N

Chicago, IL 60631

電話　888-333-6659

www.napfa.org

這是收費財務規畫師的領導組織（換言之，他們不是靠銷售保險／投資產品的佣金為生）。

投資語言

新手投資（Investing for Beginners）

beginnersinvest.about.com

投資百科（Investopedia）

www.investopedia.com

投資者用語（Investor Words）

www.investorwords.com

標準普爾金融用語字典（*Standard & Poor's Dictionary of Financial Terms*）

維吉尼亞・摩里斯（Virginia B. Morris）和肯尼斯・摩里斯（Kenneth M. Morris）著

用字母排序，為不熟悉金融用語的投資人所寫。解釋每天會遇到的重要投資專門用語。

文字的投資參考資源

　　成功的股票投資並非偶然，而是努力的結果。這些期刊和雜誌（連同網址）多年來提供資訊並指引投資人，至今依舊是一等一。書籍提供許多永恆的真理或與時俱進的智慧（包含了每位投資人如今應該留心的問題和憂慮）。

期刊與雜誌

《巴倫周刊》（*Barron's*）
online.barrons.com

《富比世》雜誌（*Forbes* magazine）
www.forbes.com

Investing.com
www.investing.com

《投資者商業日報》（*Investor's Business Daily*）
www.investors.com

《吉普林格個人理財雜誌》（*Kiplinger's Personal Finance*）
www.kiplinger.com

《錢》雜誌（*Money*）
www.money.com

《價值線投資調查》（*Value Line Investment Survey*）
www.valueline.com

《華爾街日報》（*The Wall Street Journal*）
www.wsj.com

書籍

《非常潛力股》（*Common Stocks and Uncommon Profits and Other Writings*）
菲利浦・費雪（Philip A. Fisher）著

《艾略特波浪理論：市場行爲的關鍵》（*Elliott Wave Principle： Key to Stock Behavior*）
A・J・佛洛斯特（A. J. Frost）與羅伯特・普萊切特（Robert R. Prechter）合著

羅伯特・普萊切特是頂尖技術專才，對股票市場和整體經濟做過非常準確的預測

《富比世市場指南：成爲老練的投資人》（*Forbes Guide to the Markets：Becoming a Savvy Investor*）
馬克・葛洛茲（Marc M. Groz）著

《給傻瓜讀的基本分析》（*Fundamental Analysis For Dummies*）
麥特・克蘭茲（Matt M. Krantz）著

我有幸審閱這本書，認真的投資人很值得一讀。作者鑽研公司的財務資料，任何認真投資人都需要知道。

《如何像華倫巴菲特一樣選股》（*How to Pick Stocks Like Warren Buffett： Profiting from the Bargain Hunting Strategies of the World's Greatest Value Investor*）
提摩西・維克（Timothy Vick）著

投資時最好效法華倫・巴菲特這種有成就的投資者怎麼做，本書充分解釋他的投資方法論。

《智慧型股票投資人》（*The Intelligent Investor： The Definitive Book on Value Investing*）
班傑明・葛拉漢（Benjamin Graham）著

投資的經典之作，在它出版的年代是重量級著作，對今日混亂的股市也很實用。

《證券分析：1951 年經典版》（*Security Analysis： The Classic 1951 Edition*）
班傑明・葛拉漢（Benjamin Graham）與大衛・多德（David L. Dodd）合著

經典之作，在這不確定的年代，大多數投資人應該熟悉基本概念。

《標準普爾股票報告》（*Standard & Poor's Stock Reports*）（在圖書館參考書區）
www.standardandpoors.com

請詢問當地的圖書館參考書區館員有關以下優秀的參考書籍資料，這些資料提供各主要企業的一頁摘要，並有紐約證交所和那斯達克上市各主要公司的詳細財務報告。

《華爾街日報指南之了解貨幣與投資》（*The Wall Street Journal Guide to Understanding Money & Investing*）
肯尼斯・莫里斯（Kenneth M. Morris）與維吉尼亞・莫里斯（Virginia B. Morris）合著

股票投資人感興趣的其他書籍

《債券市場即將崩潰：如何在美國債市的死亡中存活》（*The Coming Bond Market Collapse：How to Survive the Demise of the U.S. Debt Market*）
麥可・潘托（Michael G. Pento）著

全球債券市場猶如巨大泡沫，將撼動整個股市和經濟體。潘托告訴你為什麼，以及該怎麼做。

《美元大崩潰：如何從經濟崩潰中獲利》（*Crash Proof 2.0：How to Profit from the Economic Collapse*）
彼得・雪夫（Peter D. Schiff）與約翰・道尼斯（John Downes）合著

很棒的「崩潰課程」，講解現代經濟體面臨的問題，以及如何為投資持股訂定策略。

《ETF 手冊：關於 ETF 你所需要知道的一切》（*The ETF Book：All You Need to Know About Exchange-Traded Funds*）
理查・菲利（Richard A. Ferri）著

交易市場瞬息萬變，ETF 對一些投資人來說是優於股票的選擇，本書充分解釋原因。

《給傻瓜讀的高階投資書》（*High-Level Investing For Dummies*）
保羅・姆拉傑諾維奇（Paul Mladjenovic）

我厚顏插播另一本好書。說真的，這本書真的能將你的股票投資帶進下個階段，因為我探討更多策略和投資與投機的參考資源，不光是股票，還包括 ETF 和選擇權，使你了解史上偉大的投資人和投機者，是怎麼辦到的。

《羅傑斯教你投資熱門商品》（*Hot Commodities： How Anyone Can Invest Profitably in the World's Best Market*）
吉姆 · 羅傑斯（Jim Rogers）著

「人類需求」投資的基礎包含大宗商品在內，羅傑斯在本書提出精闢的洞見。

《金錢泡沫》（*The Money Bubble*）
詹姆斯 · 托爾克（James Turk）與約翰 · 魯賓諾（John Rubino）合著

這是史詩般的年代，歷史性的通貨泡沫和危機呈現，對股票和理財帶來嚴重後果。本書對強化財務安全度提供很好的指引。

《為什麼聯準會糟透了：它導致通膨、衰退、泡沫，並讓 1% 的人富裕》（*Why the Federal Reserve Sucks： It Causes Inflation, Recessions, Bubbles and Enriches the One Percent*）
莫瑞 · 沙布林（Murray Sabrin）著

投資網站

認真的投資人都不可、不能也不應該忽視網路的力量，以下是目前最佳的資訊來源。

一般投資的網址

彭博（Bloomberg）
www.bloomberg.com

CNN Business
www.cnn.com/business

Financial Sense
www.financialsense.com

Forbes
www.forbes.com

Invest Wisely： Advice From Your Securities Industry Regulators
www.sec.gov/investor/pubs/inws.htm

Investing.com
www.investing.com

市場觀察（MarketWatch）
www.marketwatch.com

錢（Money）
https：//money.com/

股票投資網站

AllStocks.com
www.allstocks.com

Benzinga
www.benzinga.com

CNBC
www.cnbc.com

Contrarian Investing.com
www.contrarianinvesting.com

DailyStocks
www.dailystocks.com

晨星（Morningstar）　（以共同基金聞名，也有優秀的股票研究）
www.morningstar.com

Quote.com
www.quote.com

RagingBull
www.ragingbull.com

標準普爾網站（Standard and Poor's）
www.standardandpoors.com

TheStreet
www.thestreet.com

雅虎理財（Yahoo！Finance）
www.finance.yahoo.com

股票投資部落格

以下部落格提供專家對投資的豐富意見和洞見，使你的研究更臻完美（你甚至可以也找到一些我的文章）。

Best of the Web Blogs： Investing
https：//blogs.botw.org/Business/Investing/

註：The Best of the Web（BOTW）網站有個廣大的部落格一覽表，列出許多優秀的投資部落格供你參考，許多專精在股票和相關的投資話題。還有很多優秀的理財和股市部落格不及備載，請在 BOTW 上搜尋（也可以上 www.blogsearchengine.org 去看看）。

MarketBeat
www.marketbeat.com

Seeking Alpha
www.seekingalpha.com

StockTwits
www.stocktwits.com

StreetAuthority
www.streetauthority.com

其他對股票投資人有用的部落格

Greg Hunter's USAWatchdog.com
www.usawatchdog.com

HoweStreet
www.howestreet.com

King World News
www.kingworldnews.com

Market Sanity

www.marketsanity.com

Mish's Global Economic Trend Analysis

www.mishtalk.com

SafeHaven

www.safehaven.com

Zero Hedge

www.zerohedge.com

投資人協會和組織

美國個人投資者協會（American Association of Individual Investors, AAII）

625 N. Michigan Ave.

Chicago, IL 60611-3110

電話 800-428-2244

www.aaii.com

National Association of Investors Corp. （NAIC）

711 W. 13 Mile Rd., Suite 900

Madison Heights, MI 48071

電話 877-275-6242

www.betterinvesting.org

證券交易所

芝加哥選擇權交易所（Chicago Board Options Exchange, CBOE）

網址 www.cboe.com

註： CBOE 為選擇權交易所，我把它列出來是因為本書通篇提到選擇權，而 CBOE 的選擇權學習中心有許多資訊，教大家如何使用選擇權來強化股票投資。

那斯達克（Nasdaq）

www.nasdaq.com

紐約證券交易所 / 泛歐交易所（New York Stock Exchange/Euronext）
www.nyse.com

場外電子交易板（OTC Bulletin Board）
網址 www.otcbb.com

如果你決定研究小型股，這裡有針對小型公開交易公司的資料和研究。

物色證券經紀商

以下資訊幫助你評估證券經紀商，並且列出大多的經紀商清單（連同電話號碼和網址），供你自行選擇。

挑選經紀商

Reviews.com
www.reviews.com/online-stock-trading

提供包括股票經紀商在內的各類別評論。

Stock Brokers
www.stockbrokers.com

證券經紀商

Ally Financial
電話 855-880-2559
www.ally.com

Charles Schwab & Co.
電話 800-435-4000
www.schwab.com

E*TRADE
電話 800-387-2331
www.etrade.com

Edward Jones
電話 314-515-3265
www.edwardjones.com

Fidelity Brokerage Services
電話 800-343-3548
www.fidelity.com

美林證券（Merrill Lynch）
電話 800-637-7455
www.ml.com

摩根士丹利（Morgan Stanley）
電話 888-454 3965
www.morganstanley.com

Muriel Siebert & Co.
電話 800-872-0444
www.siebertnet.com

德美利證券（TD Ameritrade）
電話 800-454-9272
www.tdameritrade.com

thinkorswim
電話 866-839-1100
www.thinkorswim.com

Vanguard Brokerage Services
電話 877-662-7447
https：//investor.vanguard.com/home

Wall Street Access
電話 212-232-5602
www.wsaccess.com

Wells Fargo Securities
電話 866-224-5708
www.wellsfargoadvisors.com

收費的投資參考資源

　　以下為收費的訂閱服務。許多提供優秀（且免費）的電郵新聞報，追蹤股市和相關新聞。

The Bull & Bear
www.thebullandbear.com

The Daily Reckoning（Agora Publishing）
www.dailyreckoning.com

Elliott Wave International
電話 800-336-1618
www.elliottwave.com

Hulbert Financial Digest
http：//hulbertratings.com/

Investing Daily
www.investingdaily.com

Mark Skousen
www.mskousen.com

The Morgan Report
www.themorganreport.com

Profitable Investing
https：//profitableinvesting.investorplace.com/

Profits Unlimited
www.paulmampillyguru.com

The Motley Fool
www.fool.com

The Value Line Investment Survey
電話 800-654-0508
www.valueline.com

Wealth Wave
www.wealth-wave.com

Weiss Research's Money and Markets
www.moneyandmarkets.com

指數型股票交易基金（Exchange-Traded Funds）

ETF Database
www.etfdb.com

ETF Trends
www.etftrends.com

ETFguide
http：//etfguide.com/

股息再投資計畫

DRIP Central
www.dripcentral.com

DRIP Investor
www.dripinvestor.com

First Share
www.firstshare.com

Moneypaper's directinvesting.com
www.directinvesting.com

分析用的參考資源

　　以下參考資源讓你有機會更深一層了解股票分析的重要面向。無論是獲利估計和內部人售股，還是對某個產業更具洞察力的分析，這些參考資源都是我的最愛。

獲利和獲利預測

Earnings Whispers
www.earningswhispers.com

湯森路透（Thomson Reuters）
www.thomsonreuters.com

Yahoo's Stock Research Center
https：//finance.yahoo.com/

Zacks Investment Research
www.zacks.com

產業和行業分析

D&B Hoovers
www.hoovers.com

市場觀察（MarketWatch）
www.marketwatch.com

Standard & Poor's
www.standardandpoors.com

股票指數

S&P Dow Jones Indices
www.spindices.com/

Investopedia's tutorial on indexes
www.investopedia.com/university/indexes

Reuters Markets & Finance News
www.reuters.com/finance/markets

註：如果直接連結不符你所需，可以在網站的首頁搜尋指數。此外，請記住附錄中許多參考資源提供指數的一般性資訊（如市場觀察（MarketWatch）和雅虎理財（Yahoo！Finance））。

影響市場評價的因素

　　了解基礎經濟學對投資決策具絕對重要性，因此我將之納入本段內容。這些很好的參考資源幫助我了解整體概況，以及最終影響股市的因素（詳見第十五章）。

經濟與政治

American Institute for Economic Research（AIER）

www.aier.org

註：AIER 也提供有關控制消費預算、社會安全、避免財務問題等主題的手冊。

Center for Freedom and Prosperity

www.freedomandprosperity.org

Credit Bubble Bulletin

www.creditbubblebulletin.blogspot.com

Federal Reserve Board

www.federalreserve.gov

Financial Sense

www.financialsense.com

Foundation for Economic Education

www.fee.org

Grandfather Economic Report

http：//grandfather-economic-report.com/

Ludwig von Mises Institute

518 W. Magnolia Ave.

Auburn, AL 36832

電話 334-321-2100

www.mises.org

Moody's Analytics

www.economy.com

美國證券交易委員會（Securities and Exchange Commission, SEC）

電話 800-732-0330

www.sec.gov 和 www.investor.gov

交易委員會為投資人提供參考資源，也監管金融市場的舞弊和其他不法活動。此外，也為投資人提供電子資料收集、分析與檢索系統（簡稱 EDGAR），這個綜合性的搜尋引擎，提供上市公司歸檔的公開文件。

聯邦法律

以下網站可供了解所有新法以及提案的法律。網站搜尋引擎幫助你使用編號或關鍵字搜尋找到法律。

美國國會圖書館（Library of Congress）（Thomas legislative search engine）

https：//congress.gov/

美國眾議院（U.S. House of Representatives）

www.house.gov

美國參議院（U.S. Senate）

www.senate.gov

技術分析

Big Charts（provided by MarketWatch）

http：//bigcharts.marketwatch.com/

Elliott Wave International

www.elliottwave.com

Stock Technical Analysis

www.stockta.com

StockCharts.com

www.stockcharts.com

Technical Traders

www.thetechnicaltraders.com

內部人交易

ProCon
www.procon.org

SEC Info
www.secinfo.com

Securities and Exchange Commission（SEC）
www.sec.gov

StreetInsider
www.streetinsider.com
10-K Wizard
www.10kwizard.com

註：該網站帶你去晨星的資料搜尋（Morningstar's Document Research）網站，
幫助你找到歸檔文件。

租稅優惠和義務

Americans for Tax Reform
www.atr.org

Fairmark
www.fairmark.com

Fidelity Investments
www.401k.com

J.K. Lasser's series of books on taxes
By J.K. Lasser

Published by John Wiley & Sons, Inc.
www.jklasser.com

美國國家納稅人聯盟（National Taxpayers Union）
www.ntu.org

TaxMama
www.taxmama.com

舞弊

Federal Citizen Information Center

www.pueblo.gsa.gov

可在聯邦人民資訊中心的目錄免費下載消費者的投資出版品。

Financial Industry Regulatory Authority（FINRA）

1735 K St. NW

Washington, DC 20006

電話 844-574-3577 or 301-590-6500

www.finra.org

該網址提供資訊並協助通報舞弊或經紀商的其他不法情事。

美國國家消費者聯盟舞弊中心（National Consumers League's Fraud Center）

www.fraud.org

North American Securities Administrators Association

電話 202-737-0900

www.nasaa.org

Securities and Exchange Commission（SEC）

www.sec.gov

規範證券產業的政府機構。

Securities Industry and Financial Markets Association（SIFMA）

1099 New York Ave. NW, 6th Floor

Washington, DC 20001

電話 202-962-7300

www.sifma.org

證券投資者保護公司（Securities Investor Protection Corporation，SIPC）

www.sipc.org

SIPC 的角色是用破產和財務困難的經紀商手上的資產，將資金返還給投資人（確保你的經紀商是 SIPC 成員）。

Appendix **B**

財務比率

　　想想近年來發生過多少次金融災難（且目前的頭條新聞繼續在發生），使得認識持股的財務健全度變得更加重要。當你找到想投資的股票時，應該閱讀附錄 B，這裡列出投資者應該留心並且最常使用的比率。可靠的公司不需要高空通過所有比率，但是至少獲利能力和償債能力的財務比率，應該比及格高出一些。

» **獲利能力**：公司是否賺錢？它比前期賺得更多還是更少？營業收入有成長嗎？獲利有成長嗎？

以上問題可以用這些比率回答：

- 股東權益報酬率
- 資產報酬率
- 共同比（損益表）

» **償債能力**：債務和其他負債是否在控制範圍內？資產是否成長？淨權益（或淨值或股東權益）是否成長？

以上問題可以用這些比率回答：

- 速動比率
- 負債比率

● 營運資金

檢視比率時，請記住以下幾點：

» 不是每家公司和／或行業都是相同的，某個比率的數值在某個行業看似有問題，對另一個行業來說可能挺不錯，釐清特定行業的標準。（有關分析產業和行業，詳見第十三章）

» 單一比率不足以作為投資決策的準據，要參考好幾個涵蓋公司財務的主要面向的比率。

» 觀察至少兩年的數字，才能判斷是否最近的比率相較前一年的比率較好、較差或沒有改變。比率能針對公司前景提供早期警訊。（請參考第十一章，關於公司財務數據的兩大報表—資產負債表和損益表。）

流動性比率

流動性是將資產快速轉成現金的能力，流動性資產是能輕易變現的資產，例如不動產當然是資產，但卻不流動，因為變現要花數星期、數個月甚至數年。支票存款、儲蓄存款、有價證券、應收帳款和存貨等流動資產，在短期內就更容易出售或變現。

支付帳款或立即的債務需要流動性，流動性比率幫助你了解公司支付流動負債的能力。最常見的流動性比率為流動比率和速動比率，用來計算這兩個比率的數字，都列在資產負債表上。

流動比率

流動比率是最常用的流動性比率，可以用來回答公司是否有足夠的財務緩衝，來應付目前的帳款。流動比率的計算方式如下：

流動比率＝總流動資產÷總流動負債

如果 S 公司有 60,000 美元流動資產，20,000 美元流動負債，流動比率為 3，也就是公司每 1 美元的流動負債，有 3 美元流動資產。通則是，理想的流動比率大於或等於 2。

流動比率小於 1 是警訊，代表公司現金短缺，可能造成財務問題。雖然很多公司努力使流動比率等於 1，但我認為應該更高（在 1-3 之間），以防經濟成長放緩時有現金作為緩衝。

速動比率

速動比率經常被稱為酸性測試比率，比流動比率更嚴格一點，因為計算的時候不把存貨計入。我用前一段流動比率的例子。如果半數資產是存貨（以此為例 30,000 美元），該怎麼辦？首先，速動比率的公式如下：

速動比率＝（流動資產 - 存貨）÷流動負債

在這個例子中，S 公司的速動比率為 1.5（60,000 美元減去 30,000 美元為 30,000 美元，再除以 20,000 美元）。換言之，公司每 1 美元的流動負債，有 1.5 美元的快速流動資產，這個數字算是可以的。快速流動資產包括所有銀行存款、有價證券和應收帳款，如果快速流動資產至少等於或大於總流動負債，數字就是足夠的。

這個比率反應的酸性測試，充分回答一家公司在時機不好時，支付帳款的能力。換言之，如果公司的商品賣不出去（存貨），是否還能夠償還短期負債。當然你也得看應收帳款，如果經濟進入艱困期，要確保公司的顧客按時清償貨款。

營運比率

營運比率本質上衡量公司的效率，可以用來回答一家公司對資源的管理是否得當。如果公司銷售產品，是否有太多存貨？如果有，可能危害公司的營運。以下是常見的營運比率。

股東權益報酬率（ROE）

總資產減去總負債等於權益。（可以被視為獲利能力比率）淨權益（又稱為股東權益或淨值）是公司資產負債表的底線（利潤），從位置和意義來說都是。計算方式如下：

股東權益報酬率（ROE）＝淨利÷淨權益

淨利（來自公司的損益表）是總收入減去總費用。沒有花掉、配息或用光的淨利會提高公司淨值，看一家公司的淨利就知道公司的管理階層是否成功使業務成長。你可以查看最近一期和前一年度資產負債表的淨權益。問你自己，目前的淨權益是否比前一年高還是低，如果比較高，高百分之多少？

舉例來說，如果 S 公司的淨權益為 40,000 美元，淨利為 10,000 美元，ROE 為 25%（淨利 10,000 美元除以淨權益 40,000 美元）。ROE 愈高愈好，超過 10%（簡化起見）的 ROE 是好的，特別是在遲緩艱困的經濟下。運用 ROE 連同下一段的 ROA 比率，對公司的活動有更完整的認識。

資產報酬率（ROA）

資產報酬率（ROA）看似與 ROE 大同小異，其實與 ROE 並用時，能夠得到更完整的全貌。ROA 的計算如下：

資產報酬率＝淨利÷總資產

ROA 反映公司獲利和用以產生獲利的資產之間的關係。如果 S 公司賺 10,000 美元，總資產為 100,000 美元，ROA 是 10%。百分比愈高愈好，但通常會低於 ROE。

警告

假設某公司的 ROE 為 25%，但 ROA 只有 5%，這樣好嗎？聽起來還好，但存在著一個問題。ROA 遠低於 ROE，表示可能是某個總資產以外的原因導致高 ROE，也就是負債！負債可以被利用來使 ROE 達到最大，但如果 ROA 沒有顯示出類似的效率，代表公司可能舉債過多。在這種情形下，投資人要留意可能造成問題（詳見後面的償債能力比率）。

營收與應收帳款比（SR）

營收與應收帳款比（SR）讓投資人知道公司管理顧客欠款的能力。這個比率利用損益表（營業收入）和資產負債表（應收帳款，或 AR）的資料。公式如下：

營業收入÷應收帳款

假設 S 公司有以下資料：

2019 年營業收入為 75,000 美元。2019 年 12 月 31 日的應收帳款餘額為 25,000 美元。
2020 年營業收入為 80,000 美元。2020 年 12 月 31 日的應收帳款餘額為 50,000 美元。

根據以上資料，可以知道營業收入上升 6.7%（2020 年營業收

入比 2019 年多 5,000 美元，而 5,000 美元是 75,000 美元的 6.7%），但應收帳款上升 100%（2019 年的 25,000 美元加倍成為 50,000 美元，上升 100%！）。

2019 年 SR 為 3（75,000 美元除以 25,000 美元），但是 2020 年的 SR 下降到 1.6（80,000 美元除以 50,000 美元），換言之，幾近腰斬。營業收入確實增加了，但是公司收取顧客欠款的能力嚴重下降。這個資訊值得注意的主要原因在於，當你拿不到錢的時候，賣再多有什麼用？從現金流量的觀點，公司的財務狀況在惡化。

償債能力比率

償債能力是指公司有能力償還負債。無償債能力的意思是「慘了！來不及還！」償債能力比率在今日比過去更加重要，因為美國的經濟背負龐大債務。償債能力比率觀察公司「擁有的」與「欠人的」兩者的關係。以下探討兩個主要的償債能力比率。

負債比率

負債比率說明公司對負債的依賴度，換言之，公司欠多少錢、擁有多少錢。計算如下：

負債比率＝總負債÷淨值

假如 S 公司有負債 100,000 美元，淨值 50,000 美元，負債比率為 2。公司每 1 元淨值就有 2 美元負債，在這種情況下，公司欠人的是擁有的兩倍。

當公司的負債比率超過 1（如上面的例子），不是好現象。數字愈高，情況愈糟。如果數字太高，而公司無法賺取足夠的收入來

償還債務，就有破產的風險。

營運資金

技術上，營運資金不是比率，但確實是認真的投資人該注意的事項。營運資金衡量公司的流動資產相對流動負債，等式如下：

營運資金＝總流動資產－總流動負債

重點很明顯，公司是否有能力支付目前的帳款？你可以用公式表示一個有用的比率，如果流動資產為 25,000 美元，流動負債為 25,000 美元，兩者為一比一，處在危險邊緣。流動資產應該至少比流動負債多 50%（例如 1.5 美元比 1 美元），才有足夠的緩衝來支付帳款，並且有一些錢做其他用途。該比率最好是 2 比 1 甚至更高。

共同比率

共同比率提供簡單的比較。資產負債表（比較總資產）和損益表（比較總營收）都有共同比率。

» **從資產負債表取得共同比率，**總資產數字設定為 100%，其他資產負債表上的項目用總資產的百分比表示。
● 總資產等於 100%。所有其他項目等於總資產的某個百分比。
舉例來說，如果 S 公司的總資產為 10,000 美元，負債 3,000 美元，負債等於 30%（負債除以總資產，也就是 3,000 美元除以 10,000 美元，等於 30%）。

> » **從損益表取得共同比率，** 比較總營業收入
>   - 總營收等於 100%。所有其他項目等於總營收的某個百分比。
>   舉例來說，如果 S 公司的總營收為 50,000 美元，淨利 8,000 美元，於是淨利等於總營收的 16%（8,000 美元除以 50,000 美元等於 16%）。

請記住以下關於共同比的幾點：

> » **淨利**：是營業收入的百分之幾？去年呢？前年呢？增減百分之多少？
> » **費用**：總費用是否和前一年度相當？是否有費用不成比例的高或低？
> » **淨值**：該項目是否比前一年度高或低？
> » **負債**：該項目是否比前一年度高或低？

共同比率被用來比較一家公司前一年度資產負債表和損益表的資料，也可以用來跟同業比較。請確保公司不僅比過去好，在同業中也具競爭力。

估值比率

了解股票的價值，對股票投資極其重要。判斷公司價值最快速有效率的方法，是看估值比率。本書通篇談論的價值是市場價值（基本上是公司的股價），你會希望買低賣高，也是股票投資的目的。但是，如何最有效判斷現在付出的金錢是划算的，或者說是公平市值？如何得知是否投資的股票被低度或高度評價？估值比率回答以上問題，也是價值投資者使用多年且獲致成功的比率。

本益比（P/E）

本益比可以兼做獲利能力比率，因為這是許多投資人和分析師評斷價值的標準。第十一章探討該主題，因為這是個非常重要的比率，因此再度討論它。公式如下：

本益比＝每股價格÷每股獲利

例如，如果 S 公司的每股股價為 10 美元，每股盈餘為 1 美元，本益比就是 10（10 除以 1）。

請記住

本益比讓你知道自己是否花太多錢來買公司的盈餘。價值投資人認為這個數字非常重要，請記住以下幾點：

» 一般來說，本益比愈低（從理財觀點來說）愈好。低本益比往往代表股票價值遭到低估，特別是如果公司和整個行業的營業收入都在成長時。但你偶而會遇到一種狀況，就是股價下跌的速度比公司盈餘下降速度快，這麼一來也會造成低本益比。如果公司負債過多，同時整個行業處在艱困中，低本益比可能暗示公司有問題。用本益比和其他因素（如負債）來做分析，對整體情況獲得更完整的認識。

» 公司的本益比明顯高於行業平均值是警訊，表示股價太高（或者成長速度超過競爭對手）。如果行業的本益比通常在 10~12 之間，而你評價的股票本益比約 20，最好避開這個標的。一家公司的本益比需要跟同業一起考慮，也要根據每年的表現來評估。

» 不要投資一家沒有本益比的公司（有股價，但公司虧損）。這種股票可能適合投機，但不適用來存退休本。

» 凡是本益比高於 40 的股票，應該被視為投機而非投資。高本益比往往暗示股票價值遭到高估。

小提示

當你買一家公司時，你其實是在買它賺錢的能力。本質上，你是在買它的盈餘（淨利）。用盈餘 10 至 20 倍的錢來買股票是個保守的策略，近一百年來對投資者相當適用。用本益比連同其他價值的衡量（例如本附錄中的比率），確保公司股價是公平的。

股價營收比（PSR）

股價營收比讓你了解根據公司的營收，是否花太多錢來買公司的股票。這是個有用的評價比率，我建議跟本益比一起使用。計算方式如下：

股價營收比＝每股股價÷每股總營收

這個比率可以用每股來表示，也可以用總額表示。例如，如果公司的市值為 10 億美元，年營收也是 10 億美元，股價營收比為 1。如果市值為 20 億美元，年營收為 10 億美元，股價營收比就是 2。如果股價為 76 美元，每股總營收為 38 美元，股價營收比為 2。無論是以每股或總額為基礎，結果都是一樣。想確定自己沒有花太多錢買股票的投資人，通則是股價營收比愈低愈好，PSR 不高於 2 的股票被認為價值極度被低估，通常的標準是尋找在 3 或 4 以下的股票。

警告

若想買 PSR 大於 5 的股票，請三思。如果你買一支 PSR 為 5 的股票，等於是為每 1 美元營收付出 5 美元，不是很划算。

股價淨值比（PBR）

股價淨值比（PBR）比較一家公司的市值與會計（或帳面）價值。帳面價值是指公司的淨值（資產減去負債）。公司的市值通常被股票市場的供需主宰，帳面價值代表公司的內部營運，價值投資人將 PBR 視為另一種評價公司的方式，判斷是否花太多錢買股票，公式是：

股價淨值比（PBR）＝市值÷帳面價值

計算這個比率的另一種做法，是以每股為基礎，結果相同。如果公司的股價為 20 美元，每股帳面價值為 15 美元，PBR 是 1.33，換言之，公司的市值比帳面價值高出 33%。尋求價值被低估股票的投資人，最好是看到市值愈接近帳面價值愈好（甚至低於帳面價值）。

請記住

PBR 可能會因行業等因素而不同。此外，單憑帳面價值來判斷一家公司可能會被誤導，因為許多公司的資產，並未充分反映在帳面價值上。軟體公司就是好例子。諸如版權和商標等智慧財產非常有價值，但卻無法充分反映在帳面價值上。請記住一般來說，市值相對帳面價值愈低愈好（特別是如果公司的盈餘很好，行業前景看好）。別讓 PBR 牽著鼻子走，因為有很多優秀的公司，PBR 可能高達 5 比 1 甚至更高。當本附錄中的其他比率看起來很好的時候，讓 PBR 來確認你的選擇無誤。

關於作者 About the Author

　　保羅・姆拉傑諾維奇是認證財務規畫師（CFP），全國性的演講者、教育家、作家也是顧問。他從 1981 年以來便專精於投資、財務規畫和家庭事業等議題。近四十年間，他在全國各地舉辦研習會、工作坊、大型會議和輔導課程，幫助數十萬學生和讀者建立財富。保羅從 1985 年六月起成為認證財務規畫師（超過三十五年）。

　　除了本書以外（這個版本和之前所有的版本），保羅著有《給傻瓜讀的高階投資術》（*High-Level Investing For Dummies*）、《給傻瓜讀的微型創業》（*Micro-Entrepreneurship For Dummies*）、《零成本行銷》（*Zero-Cost Marketing*）、《給傻瓜讀的貴金屬投資術》（*Precious Metals Investing For Dummies*）以及《求職者百科》（*The Job Hunter's Encyclopedia*）。2019 年，他與人合著《給傻瓜讀的聯盟式行銷》（*Affiliate Marketing For Dummies*）。他的全國（以及線上）研習會包括「50 元建立財富」（$50 Wealth-Builder）、「選擇權的終極投資」（Ultra-Investing with Options）以及「家庭事業淘金術」（Home Business Goldmine）等。可以上 www.RavingCapitalist.com，了解他（可下載）的理財和創業影音研習會完整詳細內容。該網站的網頁 www.RavingCapitalist.com/stocks 提供參考資源和觀點，幫助讀者在今日不確定的市場中前進，並給予發問的管道。他的線上課程也可以在 Udemy.com、Skillshare.com、Freeu.com 和 MtAirLearningTree.org 等教育網站上找到。

　　2000 年以來，保羅在準確的經濟和市場預測家建立名聲，他的長期記錄包括準確預測不動產泡沫，能源危機，大蕭條，貴金屬的興起等等，多家媒體曾訪談他或引述他的意見，包括

Comcast、CNN、MarketWatch、Bloomberg、OANN、Fox Business、Futures 雜 誌、Kitco、Goldseek.com、Investopedia、Minyanville.com、FinancialSense.com、PreciousMetalsInvesting.com 等。

你可以上 www.linkedin.com/in/paulmladjenovic/ 瀏覽他的個人簡介，追蹤他的推特 www.twitter.com/paulmlad，也可以上 www.amazon.com/author/paulmladjenovic 的作者頁面。歡迎讀者透過電子郵件發問，信箱是 paul@mladjenovic.com，或者是 www.ravingCapitalist.com 的傳記網頁。

作者的謝詞 Acknowledgments

首先要向 Wiley 了不起的工作人員至上最深謝忱。和如此一流組織合作是我的榮幸，他們非常努力，提供讀者寶貴的價值和資訊，希望如此的成就能夠繼續下去！Wiley 當中有幾位重要人物，我想特別提出來。

我的專案經理蜜雪兒‧海克（Michelle Hacker）是位一流的專業人士，一路上指引著我，真心感謝她的專業指引（與耐心！），幫助我完成第六版。謝謝妳如此了不起！

特別感謝我的策畫編輯喬奇‧比提（Georgette Beatty），他是個非凡的專業人士，我有幸與他合作幾本書，謝謝你對我這麼好，而且一路相伴！

克莉絲蒂‧品格頓（Christy Pingleton），感謝這位偉大的審稿，把我的文字變成有價值的訊息。

技術編輯詹姆斯‧泰伯森（James Taibleson）是個非常重視細節的人，他的建議和建設性的意見總是切中要點，難怪他是個一流的財務顧問也是教育家！

我要向我優秀的組稿編輯崔西‧柏格（Tracy Boggier）深深至上充滿喜悅的謝意，非常感謝你做為我在 Wiley 的戰友，守護又一本我所著作的「給傻瓜讀」指南書，對你所做的一切，再感激也不夠，「給傻瓜讀」（For Dummies）是很棒的書系，唯有透過像崔西這樣的出版專業人士的規畫和專業努力，才得以出現在你的書架上。

我很感謝我的書籍經銷商希立‧白可佛斯基（Sheree Bykofsky）和珍娜‧羅森（Janet Rosen），他們是地球上兩位最好的專業人士！他們的指點和協助，使本書（和其他許多本）來到威立的宇宙中，感謝他們所做的一切。

謝謝法蘭（Fran），麗帕・詹斯卡（Lipa Zyenska），也謝謝我的孩子亞當和約書亞（Joshua），衷心感謝你們的支持，並且在寫本書過程中成為我的頭號粉絲，感謝始終有你們相伴，感謝上帝將你們賜給我，對你們的愛難以言喻！

　　最後要感謝你，讀者。這些年來你們使「給傻瓜讀」系列書籍成為受歡迎且不可或缺，至今仍是。感謝你們，祝你們繼續成功！

Top
016

連股市小白都懂的股票投資
選對股穩穩賺，實證有效、多空都獲利的實戰策略與心法
STOCK INVESTING FOR DUMMIES 6TH EDITION

作　　　者	保羅‧姆拉傑諾維奇（Paul Mladjenovic）
譯　　　者	陳正芬
總　編　輯	魏珮丞
封 面 設 計	萬勝安
排　　　版	JAYSTUDIO
出　　　版	新樂園出版／遠足文化事業股份有限公司
發　　　行	遠足文化事業股份有限公司（讀書共和國集團）
地　　　址	231 新北市新店區民權路 108-2 號 9 樓
郵 撥 帳 號	19504465　遠足文化事業股份有限公司
電　　　話	(02)2218-1417
信　　　箱	nutopia@bookrep.com.tw
法 律 顧 問	華洋法律事務所　蘇文生律師
印　　　製	呈靖印刷
出 版 日 期	2022 年 03 月 16 日初版一刷
	2024 年 07 月 5 日初版二刷
定　　　價	520 元
Ｉ　Ｓ　Ｂ　Ｎ	978-626-95459-2-6
書　　　號	1XTP0016

STOCK INVESTING FOR DUMMIES 6TH EDITION by PAUL MLADJENOVIC
Copyright: © 2020 by JOHN WILEY & SONS, INC., HOBOKEN, NEW JERSEY
This edition arranged with John Wiley & Sons, Inc. through Big Apple Agency, Inc., Labuan, Malaysia.
Traditional Chinese edition copyright: 2022 Nutopia Publishing, an imprint of Walkers Enterprise
All rights reserved.

國家圖書館出版品預行編目 (CIP) 資料

連股市小白都懂的股票投資：選對股穩穩賺，實證有效、多空都獲利的實戰策略與心法 / 保羅. 姆拉傑諾維
奇（Paul Mladjenovic）著 ; 陳正芬譯 . -- 初版 . -- 新北市 : 新樂園，遠足文化事業股份有限公司發行，2022.03
416 面 ; 17 × 23 公分 . -- (Top ; 16)
譯自：Stock Investing For Dummies 6th Edition.

ISBN 978-626-95459-2-6(平裝)

1. CST：股票投資 2.CST：投資技術 3.CST：投資分析

563.53

111001944

新 楽 園
Nutopia

‧ 新樂園粉絲專頁 ‧